아이의
행복을 위해
부모는
무엇을 해야 할까

WHAT DO YOU REALLY WANT FOR YOUR CHILDREN
Copyright: Wayne W. Dyer ⓒ1985
All rights reserved

Korean translation copyright ⓒ 2022 by CHOROKI
Korean translation rights arranged with Arthur Pine Associates
through EYA(Eric Yang Agency)

이 책의 한국어판 저작권은 EYA(Eric Yang Agency)를 통해 Arthur Pine Associates와
독점 계약한 도서출판 초록아이에 있습니다. 저작권법에 의하여 한국 내에서
보호를 받는 저작물이므로 무단 전재와 복제를 금합니다.

초 판 1쇄 발행 2011년 9월 25일
초 판 11쇄 발행 2023년 4월 17일

지은이 웨인 다이어
옮긴이 조영아
펴낸이 김은선

펴낸곳 초록아이
주 소 경기도 고양시 일산서구 주화로 180 월드메르디앙 404호
전 화 031-911-6627
팩 스 031-911-6628
등 록 제 410-2007-000069호 (2007. 6. 8)
ISBN 978-89-92963-82-4 13370

푸른육아는 도서출판 초록아이의 임프린트로 육아서 브랜드입니다.

＊잘못된 책은 바꾸어 드립니다.
＊푸름이닷컴(www.purmi.com) 홈페이지를 방문하시면
  푸름이 부모님의 육아 상담 및 생생한 육아 정보를 무료로 보실 수 있습니다.

아이의 행복과 성적 사이에서 갈등하는 부모들을 위한 해답

아이의 행복을 위해 부모는 무엇을 해야 할까

웨인 다이어 지음 | 조영아 옮김

푸른육아

여는 글

아이의 성공적이고
만족스러운 삶을 위한
자녀 교육 지침서

    나는 아이들과 노는 것을 진심으로 좋아한다. 그래서 모임에 참석할 때면 다른 사람들과 담배연기 가득한 방에서 칵테일을 마시며 대화를 나누기보다는 아이들과 함께하는 게임을 즐긴다.

    뉴욕에 있는 세인트존스대학교에서 학생들을 가르칠 무렵의 일이다. 어느 날 네 살 된 딸의 친구가 찾아와서 내 아내에게 정중히 부탁했다. "웨인하고 나가서 놀 수 있을까요?" 아내는 흔쾌히 허락했고, 오랜 시간 나는 말 울음 소리를 내고 네 발로 걸어가는 말 흉내를 내며 그 아이와 놀았다. 사실 나는 어린아이들부터 어른들까지 다 함께 있는 모임을 좋아해서, 모든 연령대의 아이들과 함께 뛰어놀고 농담도 주고받는다.

    유럽을 여행할 때, 스위스의 산골 마을에서 언어가 다른 아이들과 함께 축구를 한 적이 있다. 스무 명의 어린아이들과 꽤 오랜 시간을 보냈다. 비록 나와 아이들 사이에 말은 통하지 않았지만 언어를 초월한 서로간의 사랑과 존경을 경험했고 행복을 맛보았다. 또 일본과 홍콩에서는 번잡한 기차역에서 그곳의 아이들과 손가락 싸움을 하고, 누가 가장 웃긴 얼굴을 만들 수 있는지 게임을 하며 노는 내내 아이들의 웃음소리를 들었다.

말이 통하는지 아닌지는 중요하지 않다. 사랑이라는 단어는 너무나 강력해서 그 앞에서는 어떤 말도 필요 없기 때문이다.

17세기 존 윌모트 백작은 육아에 대해 다음과 같이 말했다.

> 결혼하기 전에는 육아 방법에 대한 여섯 가지 이론을 세워놓았지만, 여섯 아이의 아빠가 된 지금은 어떤 이론도 가지고 있지 않다.

이 문장 속에 육아에 대한 모든 진실이 들어 있다고 봐도 좋다. 육아법을 통달하는 것보다 일상생활에서 아이를 기를 때 책임감을 갖는 것이 훨씬 더 중요하다. 이것이 내가 이 책을 쓴 이유다. 이 책에는 양육에 대한 어떠한 이론도 없다. 단지 내 아이들과 함께했던 경험과 육아의 달인이었던 수천 수만 부모들과의 만남, 그리고 나의 인생 전체에 걸쳐 만난 아이들에게 준 수많은 사랑으로부터 체득한 육아 방법들이 담겨 있을 뿐이다.

이 책을 쓰면서 나는 이론적인 방법 대신 도움이 되는 실질적인 방법을 전달해 주는 데 초점을 맞추었다.

나는 이 책에서 '무한계 인간'에 대해 소개해 놓았다. 무한계 인간이란 자신의 능력을 기반으로 하여 성공적이고 만족스러운 삶을 살아가는 사람들을 말한다.

무한계 인간은 어떤 상황에서든 높은 차원의 향상심과 자신감을 갖고 있다. 자신을 진심으로 좋아하고, 세상에 대한 애정도 많다. 또한 미지의 것을 추구하고, 신비의 세계에 강하게 이끌리며, 인생을 기적처럼 훌륭한 것으로 받아들인다.

무한계 인간은 억압된 감정이나 불안 없이 평온하고 자유롭게 사는, 가장 인간적인 사람이다. 그들은 인생을 최고의 경험이라 여기며 언제나 감사하는 마음을 갖고 있다. 이런 사람과 함께 있으면 즐겁고 편안하며 행복하다.

만약 당신이 이 책에 쓰인 조언들을 따르고, 당신의 자녀들을 무한계 인간으로 키우고자 노력한다면 당신의 자녀들은 긴 인생에서 자신이 원하는 것을 이루고 만족스럽고 행복한 삶을 살게 될 것이다.

이 책은 이렇게 말하고 있다.

> 자녀들에게 갈 길을 이끌어 주세요. 그리고 지도자의 자리에서 내려와 주세요.

이것이야말로 진실로 사랑하는 '작은 별'을 돌보는 부모의 운명이다.

웨인 다이어

추천의 글

우리 아이 행복하고 똑똑하게 키우기 위해 부모가 알아야 할
육아의 모든 것

세계적인 심리학자이며 유명 강사이고 《행복한 이기주의자》의 저자이기도 한 웨인 다이어 박사의 책에 추천사를 쓰라고는 감히 상상도 못했습니다.

처음 이 책을 만난 것은 푸름이가 한 살 때입니다. 서점의 한구석에서 이 책을 뽑아들고는 몇 시간 동안 깊이 몰입하면서 읽었습니다. 그리고 푸름이가 성장하는 내내 마음이 흔들릴 때마다 수십 번을 반복해서 읽었습니다. 이 책의 내용은 어느새 제 말과 행동에 와서 하나가 되었고, 지적 능력과 풍부한 정서가 조화를 이루는 '무한계 인간'은 푸름이 교육이 가고자 하는 이상적인 아이의 모델이 되었습니다.

저는 이 책이 웨인 다이어 박사의 30권이 넘는 저서 중 최고일 뿐만 아니라, 지금까지 제가 읽은 육아서 중에서도 최고라고 생각합니다. 시간이 지날수록, 아이를 키우는 정보가 넘쳐 혼란스러울수록 이 책은 분명하게 선택의 기준을 주며, 책의 진가는 더욱 빛을 발해 우리의 마음속에 진한 향기를 주는 고전으로 남게 될 것입니다.

이 책에서 중요하게 이야기하는 무한계 인간이란 말을 처음 들을 때는 지적 능력에 한계가 없다는 의미로 오해할 수 있습니다. 그러나 무한계 인간은 진정으로 자신을 사랑할 뿐만 아니라 자신을 사랑하는 만큼 남을 배려하는 사람을 말합니다.

그래서 무한계 인간은 이 땅에서는 실현될 수 없는 이상적인 사람으로 느껴질 수도 있습니다. 그러나 푸름이를 키우면서 이 책의 내용을 받아들이고 실천하는 과정에서 무한계 인간이 머리로 만들어진 이론이 아니라 실제 경험에서 나온 실제적 사실이라는 것을 깨달았습니다.

모든 아이들은 무한계 인간으로 태어납니다. 무한계 인간의 특징은 존재로 사랑받은 아이들의 특징과 그대로 일치합니다. 그 아이들은 무엇이든지 놀이 도구로 만드는 발명 박사이며, 부모의 마음을 조마조마하게 하는 장난꾸러기입니다. 항상 움직이고 싶어 하지만 남과 똑같이 행동하고 싶어 하지는 않습니다. 텔레비전 광고 같은 다양한 정보원에 열중하고, 설레는 공상가이며, 어느 연령대의 사람과도 잘 어울립니다. 혼자 노는 것도 즐기는 조숙한 도전자이지만 열린 마음으로 어느 누구와도 잘 지냅니다.

이런 아이들은 절대 힘으로는 굴복시키지 못합니다. 부모가 찬성하지 않는 것도 기꺼이 해보려고 합니다. 배움 자체를 좋아해서 자발적으로 공부하려 하지, 높은 점수를 받는 것에는 흥미를 보이지 않습니다. 분위기를 이끄는 조화로운 중재자이기도 합니다. 또한 자신의 감정이 얼굴에 그대로 나타나고, 어릴 때는 잘 참지 못하고 소리치거나 울부짖으며 곧잘 소동을 일으키기도 하지만, 성장하면 공감의 천재가 됩니다.

이 책에는 우리가 육아를 통해 성장하면서 배운 모든 것이 담겨져 있습니다. 배려 깊은 사랑, 발달 심리, 내적 불행, 상처받은 내면 아이, 공감대화, 성장 등이 알기 쉬운 사례와 이야기 안에 녹아 있습니다. 이 책 한 권을 반복해서 읽는 것은 각 분야의 책 수십 권을 한번에 읽는 것과 마찬가지입니다.

늘 곁에 두고 읽어서 이제는 제 성품의 일부가 된 이 책이 세상에 다시 나오기를 오랫동안 간절히 기다려 왔습니다. 이 책을 읽으면서 행복했고, 혼자 누리기에는 너무나 아까운 행복감을 느꼈습니다. 우리 모두가 함께 공유하며 아이를 키우는 푯대로 삼는다면 세상은 분명 달라질 것입니다.

푸름아빠 최희수

CONTENTS

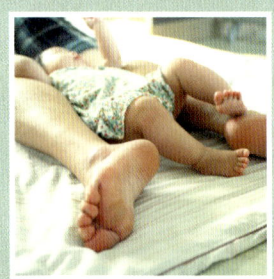

여는 글_아이의 성공적이고 만족스러운 삶을 위한 자녀 교육 지침서 **004**
추천의 글_우리 아이 행복하고 똑똑하게 키우기 위해 부모가 알아야 할 육아의 모든 것 **007**

첫 번째 이야기
아이의 행복을 따라가라, 그곳에 육아의 정답이 있다

부모가 아이에게 가르쳐야 할 첫 번째 인생 지침 020
부모가 정말 원하는 것은 아이의 '행복'이다 | 부모가 아이에게 줄 수 있는 최고의 선물 |
인생은 아름답다! 즐기고 또 즐겨라

아이에게 공부보다 '삶의 지혜'를 가르치는 게 먼저다 024
아이의 미래를 부정적으로 만드는 부모의 말 |
아이가 공부를 잘하기 바란다면 감정 조절 능력부터 가르쳐라

인생의 승리자는 교실에서 길러지지 않는다 028
내 인생의 주인이 되는 '무한계 인간' | 부모가 원하는 틀 속에 아이를 맞추는 순간 재능의 싹이 꺾인다 |
결정권은 부모가 아니라 '아이'에게 있다

두 번째 이야기
아이의 미래를 아름답게 만드는 힘, '자존감'과 '자신감'

자신에 대한 이미지가 긍정적이어야 공부도 잘한다 036
답은 자기 마음속에 있다. 긍정적인 자아상을 만드는 데 힘써라

스스로를 존중하고 사랑하는 힘, '자존감' 039
아이의 자존감, 부모가 만든다

아이의 자존감을 높이는 마법의 기술 045
부모가 가치 있는 사람이라는 것을 보여줘라 | 아이 스스로 선택하게 하라 |
'아이의 행동'과 '아이 자신'을 분명하게 구분하라 | 아이 스스로 판단하고 책임지게 하라 |
매일매일 인생의 즐거움을 깨닫게 하라 | 한 번 야단치기보다 두 번 칭찬하라 |
'자신이 생각하는 대로 된다.'는 것을 알려줘라

'행동'과 '경험'이 쌓여 자신감을 만든다 051
아이의 자신감은 부모의 격려를 먹고 자란다 | 많은 경험이 자신감을 만들어준다 |
아이의 마음을 위축시키는 부모의 심리 | 좋은 부모가 되기 위한 과제

자존감을 높이고 자신감을 갖게 하는 아이의 자아상 향상법 056
위험을 피하지 말고 용감하게 맞서게 하라 | 부모가 평소에 긍정적인 말을 사용하라 |
"성적은 어땠니?"보다 "충분히 노력했니?"라고 말해라 | 계속되는 불평이 아이의 자존감을 떨어뜨린다 |
심심하다는 것, 혼자서 시간을 요리할 수 있는 기회다 | 의존감이 자존감을 낮춘다, 독립의 기쁨을 느끼게 하라 |
편견이 아이의 마음을 닫는다 | 거짓말을 하는 아이, 자존감이 낮다는 증거다 |
활기찬 생활태도가 질병을 예방한다 | 아이의 자존감이 높을수록 부모와 아이의 관계가 좋다 |
나이에 맞는 놀이를 마음껏 즐기게 하라 | 아이 자신으로 살 권리를 인정해 줘라 |
진심으로 사랑하고 있다는 것을 보여줘라 | 부모가 아이의 롤모델이 되어줘라 |
아이의 이야기를 진지하게 들어줘라 | 아이의 친구를 환영하라 | 독립심을 키워야 자신감도 생긴다 |
아이의 인정감은 부모의 태도에 달려 있다

세 번째 이야기
창의력은 삶을 '행복'으로 이끄는 나침반이다

아이의 창조 본능, 부모가 키운다 074
아이에게 가해지는 압력이 창의력을 꺾는다

아이의 창의력을 이끌어내는 7가지 방법 077
첫째, 자기 방식대로 행동하게 하라 | 둘째, 아이의 기질을 평가하는 꼬리표를 붙이지 말라 |
셋째, 아이가 자신에게 솔직할 때 칭찬을 아끼지 말라 |
넷째, 아이 자신에게 훌륭한 재능이 있다는 것을 믿게 하라 |
다섯째, 놀이에 열중하고 있는 아이를 방해하지 말라 | 여섯째, 시작한 것은 끝장을 보게 하라 |
일곱째, '왜?'라는 물음에는 반대 질문으로 자극을 주어라

창의력이 풍부한 아이들의 특징 088
세상의 모든 것이 놀이 도구로 바뀌는 '발명 박사'다 | 부모의 마음을 조마조마하게 하는 '장난꾸러기'다 |
가만있지 못하고 항상 움직이고 싶어 한다 | 모든 것에 마음을 빼앗긴다 |
다른 아이들과 똑같이 행동하지 않는다 | 자신의 감정을 얼굴에 그대로 드러낸다 |
상상하기를 좋아하고 항상 설레는 '공상가'다 | 어느 누구와도 금세 친해지고 잘 논다 |
부모가 동의하기 어려운 일에도 기꺼이 도전한다 | 부모가 보지 않아도 나쁜 행동을 하지 않는다 |
힘 앞에서도 굴복할 줄을 모르는 '고집쟁이'다 | 스스로 공부할 줄 아는 자기 주도적인 아이다 |
분위기를 이끄는 '조화로운 중재자'다 | 혼자 노는 것을 즐기는 '조숙한 도전자'다

부모의 잔소리가 '창의력의 어린 싹'을 꺾는다 096
아이의 창의력을 꺾는 부모의 부정적 심리

아이의 잠재된 창의력을 200퍼센트 끌어올리는 방법 102
아이를 도와주기 전에 마음속으로 열까지 세라 |
다른 아이와 비교하는 것은 아이의 행동을 바꾸는 데 아무런 도움을 주지 않는다 |
아이의 끈질긴 질문은 부모의 관심이 필요하다는 증거다 | 하루에 몇 분만이라도 아이의 이야기를 들어줘라 |
뛰어나게 잘하는 것보다는 자기 식대로 하는 게 중요하다 |
부모의 말 한마디에 내면의 힘이 강한 아이가 된다 | 부모의 칭찬은 아이의 재능을 꽃피우게 한다 |
혀 짧은 소리는 아이의 마음을 위축시킨다 | 장난감은 부족하지 않을 정도면 된다 |
아이의 지루한 표정에 신경 쓰지 말라 | 아이가 혼자 있고 싶어 하는 것은 건강하다는 신호다 |
어질러진 방에서 아이의 창의력이 싹튼다

네 번째 이야기
'삶'이라는 탐험을 즐기는 아이로 키워라

'삶'의 출발점에 선 아이에게 지루한 입장권을 주지 말라 120
변화를 즐거워하는 아이가 행복한 인생을 살아간다 | 아이에게 내 인생의 주인공은 '나'라고 믿게 하라 |
도전적이고 모험심 강한 아이로 키우는 법 | 사소한 변화가 성장의 싹을 틔운다

실패 없이 성공도 없다, 실패가 쌓여 '성공'을 만든다 126
홈런 왕 베이브 루스가 세운 또 하나의 기록 | 실패는 성공을 이끄는 견인차다 |
실패는 '도전'의 또 다른 말이다 | 실패, 잃는 것보다 배울 게 더 많다

아이의 마음속에 '모험심'이라는 나무를 심어주어라 133
위험에 당당하게 맞서는 모험심이 내적 안정을 가져온다 | 아이의 모험심을 자극하는 대화법 |
실패를 통해 얻는 것은 '위대한 자아상'이다 | '모험적인 아이'와 '독창적인 아이'는 의미가 같다

도전정신이 부족한 소극적인 아이로 만드는 부모들의 공통점 140
소극적인 아이로 만드는 부모의 오류 8가지

이루지 못할 '꿈'은 없다. 아이의 꿈을 지지하고 응원하라 147
목표를 멀리, 높이 두라고 격려하라 | "최선을 다하라."가 아니라 "아무튼 해보자."라고 말하라 |
다른 사람 앞에서 부모에게 혼난 아이는 '도전'을 두려워한다

다섯 번째 이야기
타인의 말과 행동에 흔들리지 않는 '나만의 생각'을 갖게 하라

단단한 '내면 세계'가 어떤 어려움도 헤쳐나가게 만든다 154
내면의 주인은 오로지 자기 자신이어야 한다 | 마음을 바꾸면 세상도 바뀐다

자신의 행동에 책임지는 아이, 내면의 힘이 강하다 158
변명은 굶주린 사랑의 표현이다 | 마음에서 일어나는 일은 모두 '나'에게 책임이 있다

수많은 선택이 쌓여 한 사람의 '인생'이 만들어진다 162
'내가 그것을 선택했다.'는 것을 인정하는 순간 마음이 편안해진다 |
어릴 때부터 선택의 기회를 줘라, 자기 자신을 다스리게 된다 |
부모가 절대로 떠맡아서는 안 되는 '아이의 선택'

다른 사람의 평가에 연연해하게 하지 않게 하라. '자기 자신'을 잃게 된다 166
남들에게 인정을 받기 위해 자기 자신을 바꿀 필요는 없다 |
남들의 인정이 중요할수록 자존감이나 자신감은 사라진다 | 마음이 아프다면 자기 자신에게서 이유를 찾아라

더 늦기 전에 아이에게 '책임감'이라는 날개를 달아줘라 172
부모는 왜 아이를 홀로 서지 못하게 할까

내면의 소리에 귀를 기울이는 아이로 만들기 위한 조언 179
아이의 고자질에 대한 현명한 대처법 | 아이를 야단치고 난 다음에는 사랑이 약이다 |
몸이 스스로 질병을 치료할 수 있다는 것을 믿게 하라 | 수학을 못하는 것을 부모 탓으로 돌리지 말라 |
부모가 같이 뛸 수 있지만 대신 뛸 수는 없다 | 모르는 것을 창피하게 여기지 않는 현명함 |
다른 사람은 신경 쓸 필요 없다, 중요한 것은 자신의 마음이니까 |
내 인생은 나의 것, 마음의 신호에 따라 행동하라 | 자기 생각이 없다면 다른 사람 생각의 노예나 다름없다 |
아이와 말다툼을 할 필요는 없다, 담담하게 대처하라 | 아이의 거친 말투는 사랑의 표현이다

여섯 번째 이야기
아이의 마음을 불안하게 만드는 부정적 감정 리스트

마음이 편안할 때 세상도 따뜻하게 보인다 194
세상을 바라보는 시각을 바꾸면 마음이 편안하다 | 마음의 평정을 깨뜨리는 3가지 요인

죄책감, 무책임한 아이로 만드는 지름길이다 197
죄책감으로 인한 심리적 피해 | 죄책감을 거두고 사랑으로 채워라

걱정 많은 아이, 의욕이 없고 불평이 많다 201
걱정 많은 아이가 불평도 많다 | 걱정은 생각과 에너지와 시간의 낭비다

스트레스는 '일'이 아닌 '사고방식' 때문에 생긴다 204
스트레스 과잉의 A형 인간 | A형 아이가 보이는 5가지 특징

아이를 불안하게 만드는 부모의 유형 210
불안한 아이는 결승선이 없는 경주를 하고 있는 것과 같다

아이를 불안에서 벗어나게 하는 12가지 방법 216
아이의 마음을 편안하게 만드는 방법을 찾아본다 | 기다리는 것보다 더 중요한 것은 없다 |
감정의 폭발은 잠시 뒤로 미룬다 | 아이에게도 혼자만의 시간이 필요하다 | 어린아이도 말에 상처를 받는다 |
작은 한 걸음에 무한한 박수를 보내라 | 10분 안에 걱정을 멈추는 방법 |
부모의 지나친 걱정이 아이를 불안하게 만든다 | 아이의 꿈은 아이만의 것이다 |
아이가 그 나이에 맞게 행동하는 건 당연하다 | 벌을 줄 때는 이유를 설명하라 | 아이에게 자연은 불안 치유제다

일곱 번째 이야기
아이의 '화'를 다스리는 마법의 기술

아이의 '성격'은 환경에 따라 바뀐다 226
부모가 화를 잘 내면 아이도 화를 잘 낸다 | '화'는 마음의 성장을 가로막는다

아이의 화를 가라앉히는 방법 228
아이의 분노를 받아주지 말라 | 아이가 바뀌기를 바란다면 부모가 먼저 바뀌어라 |
분노를 평화로 바꾸는 행동 3단계

부모의 따뜻한 사랑과 올바른 가르침이 아이의 마음에 '편안함'을 가져온다 234
아이가 왜 분노를 품고 있는지 설명해 준다 | 화가 나면 60초 동안 꾹 참는다 |
때때로 아이에게 양보하는 것도 필요하다 | 부모의 따뜻한 한마디에 아기는 울음을 그친다 |
아주 어린 아이일지라도 아이 앞에서 분노하는 모습을 보이지 말라 | 텔레비전의 폭력 장면에 주의하라 |
'매'나 '벌'로 아이의 버릇을 고칠 수 없다 | "나도 할 수 있어요."라는 아이의 말을 존중하라 |
부모의 간섭을 거둘 때 아이는 자신의 가치를 알게 된다 |
다른 사람과의 비교는 아이에게 무력감을 안겨준다 |
아이가 공부하지 않을 때는 '잔소리'를 거두고 '책임'을 지게 하라 | 정한 규칙에 예외를 달지 말라 |
아이들 말다툼에는 부모의 귀를 닫아라

잔소리하지 않고 혼내지 않고 아이를 바르게 키우는 법 249
'예의'란 아이 마음속에서 우러나와야 하는 것 | 바람직한 가정교육이란 알아듣게 설명하는 것 |
아이의 행동을 바꾸는 것은 '억압'이 아니라 '이해'다

  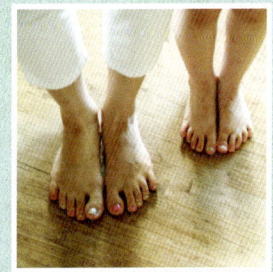

여덟 번째 이야기
건강한 몸에서 건강한 정신이 나온다

'질병'에 주의를 기울이지 말고 '건강'에 관심을 쏟아라 256
건강한 몸은 자연스러운 것이다 | 무의식중에 질병을 부르는 습관을 버려라 |
건강을 유지하는 5가지 방법 | 건강 지향형 부모에게서 건강한 아이가 태어난다 |
부모의 건강한 생활 방식을 아이에게도 보여준다

건강 지향형으로 생활해야 하는 이유 263
지금 당장 체질을 바꿔라 | 어떤 난치병도 치유하는 '이미지 치료법'

인생의 어려움을 이겨내는 힘, '웃음'과 '유머' 267
때때로 아이와 마음껏 놀아라 | 웃으면서 아플 수는 없다

밝고 씩씩한 아이로 키우기 위한 조언 271
병원은 '치료'가 아니라 '예방'이 목적이다 | 건강을 부르는 올바른 식생활 상식 |
공부도 좋지만 '노는 것'이 더 중요하다 | 아이 스스로 텔레비전을 끄게 하라 |
부모의 불평이 아이를 불쾌하게 만든다 | 몸이 원하는 음식은 아이가 알고 있다

아홉 번째 이야기
아이는 꿈을 찾아가는 일등 항해사다

부모의 사랑이 충분할 때 아이는 '미래'를 생각한다 278
모든 문제를 해결하는 열쇠는 '사랑'이다 | 아이가 좋아하는 음식은 '세 끼의 사랑'이다 |
사랑이 흘러 넘쳐야 타인에게도 나눠줄 수 있다

'목적의식'과 '만족감'이 아이에게 꿈을 품게 한다 282
타인과 함께한다는 생각이 목적의식을 만든다 | 에이브러햄 매슬로의 '무한계 인간교육론'

훌륭한 세계관을 갖춘 아이로 키워라 286
부모가 '통제'를 거둘 때 아이는 한 계단 더 성장한다 | 생활 속에서 찾는 즐거움 |
불쾌함 속에서 유쾌함을 찾는 지혜 | '지금 이 순간' 칭찬받은 아이는 아름답게 진화한다 |
아이 스스로 폭력을 다스리도록 가르쳐라 | 서로의 기분이 좋아지는 취미생활을 함께 하라 |
긍정적인 생각이 면역력을 높인다 | 흉내 낸 성공보다 자기만의 실패가 더 낫다 |
부모도 휴식시간이 필요하다 | 아이보다 더 소중한 것은 없다 | 아이는 스스로 결정하고 싶어 한다 |
부모와 자녀 관계의 뿌리는 '진실'이다 | 모든 생명은 존중받을 권리가 있다

 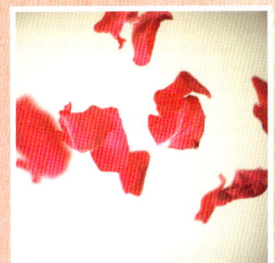 

열 번째 이야기
부모와 아이는 함께 걸어가야 할 '인생의 동반자'이다

현재를 열심히 사는 아이가 미래도 밝다 300
현재에 충실하면 피로나 질병도 멀리 달아난다 | 아이는 현재 이 순간에도 완벽한 존재다

부모가 서야 할 곳은 아이의 등뒤다 303
아이는 부모 인생에서 좋은 동반자이다 | 아이 스스로 배울 결심을 하라고 가르쳐라 | '인생의 문'은 아이 스스로 열게 하라

중요한 건 현재다, 과거나 미래에 연연해하면 인생이 재미없다 308
현재를 열심히 살 때 인생이 풍요로워진다 | 너무 먼 미래를 내다보면 현재가 괴롭다 | 어떤 일이든 '기쁨'을 발견할 때 아이는 행복해진다

오늘은 '선물'이다, 마음껏 누리고 행복해져라 313
좋아하는 일에 몰입할 때 세상의 시간은 멈춘다 | 어른도 때로는 아이답게 즐겨라 | 오늘을 즐겁게, 어쨌든 즐겁게 살라

인생의 주인공은 '나'라고 믿게 하라 318
아이와 멋진 하루를 보내는 법 | 워킹맘과 아이의 원만한 관계를 위한 조언 | 불필요한 고정관념은 아이의 의욕을 꺾는다 | 부모의 격려로 아이는 세상의 주인공이 된다 | 약속 변경은 가능하지만 취소란 없다 | 가정 경제와 생활 사이에서 균형을 유지하라 | 아이도 스스로 버는 법을 깨닫게 하라 | 오늘을 '최고의 날'이 되게 하라, 그러면 평생이 즐거울 것이다

아버지께 드리는 편지 326

첫 번째 이야기

아이의 행복을 따라가라, 그곳에 육아의 정답이 있다

부모는 종종 자신이 잘 안다고 믿는 '성공'을 위해
아이를 질책하고 격려하면서 군소리 없이 따르라고 말한다.
일찍이 부모 자신이 저지른 실수를 아이에게는 절대로
되풀이시키지 않겠다고 맹세하면서 말이다.
자신은 아이보다 오래 살았기 때문에 더 지혜롭다고 확신한다.
그러나 사실 인생을 즐기는 법을 배운다는 것은 태도의 문제이다.
인생을 오래 살았다고 해서 깨닫게 되는 것은 아니다.

부모가

아이에게

가르쳐야 할

첫 번째

인생 지침

부모가 정말 원하는 것은 아이의 '행복'이다

'우리 아이가 장차 어떤 사람이 될까?' 부모라면 한번쯤 품어 볼 만한 질문이다. 많은 부모들에게 이 질문에 대해 신중하게 생각하고 답변해 달라고 요청하자, 다음과 같은 말들을 했다.

- 자유롭고 행복한 삶을 살기 바란다.
- 삶을 즐길 줄 알고 감사하는 마음을 갖기 바란다.
- 어떤 일을 하든 그 분야에서 성공하고, 훌륭한 일을 하고 있다는 자부심을 갖기 바란다.
- 자신과 자신의 삶에 대해서 긍정적인 마음을 갖기 바란다.
- 어떤 문제에 부딪혀도 좌절하지 않는 지혜로운 사람이 되기 바란다.
- 의욕을 잃거나 비참한 상태에 빠지지 않기 바란다.
- 어떤 시련이 닥쳐도 이겨나갈 수 있는 강한 정신력을 갖기 바란다.
- 현재를 소중히 여기기 바란다.
- 자기 인생을 설계하고 바꿀 수 있는 힘이 자신에게 있다는 것을 알기 바란다.
- 감성이 풍부하고, 자연과 인간을 사랑하는 사람이 되기 바란다.
- 어떤 상황에서도 가능성을 찾아내고 도전정신을 갖기 바란다.
- 사랑하고 사랑받고 있다는 것을 아는 사람이 되기 바란다.
- 피할 수 없는 혹독한 시련에 처한다 해도 1퍼센트의 기회를 찾는 사람이 되기 바란다.
- 정신적으로나 육체적으로 건강한 사람이 되기 바란다.

대다수 부모들의 답변을 정리해 보면 바라는 것이 크게 다르지 않았다. 흔히 생각하는 것처럼 자식을 부자나 유명인사로 키우고 싶다든지, 어떤 문제에도 부딪히지 않는 평탄한 삶을 살기를 바라지는 않았다. 또한 물질이 반드시 행복을 가져오지는 않는다는 사실도 알고 있었다. 요컨대 아이가 자신감 넘치고 긍정적이며 행복한 삶을 사는 사람이 되길 바라는 것이다.

조금만 눈을 돌려보자. 성공한 사람들 중에는 정신과 치료를 받고, 부귀와 명성만 좇느라 인생을 즐길 줄 모르는 사람들이 있다.

부모가 아이에게 줄 수 있는 최고의 선물   인생에서 가장 중요한 것은 무엇일까? 현재 처해 있는 상황이나 여건이 다르더라도 삶을 즐길 줄 아는 능력이 아닐까. 설령 중병에 걸렸다 해도, 빚쟁이들로부터 빚 독촉을 받는다 해도 인생을 즐길 여지는 남아 있게 마련이다. 힘들기는 하겠지만 삶을 즐길 수 있다면 누구나 인생의 힘든 시기를 슬기롭게 극복할 수 있다.

내 아이에게 무엇을 해줄 수 있는지 생각해 보니, "어떤 상황에서도 인생을 즐길 수 있는 능력을 길러주고 싶다."는 것이었다. 그래서 자녀 교육에서 이것을 최우선 과제로 삼았다.

부모가 아이에게 이런 멋진 선물을 준다면, 아이는 자신의 능력을 최고로 발휘하는 사람으로 성장할 것이다. 뭔가를 기대 이상으로 성취해 내는 사람은 남들로부터 행복이라는 이름의 주사를 맞을 필요를 느끼지 않는다. 그들은 남들이 지쳐 있을 때도 인생을 즐기는 법을 알고 있기 때문이다.

인생은 아름답다!
즐기고 또 즐겨라

대다수의 부모가 자녀의 행복을 최우선으로 생각하는데 현실은 왜 다를까?

아이의 행복이 중요하다고 하면서 왜 아이가 힘들어하는데도 공부하라고 다그치고, 많은 아이들이 배움에 지쳐 가고 있으며, 또 수많은 젊은이들이 꿈 없이 살아가고 좌절감에 빠져 허덕이는 이유는 뭘까? 왜 많은 아이들이 무례하고 폭력적인 태도를 취하는 걸까?

그것은 어른들이 아이들에게 인생을 즐기는 법을 가르쳐주지 못했기 때문이다. 또 어른들 스스로도 어떻게 인생을 즐겨야 하는지 모르고 있기 때문이다. 부모가 모르니 아이에게 가르칠 수도 없다.

부모는 종종 자신이 잘 안다고 믿는 '성공'을 위해 아이를 질책하고 격려하면서 군소리 없이 따르라고 말한다. 일찍이 자신이 저지른 실패를 아이에게는 절대로 되풀이시키지 않겠다고 맹세하면서 말이다. 자신은 아이보다 오래 살았기 때문에 더 지혜롭다고 확신한다. 그러나 사실 인생을 즐기는 법을 배운다는 것은 태도의 문제이다. 인생을 오래 살았다고 해서 깨닫게 되는 것은 아니다.

부모가 아이에게
가르쳐야 할
첫 번째
인생 지침

아이에게
공부보다
'삶의 지혜'를
가르치는 게
먼저다

치과에 갔는데 치과의사가 썩은 앞니를 내보이며 웃고 있다면 어떻겠는가? 치료를 해야 하는 의사가 담배 연기를 당신 얼굴에 내뿜는다면 또 어떻겠는가? 말할 것도 없이 그 의사에게 진료를 받을 생각이 싹 사라지고 말 것이다. 생활 태도를 가르치는 문제도 이와 다르지 않다. 긍정적인 가치관과 삶을 즐길 줄 아는 능력을 아이에게 알려주고 싶다면 먼저 부모부터 생활 속에서 모범을 보여주어야 한다. 아이에게 부모만큼 강한 인상을 줄 수 있는 롤모델은 없다.

**아이의 미래를
부정적으로 만드는 부모의 말**   아이가 부정적이거나 소극적이라면 부모가 긍정적인 실례를 보여주는 것보다 더 좋은 방법은 없다. 모든 일에 무관심한 아이에게는 호기심 충만한 사람을 실제로 보여주는 것이 해결책이다. 화를 잘 내는 아이에게는 낙관적인 사람과 함께 있게 하고, 비뚤어진 아이에게는 관대하고 애정이 가득 찬 사람이 도움을 준다. 매사에 의욕이 없는 아이에게는 일에 열중하는 사람이 좋은 모델이 될 수 있다.

또한 부모라면 아이 앞에서 다음과 같은 말들을 하시 말아야 한다.

"불가능해. 이건 도저히 할 수 없어."

"너 때문에 정말 못 살겠다. 왜 이렇게 엄마를 힘들게 하니?"

"내 팔자에 무슨 복이 있다고. 바랄 걸 바라야지."

이런 말들이 사라지면 삶을 즐기며 활기차게 살아가는 전환점이 될 것이다. 적어도 인생에 짓눌리며 살아가고 있다는 인상은 주지 않을 것이다.

아이를 키우다 보면 일이 뜻대로 되지 않을 때도 있고, 좌절의 순간이 찾아올 때도 있다. 그럴 때는 이렇게 말해 보자.

"조금만 더 해보자고. 곧 극복할 수 있을 거야."

"하늘이 무너져도 솟아날 구멍이 있는 법이야."

"행운은 스스로 만들어내는 거야."

"인생은 즐거운 거야."

아이와 이런 대화를 나눈다면 마음속에 긍정적인 에너지가 충전된다.

**아이가 공부를 잘하기 바란다면
감정 조절 능력부터 가르쳐라**   어른이나 아이나 할 것 없이 내키지 않은 일을 할 때는 만족스러운 결과를 내기 힘들다. 그것이 반드시 해야 할 일이라고 해도 말이다. 어떻게든 기분을 바꾸지 않는 한 좋은 결과를 기대하기 어렵다. 그런데도 불구하고 아이들의 감정이나 기분이 무시당하는 경우가 많다. 가정과 학교 모두 지식의 습득만 중요하게 생각하기 때문이다.

교육자들이 몇 세기에 걸쳐 고민해 온 딜레마는 '감정을 통한 접근 방식'과 '지식을 통한 접근 방식' 중 어느 쪽을 교육에 채택할 것이냐 하는 문제다.

현실적으로 학교는 예산과 에너지의 95퍼센트 이상을 '지식' 쪽에 쓰고, 부모도 같은 정도의 에너지와 시간을 '지식'의 교육에 사용하고 있다. 인생의 거의 모든 중요한 국면에서 감정이 가장 우선한다는 것을 누구나 잘 알고 있는데도 말이다.

감정을 조절하면서 자신감을 갖거나, 쓸데없는 걱정을 떨쳐버리거나, 주눅 들지 않는 것은 창의력이 풍부한 사람들이 갖추고 있는 기초적인 능력이다. 그런데도 대다수 부모는 감정적인 능력을 하찮거나 뻔한 것으로 취급하고 있다.

자폐증 환자가 복잡하고 난해한 시를 쓰거나, 그 시를 해석할 수 있는 능력을 보일 때가 종종 있다. 자신감 없는 사람도 받아쓰기 대회에서 우승할 수 있다. 쉽게 화내는 사람일지라도 전자제품의 복잡한 회로구조를 이해할 수 있다. 이처럼 지식을 갖춘 사람들에게 정말 중요한 능력이 빠진 경우는 뜻밖에도 많다. 감정적인 차원의 능력을 갖추는 것도 지식처럼 배울 수 있다.

어른이나 아이나 할 것 없이
내키지 않은 일을 할 때는
만족스러운 결과를 내기 힘들다.
그것이 반드시 해야 할 일이라고 해도 말이다.
어떻게든 기분을 바꾸지 않는 한
좋은 결과를 기대하기 어렵다.
그런데도 불구하고 아이들의 감정이나
기분이 무시당하는 경우가 많다.

인생의 승리자는 교실에서 길러지지 않는다

 부모는 자녀가 성공한 사람으로 살기 위해 어떻게 해야 하는지 알려주고 싶어 한다. 그런데 대다수 학교는 부모의 바람과는 어긋나는 교육을 하고 있다.

 소설 《백경》의 저자 허먼 멜빌은 "한 척의 포경선이 나의 예일대학이고 하버드대학이었다."고 말한 바 있다.

 사람은 경험을 통해 배우는 것이지 일류 대학의 강의를 듣고 배우는 게 아니다. 아이가 자신의 감정을 잘 조절할 수 있는 어른으로 성장하려면 자신만의 포경선이 필요하다.

**내 인생의 주인이 되는
'무한계 인간'**
　　　　　　　　　　이 책은 아이가 창의적인 삶을 살아가도록 유도하는 데 초점을 맞추었고, 부모가 어떤 역할을 해야 하는지 이야기할 것이다.

　나는 창의적인 생활을 하는 사람을 '무한계 인간'이라 부른다. 무한계 인간은 자신을 제한하지 않고 타인의 제약도 거부한다. 자신을 진심으로 사랑할 뿐만 아니라 세상에 대한 애정이 있다. 또한 미지의 것을 추구하고, 인생을 기적처럼 훌륭한 것으로 받아들인다.

　그들은 대체로 자신을 믿고 모험을 겁내지 않으며 마음의 소리에 따라 행동한다. 때로는 화를 내지만 어떤 경우에도 자신을 다스릴 수 있다.

　불평하는 대신 적극적으로 행동하고, 자신이 불행하다고 해서 남을 탓하지 않는다. 아직 일어나지 않은 일로 전전긍긍하면서 시간을 낭비하기보다는 문제를 해결할 수 있는 방법을 찾는다. 또한 지나간 일에 대한 죄책감에 시달리지 않고 주눅 들지도 않는다. 인생의 목표가 확고하고, 내면의 생각이 굳건하다. 뿐만 아니라 주어진 일을 끝까지 해내고, 어떤 장애물에도 굴복하지 않는다.

　그들은 인생에 대해 긍정적인 태도를 취한다. 타인을 경쟁자로 생각하지 않고, 이미 벌어진 일을 바꾸려고 끙끙거리지 않는다. 또 모든 사람들에게 인정받을 수는 없다는 사실을 잘 알고 있고, 결단력 있으며, 남에게 잘 보이려 하거나 성공했다는 소리를 듣고 싶어 애간장을 태우는 일 따위에는 무관심하다. 그리고 자신의 권한을 침해당하지 않는 한 다른 사람들의 조언을 귀담아듣고, 남을 비판하는 것을 삼간다.

인생을 최고의 경험이라 여기며 감사하는 마음으로 살아가는 것이 무한계 인간의 특징이다. 그들은 인생이 선사하는 모든 것에 대해 스스로 높은 수준에 도달한다. 따라서 지루해하지 않으며 따분해할 줄도 모른다.

　언제나 인생을 즐기기 때문에 어떤 일을 하든지 보람과 기쁨을 발견한다. 운동에서 요리하기, 하이킹에서 시 낭송에 이르기까지 모든 것을 즐기고 사랑한다.

　무한계 인간은 생활방식이 건전해서 나쁜 유혹에 빠지는 일도 없다. 과식과 같은 탐욕이 얼마나 기분 나쁜 것인지 자기 안에서 알려주기 때문이다. 유머가 있어서 다른 사람들이 함께 있고 싶어 할 뿐만 아니라, 내면에 삶의 방위를 재는 나침반이 있어서 자신의 인생을 스스로 책임지고 답을 찾아내면서 독립적으로 살아간다.

　그들은 성공이냐 실패냐 하는 방식으로 자신을 평가하지 않는다. 그 대신 '실패'를 학습하는 과정으로 받아들이고, 흥미를 끄는 것은 가급적 시도한다.

　독창적이고 창의적인 상상력을 갖고 있는 그들은 어떤 일을 어떻게 해야 좋을지 결정할 때도 자신의 마음과 의논한다. 승부에 마음을 빼앗기지 않는데도, 승패에 민감한 세상 사람들로부터 '승리자'라고 불린다.

부모가 원하는 틀 속에 아이를 맞추는 순간 재능의 싹이 꺾인다　　모든 아이는 무한계 인간의 자질을 갖고 태어난다. 그러나 성장하면서 행복이나 성공을 추구하다 보면 이러한 천부적인 자질을 잃어버린다.

사람은 자기 안에 담긴 천부적인 능력을 살리는 법을 배울 필요가 있다. 행복하고, 건강하고, 스스로 결정하고, 풍부하게 느끼고, 충분히 능력을 펼치고, 어제보다 나은 모습으로 성장하는 이런 것들은 모두 자연스럽고 정상적인 인간 본연의 모습이다.

그럼에도 불구하고 이러한 요소들은 '성공'이라는 이름에 가려서 옆으로 밀려난다. 누구나 놀라운 창의력을 갖고 있는데도 이미 만들어진 세상의 틀 속에 자신을 끼워 넣으려 하기 때문에 엉망으로 만들어버린다.

부모는 아이가 지니고 태어나는 무한계 인간으로서의 권리, 즉 한계가 없는 어른으로 성장할 권리를 존중해야 한다.

아이에게 도움이 될 거라고 생각하는 틀 속에 강제로 아이를 집어넣는 것은 위험하고 쓸데없는 일이다. 능력이나 태도에 한계가 없다는 점에서 아이는 거의 완전한 존재라고 할 수 있다.

"행복에 이르는 길은 없다."는 사실은 인생의 위대한 아이러니다. 행복은 과정이기 때문이다. 성공에 이르는 길도 없다. 성공은 스스로 노력할 때 갖게 되는 마음 자세이기 때문이다. 사랑을 쫓아가면 사랑은 몸을 돌려 달아나므로 사랑이 알아서 쫓아오도록 만들어야 하고, 돈을 쫓으면 돈의 노예가 되므로 돈으로 하여금 자신을 섬기도록 만들어야 한다.

결정권은 부모가 아니라 '아이'에게 있다

아이는 이미 하나의 어엿한 인간이다. 그러므로 부모는 아이가 자신의 가능성을 펼칠 수 있도록, 스스로 원하는 방향으로 향할 수 있도록 북돋워주어야 한다.

아이가 항상 부모에게 고분고분한 것은 아니어서 부모의 바람과는 상관없이 자신이 흥미를 느끼는 방향으로 나아가려고 할 때도 있다. 아이의 생각은 부모의 생각과 좀처럼 일치하지 않고, 부모가 바라는 것과 아이가 하려는 것이 같지도 않다. 당연하다, 아이의 생각은 부모의 믿음과는 크게 다르기 때문이다.

결정권은 부모가 아니라 아이의 손에 달려 있다. 부모는 그저 '임시 항해사'로서의 역할에 만족해야 한다. 중국에 이런 속담이 있다.

1년 앞을 생각한다면 씨를 뿌려라.
10년 앞을 생각한다면 나무를 심어라.
100년 앞을 생각한다면 사람을 길러라.

모든 아이는 마음껏 능력을 발휘하는 무한계 인간으로 성장할 수 있다. 따라서 부모는 감정적으로 안정되고 의욕이 넘치며 동기가 부여될 수 있는 아이를 기르는 데 힘을 쏟아야 한다.

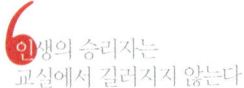

누구나 놀라운 창의력을 갖고 있는데도
이미 만들어진 세상의 틀 속에
자신을 끼워 넣으려 하기 때문에 모든 것을
엉망으로 만들어버린다.

두 번째 이야기

아이의 미래를 아름답게 만드는 힘, '자존감'과 '자신감'

아이에게 실패를 두려워하지 말고,
실패를 통해 배우고 성장하라고 가르쳐라.
인간의 가치는 어느 날 우연하게 주어진 일을 얼마나 잘 처리했느냐로
결정되는 게 아니라는 사실을 이해시켜야 한다.
아이에게는 언제나, 특히 아이가 실패한 뒤에는 결과와는 상관없이
자신이 가치 있는 존재임을 상기시켜 주자.
아이의 자존감은 부모가 평소에 보여주는 말이나 행동을 통해 만들어진다.

자신에 대한 이미지가 긍정적이어야 공부도 잘한다

재능이나 행운, 돈, 지능지수, 가족, 외모 등이 인생의 성공 여부를 결정한다고 생각하는 사람들이 많다. 하지만 건강하고 긍정적인 자기 이미지를 갖는 것에 비하면 이런 것들은 부차적인 것에 지나지 않는다.

아이가 커서 어떻게 될지 알고 싶다면 '이 아이는 자신을 어떻게 생각하고 있을까?' 하고 자문해 보자. 이때 '나는 이 아이를 어떻게 생각하고 있지?'라든가, '이 아이의 친구들이나 선생님, 가족, 이웃 사람들은 이 아이를 어떻게 생각할까?'라고 물어서는 안 된다.

당신의 아이는 어떤 일이든 훌륭하게 해낼 수 있다는 자신감을 가졌는가? 자신의 외모에 자신감을 갖고 있는가? 자신을 현명하고 가치 있다고 생각하는가? 이것들은 모두 부모가 신경 써야 할 질문이다.

아이가 자신은 아무런 가치나 매력이 없고, 무능한 데다 한심하기까지 하다고 여긴다면, 그런 생각을 긍정적으로 바꿔주어야 한다.

답은 자기 마음속에 있다, 긍정적인 자아상을 만드는 데 힘써라 성장이나 행복에 장애가 되는 것들은 대부분 자신 안에서 만들어낸다. 사람들에 대한 애정이 부족한 삶을 사는 이유는 자신이 사랑받을 만한 가치가 없다는 두려움이 마음속에 있어서이다. 어떤 일을 끝까지 해내지 못하는 것은 대개의 경우 자신은 절대로 성취할 수 없다고 믿기 때문이다. 사는 게 불행하다고 느끼는 이유는 자신이 행복과 인연이 없다는 생각을 마음속에 품고 사는 까닭이다.

아이가 마음속에 품은 자신의 이미지를 개선하면 학교 성적도 쑥쑥 올라갈 뿐더러 모든 생활을 좀 더 즐기게 될 것이다. 또한 밝고 행복한 표정을 짓고, 생기가 돌며, 자신에 대한 기대를 더욱 높여갈 것이다.

아이가 자신의 뛰어난 역량을 믿지 못하는 이유는 불안감 때문이다. 아이의 불안감이 사라지도록 도와주는 것이야말로 부모의 중요한 역할 가운데 하나다.

자신을 긍정적으로 받아들이는 것은 무한계 인간이 가지고 있는 가장 중요한 자질이다. 자기애와 자존감, 그리고 자긍심은 성공적인 인생을 살기 위한 필수적인 요소다. 그들은 실패를 통해 교훈을 얻고, 다른 사람을 소중히 여길 줄도 안다. 설령 남들이 자신을 받아들여 주지 않는다 해도 개의치 않는다. 자기 자신에 대한 평가가 인생의 성공이나 행복을 결정하는 가장 강력한 요소라는 것을 알기 때문이다.

아이가 마음속에 품은 자신의 이미지를 개선하면
학교 성적도 쑥쑥 올라갈 뿐더러
모든 생활을 좀 더 즐기게 될 것이다.
또한 밝고 행복한 표정을 짓고, 생기가 돌며,
자신에 대한 기대를 더욱 높여갈 것이다.

스스로를 존중하고 사랑하는 힘, '자존감'

아이는 유일무이할 뿐만 아니라 성장하면서 계속해서 변한다. 아이를 이해했다고 생각하는 순간, 아이는 엉뚱한 모습을 보이며 부모를 놀라게 한다. 아이는 본래 그래야 한다. 아이는 매순간 숨 쉬고 활동하면서 변해 가는 독특한 존재인 것이다.

아이의 자존감, 부모가 만든다 자존감이 낮은 청소년들은 '나는 왜 태어났을까?' 하는 의문에 빠진다. 이런 의문을 품은 청소년들의 대답은 대개 이렇다.

- 대를 잇기 위해서이다.
- 여가 시간이 많은 엄마를 즐겁게 하기 위해서이다.
- 바라지 않았는데 우연히 태어났다.
- 자신의 가치를 증명하기 위해서이다.
- 부모 형제의 일을 거들기 위해서이다.
- 부모를 위해 특별한, 즉 좋은 아이라거나 똑똑한 아이라는 역할을 하기 위해서이다.
- 딸이 있기 때문에 아들이 필요해서, 또는 아들이 있기 때문에 딸이 필요해서이다.

자존감은 한 인간으로서 자신을 어떻게 보고 있는가를 나타내는 말이다. 아이의 자기 평가는 주위 사람들이 그 아이를 얼마나 소중하게 생각하고 있느냐에 기초한다. 따라서 부모가 아이를 사랑스럽고 소중한 존재로 여기면, 아이도 자신을 가치 있게 생각한다.

아이가 어떤 일에 실패했을 때는 시선을 자기 안으로 돌려 자신은 훌륭하다고 생각하도록 가르쳐야 한다. 항상 자신을 가치 있는 사람으로 여기라는 격려를 받은 아이는 스스로를 높이 평가할 줄 안다. 자기 자신을 가치 있다고 생각하는 아이는 도전을 두려워하지 않고 실패에 대한 두려움이 적다.

아이의 자존감을 떨어뜨리는 부모의 태도는 다음과 같다.

첫 번째, 입버릇처럼 "너는 나쁜 아이야." 라고 말한다

실수로 우유를 엎질렀는데 "나쁜 녀석, 또 일을 저질렀군. 이번 주만 해도 벌써 네 번째야."라고 혼낸다면 아이는 '나는 뭐든 서툴기만 한 나쁜 아이야.'

라고 생각한다. 그 결과, 정말로 자신을 별 볼일 없는 사람이라고 믿는다.

두 번째, 아이가 나쁜 행동을 하는 현장을 집요하게 찾아낸다

자주 야단을 맞은 아이는 자존감이 낮고, 부모에게 미움받고 있다고 생각한다. 마음속에는 부모에 대한 원망이 차곡차곡 쌓여 있다.

세 번째, 자존감에 상처를 주는 애칭으로 아이를 부른다

'바보', '뚱보', '못난이', '멍청한 녀석' 등 부정적인 호칭은 아이의 자존감을 떨어뜨린다. 이런 호칭은 아이 자신이 얼마나 못나고 무능한지, 얼마나 매력이 없는지를 날마다 상기시켜 자신의 결점을 되풀이해서 인정하도록 만든다. 그러다 부정적인 별명이 아이 자화상의 일부가 된다.

네 번째, 아이를 항상 '부족한 인간'처럼 다룬다

"나중에 크면 엄마가 왜 그렇게 잔소리를 했는지 알게 돼."
"이유를 말해 줘도 넌 모를 거야. 아빠 말이니까 무조건 따라야 해."
이런 종류의 말은 아이에게 '너는 아직 온전한 사람이 아니야. 너는 불완전한 반쪽 인간에 불과해.'라고 말하는 것이나 다름없다.

다섯 번째, 아이를 항상 다른 누군가와 비교한다

아이를 형제나 어린 시절의 부모 자신, 혹은 옆집 아이와 비교하는 것은 아이에게 자신은 특별하지도 않고 개성적이지도 않다는 생각을 갖게 만든다. 그저 그런 애물단지 취급을 받으면 아이는 자신을 낮게 평가한다. 아이에게 다음과 같은 말을 해서는 안 된다.

"넌 네가 무슨 대단한 존재나 되는 줄 아니?"
"넌 어째서 누나처럼 하지 못하니?"
"아빠가 어릴 때는 부모님이 시키시는 대로 했어. 넌 대체 왜 그 모양이니?"

여섯 번째, 아이의 생각을 묻지 않고 부모가 대신 떠맡는다

부모가 아이의 일을 대신해 주면 아이의 자존감이 낮아지고 자신감은 흔들린다.

"나도 할 수 있어요, 엄마."라는 아이의 호소를 무시해서는 안 된다. 자기 불신이 깊어진 아이는 자신이 중요한 일을 할 수 없다고 생각한다.

일곱 번째, 아이가 한 일을 자꾸 비판한다

비판은 자존감을 떨어뜨리는 일등공신이다. 비판을 받을수록 아이는 비판을 들을 만한 일을 하지 않게 된다.

"넌 운동 감각이 없어."
"연습을 게을리 한 게 벌써 몇 번째니? 도대체 책임감이라는 게 있긴 한 거니?"
"그 옷 입으면 뚱뚱해 보여."
"넌 언제나 불평만 늘어놓는구나."

부모가 비판할수록 아이는 비판적인 자화상을 그리게 된다.

여덟 번째, 아이가 제 나이에 맞게 대답할 기회를 빼앗는다

마치 아이에게는 표현 능력이 없는 것처럼 부모가 아이를 대변하는 경우가 종종 있다. 이런 행동은 아이에게 자기 불신을 조장하고 자존감을 잃게 만든다. 또한 남에게 의존하는 태도를 길러줄 수 있다. 아이를 대변할 때 부모는 이렇게 말하는 것이나 다름없다.

'내가 너보다 정확하게 말할 수 있어. 너는 너무 어려서 어떻게 말해야 할지 모를 거야. 그러니까 엄마한테 맡겨둬. 엄마는 뭐든 다 알고 있거든.'

아홉 번째, 아이 앞에서 끊임없이 불평을 늘어놓는다

아이는 부모가 보여준 모습을 자기 안에 받아들인다. 따라서 아이 앞에서 끊임없이 불평하는 부모는 아이에게 불평하는 인간이 되라고 가르치는 것이나 마찬가지다.

열 번째, 아이가 보는 앞에서 다른 사람에게 아이를 무시하는 말을 한다

"아들 녀석한테 정말 두손 두발 다 들었어요. 점점 더 나빠지고 있다니까요!"
"우리 딸아이는 선생님 말씀을 통 안 들어요. 집에서도 마찬가지고요."

이런 말을 듣고 자란 아이는 '엄마는 내가 여기 이렇게 있는데도 무시하는군. 나 따위는 아무래도 상관없다는 거겠지.'라고 생각한다. 아이도 감정을 지닌 존재라는 사실을 부모가 무시할수록 아이 또한 자신을 점점 더 무시하게 된다.

열한 번째, 아이와 물리적인 거리를 두고 지낸다

부모의 스킨십 부족으로 따뜻한 사랑을 받지 못한 아이는 자신에게는 껴안거나 다독여줄 만한 가치가 없다고 생각한다. 그러다 자신을 매력 없는 존재로 생각하고, 사랑받을 가치가 없는 인간이라는 의심을 하게 된다. 아이에게 "사랑한다."는 말을 자주 들려주자. '내가 과연 사랑받을 만한 존재일까?'라고 아이가 의심하지 않도록.

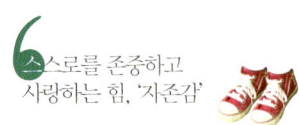

아이의 자존감을 높이는 마법의 기술

다음은 아이의 자존감을 높이기 위해 부모가 해줄 수 있는 것들을 모아놓았다.

부모가 가치 있는 사람이라는 것을 보여줘라 부모는 아이에게 자신에 대한 긍정과 존중이 어떤 것인지 행동으로 보여주는 한편, 자신을 긍정하고 존중하는 사람은 남들로부터도 소중한 대접을 받게 된다는 것을 알려주어야 한다. 그러기 위해서는 부모 스스로가 자신을 가치 있는 사람으로 생각한다는 것을 아이에게 믿게 할 필요가 있다. 이것은 부모가 행동할 때 부모로서의 권위를 갖추고, 아이 앞에서 다른 사람들을 무례하게 대하지 않으며, 아이가 부모에게 무례한 것도 허용하지 않는다는 것을 의미한다.

부모가 아이 앞에서 모범을 보이려면 아이가 부모에게 무례하게 굴 때도 다음과 같이 대답해야 한다.

"그런 말을 하면 안 돼. 엄마는 자신을 소중하게 생각하기 때문에 그런 식으로 말하는 걸 지금도, 앞으로도 용서하지 않을 거야. 알겠니?"

아이에게 잔소리를 늘어놓거나 입씨름을 벌일 필요가 없다. 무례한 말을 막는 근거는 '나는 자신을 소중히 여기기 때문에 그런 말을 듣지 않을 거야.'라는 것이다. 부모가 자신을 높이 평가한다면 아이 또한 그렇게 할 것이다.

아이 스스로 선택하게 하라

아이들은 제각기 서로 다른 특별한 존재이다. 그렇기 때문에 비교보다는 개성에 대한 존중이 앞서야 한다. 아이의 개성을 존중한다는 것은 아이가 평생을 통해 '나는 나 자신을 위해 무엇을 선택하든 그것을 이룰 수 있는 무한한 가능성이 있어.'라고 생각하는 것을 의미한다.

아이를 어엿한 한 사람으로서 존중하고, 그 고유성을 인정해 주자. 특별한 존재로 대접받는 아이는 자신감을 갖고 스스로를 높이 평가하게 된다.

'아이의 행동'과 '아이 자신'을 분명하게 구분하라

아이의 자존감을 키워주려면 '아이'와 '행동'

이 별개라는 걸 이해해야 한다.

뭔가에 실패했다고 해서 아이 자신이 결코 실패작은 아니다. 다만 성장의 계기가 되어 줄 행동을 한 것에 불과하다. 수학 시험에서 낮은 점수를 받았다고 해서 열등생이 아니다. 때마침 수학에서 낮은 성적을 받은 것뿐이다.

아이에게 실패를 두려워하지 말고, 실패를 통해 배우고 성장하라고 가르쳐라. 특히 아이가 실패한 뒤에는 결과와는 상관없이 자신이 가치 있는 존재임을 상기시켜 주자.

홈런을 치고 싶으면 먼저 홈런을 치겠다는 의욕을 품어야 한다. 홈런을 치면 멋진 추억이 될 수 있을지언정 홈런 그 자체만으로 훌륭한 인간이 되는 것은 아니다. 아이의 자존감을 높이려면 '홈런은 멋지지만 행동 그 자체가 자신은 아니다.'라는 사실을 인지시켜 주어야 한다.

아이 스스로 판단하고 책임지게 하라

자신을 높게 평가하는 아이는 스스로 판단을 내릴 수 있는 기회를 부여받으며 자랐다. 부모가 이런저런 문제를 대신 해결해 주는 것이 아니라, 아이에게 책임을 지게 한 것이다. 아이가 자신을 중요한 존재로 느끼고, 부모가 믿고 있다는 것을 알고 나면 새로운 모험을 시도할 수 있는 용기가 생긴다.

어릴 때부터 독자적으로 판단하는 것을 몸에 익힌 아이, 즉 자신이 고른 옷을 입고, 뭘 먹을지 알아서 정하고, 자신이 선택한 친구와 놀고, 책임을 질 줄 아는 아이는 자신을 좋아하고, 자기 본연의 모습을 긍정한다.

매일매일 인생의 즐거움을 깨닫게 하라

아이의 자존감을 높이려면 인생을 긍정적으로 바라보는 습관을 길러주어야 한다. 만일 아이가 풀이 죽어 있다면 살아 있어 감사하다는 것, 지구가 살 만한 별이라는 것, 지금은 인류가 지내 온 역사 속에서도 가장 훌륭한 시대라는 것을 이야기해 주어라.

어떤 상황이라도 긍정할 수 있는 부분은 존재한다. 설거지가 잔뜩 쌓여 있다 해도 닦아야 할 접시가 있다는 사실에 감사할 수 있다. 차가 온통 먼지투성이어서 세차해야 할 때도 자동차가 없는 사람을 생각하면 감사할 수 있다. 이처럼 긍정적인 사고방식은 아이를 낙관론자로 만들어준다.

한 번 야단치기보다 두 번 칭찬하라

자주 야단맞는 아이는 자신을 비판하는 법을 배우고, 결국에는 자신을 비하한다. 칭찬은 자녀 교육의 모든 과정에서 꼭 필요한 훌륭한 교육법이다.

아이가 말을 안 들을 때는 매를 들어야 하고, 아이는 부모의 잔소리를 들어야 바르게 성장한다고 생각하는 부모가 적지 않다. 그러나 과연 그럴까? 자신의 말과 행동을 이리저리 지적받는 게 즐거운 일일까? 끊임없이 비판을 받아야 바르게 성장하는 것일까? 아니다. 인간은 비판받는 동안에는 그냥 그 상태에 머무른다. 인간에게는 누구나 자기가 한 일을 변호하려는 속성이 있다. 감정이라는 완고한 방패가 밖으로부터 날아오는 비판을 막아서는 것이다.

아이에 대한 비판 뒤에 숨어 있는 부모의 심리는 다음과 같다.

'네가 엄마랑 좀 더 비슷하고, 사고방식이 같다면 훨씬 더 나은 아이가 될 텐데.'

아이가 부모와 똑같을 수는 없다. 아이가 뭔가를 시도하면 비록 성공하지 못하더라도 위험에 도전한 용기를 칭찬해 주어야 한다. 부모는 노력하는 사람의 편이라는 것을 알게 해줄 때 아이는 자신에 대한 긍정적인 이미지를 만든다.

'자신이 생각하는 대로 된다.'는 것을 알려줘라

자신이 생각하는 대로 이루어진다는 것은 고대부터 현대에 이르기까지 많은 철학자들이 주장해 왔다. 이 진리는 아이의 자아상에도 영향력을 미친다. 로마의 황제 마르쿠스 아우렐리우스는 "사람의 일생은 그 사람이 생각한 대로 된다."고 말했고, 미국의 철학자 에머슨은 "사람은 그 사람이 하루 종일 생각하는 대로 된다."고 했다.

아이는 부모가 주입한 것을 토대로 하여 자신의 생각을 만들고, 자신의 생각대로 성장한다. 따라서 부모는 아이가 긍정적으로 생각할 수 있게 도와줄 수도 있고, 부정적으로 생각할 수 있게 도와줄 수도 있다.

아이가 뭔가를 시도하면 비록 성공하지 못하더라도
위험에 도전한 용기를 칭찬해 주어야 한다.
실패를 비난하는 대신, 부모는
노력하는 사람의 편이라는 것을 알게 해줄 때
아이는 자신에 대한 긍정적인 이미지를 만든다.

'행동'과

'경험'이 쌓여

자신감을

만든다

자신감 있는 아이로 키우고 싶다면 부모 먼저 자신을 돌아봐야 한다. 아이를 위한다고 한 일이 결과적으로 해를 준 것은 아닌지 생각해 보자.

**아이의 자신감은 부모의
격려를 먹고 자란다**   아이가 자신감을 얻는 데 가장 중요한 것은 부모의 믿음과 격려다.

수영장에서 어떤 엄마가 아이에게 "수영을 배울 때까지는 물 근처에 가면 안 돼."라고 말하는 것을 들은 적이 있다. 그 엄마는 몇 번이고 계속해서 물에 너무 가까이 다가간다고 아이를 야단치고 있었다. "조심하지 않으면 빠져 죽는단 말이야. 얼마나 얘기해야 알아듣겠니? 너는 헤엄칠 줄 모른다고!"

같은 말이라도 다음처럼 긍정적으로 바꿔 말한다면 아이에게 큰 도움이 되었을 것이다. "헤엄치고 싶으면 물속에 들어가야 해. 수영은 정말 재미있단다. 물론 너도 헤엄칠 수 있지. 자, 한번 해보렴. 이렇게 머리까지 물에 담그면 어떻게 될까? 해볼래?"

아이가 실패의 두려움에 떨거나 포기하는 습관을 들이길 바라는 부모는 없다. 수영장에서 노는 아이를 주의 깊게 살펴봐야 하는 것은 당연한 일이지만, 위험하니까 조심하라는 경고보다 물에 들어가 헤엄쳐 보라는 격려의 말을 들을 때 훨씬 더 빨리 수영을 배운다. 자신감은 경험을 통해 얻어진다는 사실을 기억하자. 되도록 많은 영역에서 경험을 쌓을수록 아이의 자신감은 커질 것이다.

아이의 자신감을 높이기 위해 부모가 할 일은 가능한 한 최선을 다해 아이가 열심히 하고 있음을 인정하는 것이다. 별 진전이 없다고 질책하는 대신 아이의 얼굴을 바라보고 위대한 공로자를 대하듯이 말을 걸어야 한다. "수학 성적이 바닥이네. 어쩌면 네 아빠와 그리도 똑같니!"라고 깎아내리지 말자. "힘내. 아직 때가 되지 않아서 그렇지, 너에게는 수학적인 재능이 있단다."라고 격려해 주자.

아이에게 자신감을 심어주려면 결점을 지적해서는 안 된다. 네 능력은 뻔하다고 말하지 말고, 아이가 자신의 힘을 발휘하기 위해 애쓰고 있다는 것을 인정해 주자. 부모가 아이를 진심으로 신뢰한다는 것을 보여주어야 한다.

많은 경험이 자신감을 만들어준다

행동에 중점을 두는 아이는 설사 도전에 실패하더라도 또다시 새로운 것을 시도할 수 있다. 다른 사람이 자전거 타는 모습을 지켜만 보고도 자전거 기술을 익히고, 댄스 영화를 보기만 해도 댄서가 될 수 있는 아이는 세상에 존재하지 않는다. 아이가 자신감을 얻는 것은 오로지 수많은 경험을 통해서이다.

아이의 마음을 위축시키는 부모의 심리

다음은 아이의 마음을 위축시키는 부모의 심리를 정리해 보았다.

- 순종적이고 자기 주장을 하지 않는 아이는 키우기 쉽다고 생각한다.
- 아이의 문제를 부모가 대신 생각하고 말함으로써 우월감을 느낀다.
- 아이의 실패를 모두 '미숙하고 수준 낮은' 탓으로 돌려 아이를 혼낸다.
- 끊임없이 아이의 행동을 바로잡아 주고 조언하며 부모의 뜻에 따르게 함으로써 부모는 자신이 '올바르다'는 기쁨을 누린다.
- 부모가 아이에게 "사랑한다."고 말하지 않으면서 "내 성격은 원래 이렇기 때문에 어쩔 수 없어."라고 변명한다.
- 제각기 개성이 다른 아이들에게 같은 행동과 생각과 느낌을 권유함으로써 부모는 아이들 각자와 상대하는 수고를 피할 수 있다.

아이의 자신감을 높이기 위해
부모가 할 일은 가능한 한 최선을 다해
아이가 열심히 하고 있음을 인정하는 것이다.
별 진전이 없다고 질책하는 대신
아이의 얼굴을 바라보고
위대한 공로자를 대하듯이 말을 걸어야 한다.

**좋은 부모가
되기 위한 과제**   아이를 위축시킴으로써 부모는 '위험'과 '책임'과 '변화'를 피할 수 있다.

무한계 인간은 자진해서 위험에 도전한다. 살면서 쉽고 편한 길만 선택할 수는 없다는 것을 잘 알고 있기 때문이다. 만만한 일을 하기보다는 어려운 길을 더듬어가야 하는 경우가 많은 게 세상이다. 따라서 아이에게도 어려운 것에 도전하는 자세를 배우게 하지 않으면 안 된다.

'행동'과 '경험'이 쌓여
자신감을 만든다

자존감을 높이고 자신감을 갖게 하는 아이의 자아상 향상법

아이의 자아상을 향상시키는 전술에는 아이를 변화시키는 동시에 부모의 태도나 말, 행동을 새롭게 바꾸는 것도 포함된다.

**위험을 피하지 말고
용감하게 맞서게 하라**   위험을 회피할 때마다 아이는 성취감을 제대로 맛볼 수 없어서 자기를 과소평가한다. 위험을 무릅쓰는 것과 자기 평가는 무관한 것처럼 보일지 모른다. 하지만 자신은 뭘 해도 안 된다든가, 그런 것을 하다가 실패하면 바보처럼 보일 거라고 생각하는 것은 새로운 시도나 실패에 대한 두려움이 있기 때문이다.

아이에게 자신감을 심어주려면 성공하는 연습을 시키면 된다. 새로운 것을 시도하도록 권유하고 적극적으로 칭찬해 줄 때 아이는 긍정적인 자아상을 갖는다.

부모가 평소에 긍정적인 말을 사용하라

"나는 받아쓰기를 못해요."

"나는 잘할 수 있는 게 아무것도 없어요."

"나는 못생겼어요."

"나는 너무 뚱뚱해요."

이런 말들은 아이가 자기 평가를 높일 수 있도록 도와 달라고 호소하는 신호다.

아이가 자포자기에 직면했을 때는 부모의 긍정적인 격려의 말이 해결책이다.

"잘 생각해 봐, 너라면 이 정도의 수학 문제는 풀 수 있어."

"너한테는 손재주가 있어. 이 방에 있는 물건들을 많이 고쳤잖니!"

"불가능하다고 생각하지 말고 한번 해보지 않을래?"

우리 집에서는 누군가가 "도저히 불가능한 일이야."라고 말하면 반드시 또 다른 누군가가 "그래서는 절대 할 수 없을 거야. 일단 해봐."라고 말한다. 이것은 단순하고 간단한 처방이지만, 아이가 새로운 도전에 나설 수 있는 힘을 준다.

"성적은 어땠니?"보다
"충분히 노력했니?"라고 말해라   성적이나 등수, 대가, 지위, 물질적인 목적 등은 자신을 과소평가하게 만든다. 자기 평가는 말 그대로 자신에게서 움트는 것이지, 뭔가를 획득하거나 타인에게 인정을 받음으로써 이루어지는 것이 아니다. 좋은 성적을 받았으니까 나는 훌륭하다고 믿는 아이는 조금 낮은 점수를 받으면 금세 열등감에 시달린다.

어떤 아이라도 배움의 과정에서 성적이 아래로 추락할 때가 있게 마련이다. 매번 일등을 하고, 매번 우승을 하며, 매번 우등생일 수는 없지만, 언제나 자신은 중요하고 가치 있는 인간이라고 생각할 수는 있다. 아이의 자존감은 외부의 조건이 아닌, 내면의 자기 평가에서 생겨나야만 한다. 성적이 실망스럽더라도, 메달을 놓치더라도 자신은 땀 흘려 노력한 훌륭한 사람이라고 느끼면 된다.

부모는 아이가 경쟁이나 성적에 지나치게 연연해하지 않도록 주의하고, 내면의 성공에 집중하도록 도와주어야 한다. "성적이 올랐니?"라고 묻지 말고 "충분히 노력했니?"라고 물어보자. 또 "시합에서 이겼니?"라고 묻지 말고 "시합에 나가서 기뻤니? 실력이 좀 늘었니?"라고 물어보자.

어느 누구도 경쟁 구조 안에서 언제나 일등일 수는 없다. 그러나 성공의 척도가 자기 안에 있다면 누구나 항상 일등이 될 수 있다.

계속되는 불평이 아이의
자존감을 떨어뜨린다   불평하는 아이는 현재 자신의 상황이 마음에 들지 않는다고 호소하는 것이다. 불평을 계속 털어놓는 것을 방치한다면 아이의 자존감은 계속해서 떨어질 것이다. 자존감이 높고 능력 있는 사람으로 키우고 싶다면 아이가 있을 때 부모 자신부터 불평하거나 남을 흉보지 말아야 한다. 또 아이의 불평이나 푸념에 지금까지와는 다른 태도로 대응하는 자세가 필요하다. 다음의 대화를 참조하자.

아이 할머니 댁에 가기 싫어요.
엄마 할머니 댁에 가서 우리 재미있는 놀이 하는 건 어때? 무슨 게임이 좋을까?

아이 방청소는 정말 하기 싫어요.
엄마 네 방을 청소하는 것은 네가 할 일이야. 누구든 하고 싶지 않은 일을 하고 있어. 싫은 일이라도 즐거운 마음으로 할 수 있도록 노력해 볼래?

아이가 불평을 하면 자신과 인생을 좀 더 긍정적으로 바라볼 수 있는 계기로 발전시켜야 한다. 불평의 내용은 무시해도 좋다. 아이가 으레 하는 불평 속에는 부모가 거기에 반응을 보이고 주목해 주었으면 하는 기대감이 숨어 있다. 따라서 아이의 불평에 관심을 보이되 그에 대한 보답은 없다는 것을 가르쳐야 한다.

아이는 불평을 통해 자신이나 자기 세계에 대한 경멸을 표현한다. 아이가 끈덕지게 매달리더라도 단호하게 불평을 무시함으로써 주위 사람과 교류하는 방향으로 나아가도록 도와주어야 한다.

심심하다는 것, 혼자서
시간을 요리할 수 있는 기회다 '진짜로' 지루해하는 아이는 자존감이 낮다. 여기서 '진짜로'를 강조한 이유는 아이의 '지루함'이란 게 사실은 부모에게 어떻게든 해달라는 의사 표현인 경우가 많기 때문이다. 나는 딸이 지루하다고 호소할 때마다 다음과 같이 말했다.

"지루해? 그럼 지금 네가 할 수 있는 것 스무 가지를 표로 작성해 보자. 솔직히 말해서 아빠는 네가 어째서 지루한지 이해가 안 된단다. 세상에는 공부하고 싶은 것이나 알고 싶은 것이 산더미처럼 쌓여 있는데, 네가 말하는 지루하다는 게 대체 어떤 의미인지 도통 모르겠구나."

이런 식의 말을 유머를 섞어가며 다정하게 해준다. 더불어 지루하지 않으려면 자기 스스로 책임을 져야 한다는 사실을 강조한다. "아빠는 네가 어째서 지루해하는지 모르겠구나. 그리고 너를 즐겁게 해주지 못한다고 해서 죄책감을 느끼지도 않아."

독서하고 산책하고 사색하고 새로운 종류의 아이스크림을 만들고 이것저것 실험하는 아이는 혼자만의 시간을 어떻게 보내야 하는지 알고 있다. 아이가 지루해하는 것은 혼자서 즐기지 못해서인데, 그 이유는 혼자 있을 때 상대해야 할 존재, 즉 자기 자신이 마음에 들지 않기 때문이다. 자존감이 낮다는 것, 바로 그것이 문제다. 스스로를 좋아한다면 자신과 있는 데 아무런 문제가 없다.

　아이가 지루해한다고 해서 부모가 대신 놀이를 생각해 내거나, 진땀을 흘려가면서 놀이 상대가 되어주기보다는 아이 혼자서 시간을 창의적으로 요리해 보라고 말해 보자. 자존감이 높은 아이는 자기 대신 누군가가 뭔가를 해주는 것을 바라지 않을 뿐더러 혼자서도 많은 것을 잘 해낸다.

**의존감이 자존감을 낮춘다,
독립의 기쁨을 느끼게 하라**　부모에게 의존하는 아이는 자신을 무능하고, 혼자서는 아무것도 할 수 없다고 느끼기 때문에 스스로를 비하한다.

　신생아 때는 실제로 혼자서 아무것도 할 수 없어서 부모의 도움을 받아야 한다. 그러나 아이가 기어다니기 시작하면 넘어지고 만지고 즐기고 먹는 등 스스로 행동할 수 있다.

　어떤 아이든 자신이 독립된 존재임을 느낄 때가 있다. 이때 부모는 아이가 혼자서 생각하고 행동하도록 독려하면서 아이의 독립을 도와주어야 한다.

"넌 이걸 어떻게 하면 좋겠니?"

"이번 회장 선거에서는 어떤 친구한테 투표할 거니?"

"엄마는 싫어하지만 너는 어떠니? 피망을 조금 먹어 보겠니?"

　독립심은 발전하려는 욕구를 낳지만, 의존감은 자신의 가치를 더 낮출 뿐이다.

편견이 아이의 마음을 닫는다

다른 사람을 비난하거나 편견에 사로잡히는 이유는 남을 낮추지 않으면 자신을 긍정할 수 없기 때문이다. 이들은 자존감이 낮다. 진실로 자신을 사랑하는 사람은 자기와 사고방식이 달라도 거부감이 없다.

아이가 다른 사람에 대한 편견에 사로잡혀 있다면 다음과 같이 말해 보자.

"독특한 사고방식을 갖고 있는 사람을 그냥 싫어하지만 말고 좀 더 자세히 알아보는 게 어떨까?"

또한 아이가 가난이나 핵전쟁, 종교전쟁 등 지나치게 심각한 문제들에 대해 너무 쉽게 평가하지 않도록 주의를 준다. 더불어 심각한 문제들에 관해 나름대로 해결책을 찾으려고 노력하는 것은 훌륭한 접근 방식이라는 것을 깨닫게 해준다.

거짓말을 하는 아이, 자존감이 낮다는 증거다

자신을 속일 때마다 자존감은 낮아진다. 자신을 속이는 아이는 남도 속이기 위해 자기 나름대로의 세계를 가공한다. 그리고 가공한 세계를 보호한다는 구실로 남들을 이용한다. 그럴 경우에는 다음과 같은 대화를 시도해 본다.

"축구 시합에서 졌다 해도 상관없어. 오늘은 상대 팀이 너희 팀보다 컨디션이 더 좋았을 거야. 어느 팀이든 질 때가 있어. 설령 심판이 잘못된 판단을 내렸다 해도 심판 탓으로 돌려서는 안 돼."

"시험 성적이 안 좋게 나온 건 네가 잘 준비하지 못했기 때문이지, 선생님이 괜히 문제를 어렵게 내서가 아니야. 남을 탓할 게 아니라, 네가 좀 더 공부를 열심히 해야 했던 것 아닐까?"

"학교에 한 번 지각했다고 해서 네가 게으른 사람이 되는 건 아니야. 하지만 너는 시간에 맞추어 학교에 등교할 의무가 있어. 시계 탓을 하면 안 돼."

중요한 것은 아이가 정직하게 말했을 때 벌을 주거나 혼내서는 안 된다는 것이다. 거짓말을 하는 것은 자존감이 낮다는 증거다. 아이의 거짓말을 방치하면 가정 안에서 진실이 숨쉴 수 있는 공간이 사라지고 만다.

부모의 인정을 받기 위해 아이가 자신의 세계를 왜곡할 필요가 없다는 것을 깨닫게 해주어라. 자기 안에서, 또한 세상 속에서 아이가 잘해 나가도록 돕는 것이 바로 부모의 역할이다.

활기찬 생활태도가 질병을 예방한다

아이에게 웃음과 건강을 선물할 '자기 개조 프로그램'에 부모도 동참하자. 아이와 함께 하루에 1킬로미터씩 달리는 것부터 해보는 것이 좋다.

아이가 비만인 데다 얼굴빛이 안 좋다면 인스턴트식품이나 단것을 많이 먹기 때문이다. 아이가 운동이나 다이어트를 시작하는 것만으로도 아이의 자아상이 좋아진다. 문제를 개선하려는 마음이란 어떤 일을 달성하려는 의지와 같다.

사람에게는 스스로 질병을 치유하는 능력이 있으므로 항상 건강하게 사는 것을 인생의 목표 중 하나로 삼아야 한다. 아이가 불평해도 부모는 아이의 몸이 허약한 것을 감싸는 말을 해서는 안 된다.

"따뜻하게 입어야 감기에 안 걸려."

"자, 이 약 먹고 쉬자. 너는 알레르기 체질이잖니?"

"오늘 같은 날은 정말 기분이 별로지?"

"엄마가 호 불어줄게. 상처가 잘 낫게 말이야."

아이가 스스로 자신의 회복력을 믿어야 한다. 병이 났을 때도 무작정 다정하게 감싸기보다는 다음처럼 말해 보자.

"너는 감기 따위에 걸리지 않아. 튼튼하고 건강한 아이라고."

"약을 먹기 전에 좀 더 지켜보자. 자, 오늘은 병이 나지 않았다고 생각하는 거야."

건강에 자신이 없는 아이는 세상의 치유력이 약이나 부모의 보살핌, 의사의 처방 등에 있다고 믿는다. 그러나 진실로 병을 치유하는 것은 자기 몸이다. 섣불리 병에 걸렸음을 인정하는 것만으로도 치유력이 약화된다. 활기차고 건강한 생활 태도를 강조하면 아이는 자신이 튼튼하다고 확신한다. 불필요한 병치레를 피할 수 있는 것은 물론이다.

아이의 자존감이 높을수록 부모와 아이의 관계가 좋다

한 엄마가 중학생인 아들이 학교 수업 끝나고 놀러 가는 것을 우연히 목격했다. 그 전날, 시험 날짜까지 일주일이 남았으므로 공부를 열심히 하겠다는 다짐을 받아놓았던 엄마는 아들에게 어떻게 자백을 받아낼지 고민했다. 마침내 아들이 돌아오자 엄마는 학교 수업이 끝나고 어디에 갔는지 다그쳤다. 아들은 거짓말을 하거나 잔소리를 들어야 하는 처지가 되었다.

대부분의 부모는 이처럼 아이를 궁지에 몰아넣으며 사실대로 말하라고 윽박지른다. 그러나 아이를 궁지에 빠뜨리는 유도심문은 득보다 실이 많다. 이렇게 말할 수도 있을 것이다.

"네가 학교 수업 끝나고 친구들과 놀러 가는 것을 우연히 봤다. 시험이 얼마 안 남아서 공부를 열심히 하기로 했잖니? 이번 시험은 특히 중요한데, 엄마와 한 약속을 지키지 않은 이유가 뭐니?"

이와 같은 대화는 아이에게 진실을 말하도록 유도하고, 부모를 속이거나 두려워하는 대신 사정을 털어놓을 수 있는 기회를 마련해 준다. 그리고 이런 대화를 나눈 뒤에는 아이의 착한 행동을 찾아서 칭찬해 주는 게 바람직하다.

"우리 아들, 공부하라는 말도 안 했는데 알아서 공부를 하는 거니? 정말 잘하고 있구나!"

부모는 아이에게 정직해질 수 있는 기회를 제공하는 한편, 좋은 일을 하는 모습을 찾아내 칭찬해 줌으로써 아이를 자괴감으로부터 건져낼 수 있다. 그 결과 아이는 '좋은 아이'라는 자기 이미지를 갖게 되고 부모와 자식 간의 신뢰와 애정은 더욱 두터워진다.

나이에 맞는 놀이를 마음껏 즐기게 하라

두 살짜리 아이는 두 살답게 이야기하는 게 당연하

다. 어른이 되어서도 혀 짧은 소리를 하면 어쩌나 하는 노파심에 아이의 말투를 고칠 필요는 없다. 부모는 아이가 제 나이에 맞게 말하고 행동하는 것을 그저 지켜보며 즐기면 된다.

네 살짜리 아이가 밤에 오줌을 싸더라도 심각한 문제로 받아들일 필요는 없다. 설마 대학생이 되고 나서도 오줌싸개 버릇을 못 고칠 리는 없기 때문이다. 이불에 오줌 싸는 것은 네 살 특유의 현상이다.

다섯 살짜리 아이는 엉뚱한 짓을 하거나 남을 괴롭히기를 좋아한다. 여섯 살짜리 아이는 인형 갖고 놀기를 좋아한다. 그리고 열한 살짜리 아이는 툭하면 또래들과 치고 박고 싸운다. 이것은 모두 그 나이에 맞는 자연스러운 행동이므로 있는 그대로 즐겁게 받아들이면 된다. 결코 먼 훗날의 행동을 예고하는 것이라고 착각해서는 곤란하다.

아이가 제 나이에 맞게 행동하는 것을 부모가 함께 즐기는 것은 아이나 부모 모두에게 유익한 일이다. 마당에서 공놀이나 씨름을 하고, 가게에서 아이스크림을 사먹는 즐거움을 누려 보자. 이런 경험은 아이에게는 매우 자연스럽고 즐거운 행위이며, 다음 단계의 성장을 이끌어내는 좋은 에너지가 된다.

아이 자신으로 살 권리를 인정해 줘라 운동을 좋아하는 아이에게 음악가가 되라고 억지를 부려서는 곤란하다. 아이는 자기가 좋아하는 것을 해야 한다.

부모는 아이를 의사로 만들고 싶은데 아이가 연예인이 되고 싶어 한다면 부모의 바람을 철회하는 게 당연하다. 아이를 통해 부모의 희망을 이루려고 해서는 안 된다. 아이는 독특하고 유일무이한 존재이다. 부모의 사고방식이나 바람을 아이에게 주입시키고, 부모의 결정을 아이에게 강요한다면, 아이는 자신의 선택이나 가능성의 싹을 의심하게 되고, 결국 자신감 결여로 이어진다.

부모가 아이에게 해줄 수 있는 가장 바람직한 행동은 아이가 선택의 기로에 섰을 때 올바른 선택을 하도록 이끌어주는 것이다. 물론 그때조차 아이의 선택에 부모가 심란해하거나 당황해하는 모습을 보여서는 안 된다. 인간 행동학의 권위자인 롤로 메이는 "우리 사회에서 '용기'의 반대말은 '비겁'이 아니라 '복종'이다."라는 말로 자발적인 선택의 중요성을 강조했다.

이 세상에는 아이에게 복종을 원하는 부모가 뜻밖에도 매우 많다. 아이는 부모를 기쁘게 하려고 성장하는 존재가 아니다. 자기 마음과 의논하고 자신의 내면을 신뢰해야 건강한 아이로 커나갈 수 있다.

아이에게 '자기 자신'으로 살 수 있는 권리를 인정해 줄 때 아이는 부모를 실망시켰다는 죄의식과 자기 불신으로부터 자유로워질 수 있다. 두터운 자기 신뢰와 높은 자긍심은 이런 바탕 위에서 생겨난다.

진심으로 사랑하고 있다는 것을 보여줘라

부모의 사랑을 받고 있다고 느끼는 아이가 자신을 사랑할 수 있는 법이다. 부모로부터 자신의 장점을 확인받지 못한 아이는 자신을 매력적이라고 생각하지 않는다. 아이는 자신이 진심으로 사랑받는다고 느낄 필요가 있다. 그래야만 스스로를 중요하고 필요한 존재라고 여긴다.

아이를 포옹하는 것이 어색하더라도 자주 해보자. 자주 하다 보면 차츰 자연스러워지고 무의식중에 아이를 안아주는 자신을 발견하게 될 것이다.

아이에게 매일 사랑한다고 말해 주는 것 또한 중요하다. 아이를 껴안으면서 너는 정말 멋지다, 진실로 사랑스럽다는 것을 몸으로 알게 해주자. 그럴 때마다 아이에게 '나는 가치 있는 존재다.'라는 중요한 메시지가 전해질 것이다. 부모가 아이를 사랑하듯이 아이 또한 자신을 사랑하게 되는 것은 물론이다.

부모가 아이의 롤모델이 되어줘라

부모가 아이에게 건강하게 사는 모습을 보여주어야 한다. 그러면 아이도 자연스럽게 건강을 소중히 여기는 부모를 닮아갈 것이다. 부모가 술과 담배를 즐기고, 항상 골골거린다면 아이는 은연중에 자기도 저렇게 될지 모른다는 생각을 품게 된다.

아이는 제 자신을 건전한 인간으로 사랑하기를 바라고 있고, 그 사랑의 기초가 되는 모델을 필요로 한다. 과연 누가 그 모델이 되어줄 수 있을까? 바로 늘 접촉하는 부모다.

아이의 이야기를 진지하게 들어줘라

아이에게는 가식적이지 않은 진짜 사랑이 필요하다. 하루에 단 몇 분이라도 좋으니 진심으로 아이에게 관심을 보여주어라. 학교와 친구, 그날 있었던 일 등에 관한 이야기를 들어주자. 사랑하기 때문에 이야기를 들어주고 있다는 사실을 아이가 알게 해야 한다. 부모가 날마다 이야기를 들어주기만 해도 아이는 자신을 소중한 사람이라고 여긴다. 만일 아이가 학교에 들어가기 전이라면 인형이나 장난감을 갖고 놀면서 하는 상상놀이를 지켜보며 아이의 마음속에 한 걸음 더 가까이 다가가 보자.

아이의 친구를 환영하라

부모는 아이의 친구를 환영하고 소중히 여긴다는 것을 보여주어야 한다. 집에 데려온 친구를 부모가 환대하면 아이는 부모로부터 이런 메시지를 받는다.

'네가 좋은 친구와 사귈 수 있다는 걸 잘 알고 있단다. 네가 그 친구와 친하게 지내는 건 엄마도 대찬성이야. 너를 믿고, 네 친구를 환영해.'

부모가 아이의 친구를 환영하는 행동은 아이에게 부모의 믿음을 보여주는 훌륭하고 강력한 신호이다. 부모가 아이를 믿으면 아이도 자신을 믿는다.

독립심을 키워야 자신감도 생긴다

자기 일을 알아서 하고, 식당에서 메뉴도 직접 고르고, 자기 방을 손수 정리하는 등 아이가 보이는 독립심을 환영해야 한다. 생활 속에서 독립심을 키우면 키울수록 아이의 자신감은 커진다.

대수롭지 않은 일도 부모에게 일일이 허락을 받아야 한다든가, 무슨 일을 하기 전에 부모의 눈치부터 살펴야 하는 교육은 바람직하지 않다. 아이도 스스로 돈의 쓰임새를 결정하고, 입을 옷을 고르고, 방청소를 하고, 소지품을 관리하고, 공부하고 노는 시간을 분배하고, 균형 잡힌 식사를 하고, 충분한 수면을 취하는 등의 일을 배우지 않으면 안 된다.

아이의 안정감은 부모의 태도에 달려 있다 　젖먹이 때는 충분한 사랑을 주어야 한다. 꼭 끌어안고, 업어주고, 다정한 말을 속삭이고, 어떤 요구든 들어주면 아이는 사랑받고 있다고 느낀다.

　아이가 울 때 너무 안아주면 버릇이 나빠지지 않을까 하는 걱정은 할 필요가 없다. 아이는 본능적으로 자신의 안전을 열망한다. 그리고 충족된 열망은 자신이 가치 있는 존재라는 믿음으로 발전한다. 따라서 몇 번이고 안아 올리고 부지런히 기저귀도 갈아주며 스킨십을 하면서 행복한 기분이 들게 해주어야 한다. 덧붙여 다음과 같은 것에도 주의를 기울이자.

- 갓난아이가 불쾌감을 호소하면 재빨리 편안하게 해준다. 배가 아픈 것을 알리기 위해 갓난아이가 취할 수 있는 행동은 우는 것뿐이다. 그런 아이를 만족시켜 줄 수 있는 사람은 부모밖에 없다. 유아기에 불쾌감이나 고통을 적게 맛본 아이일수록 커서도 심리적으로 안정된 상태를 유지한다는 연구 결과가 있다.
- 깨질 우려가 있는 물건들을 미리 치워서 집 안을 아이가 안전하게 놀 수 있는 장소로 만들어준다.
- 아이를 위해 야간 조명등을 켜둔다. 한밤중에 아이가 눈을 떴을 때, 눈에 익은 것들이 보이면 안심하고 편안해한다.

- 차 안에서는 혼자 앉히고, 반드시 안전띠를 매준다. 이것은 부모가 아이를 걱정하고 있다는 것을 의미하므로 아이는 자신을 소중히 여기게 된다.
- 영양분이 없는 것을 먹거나, 지나친 설탕이나 염분을 먹지 못하도록 주의를 기울인다. 부모는 자식에게 평생 건강을 지킬 수 있는 습관을 익히게 해주고 싶어 한다는 것, 그 정도로 아이를 사랑한다는 것을 알게 하자.

자신을 사랑스럽게 바라보는 아이의 미래는 사물을 부정적으로 바라보고 의심하는 아이의 미래와 다를 수밖에 없다.

부모가 아이에게 긍정적인 신호를 보내면 아이는 다른 사람의 비판이나 위협을 겁내지 않고 자신의 행복과 성공을 기대한다. 그리고 새로운 만남을 열망하고 도전을 즐기며, 다른 사람을 사랑한다.

자존감이 낮은 아이는 항상 남들에게 인정받기를 원하고, 자기 불신과 타인에 대한 두려움으로 가득 차 있다. 아이가 편안한 기분을 느낄 수 없는 이유는 세상이 방심할 수 없는 곳이라고 믿어서다. 이런 아이는 의타심이 강하고, 편견으로 가득 차 있으며, 다른 사람을 사랑하지 못한다. 자기 안에 줄 수 있는 사랑을 갖고 있지 않기 때문이다.

6 자존감을 높이고 자신감을 갖게 하는 아이의 자아상 향상법

세 번째 이야기

창의력은 삶을 '행복'으로 이끄는 나침반이다

창의력은 글자 그대로
"뭔가 새로운 것을 만들어내는 힘"이다.
그것은 음악이나 미술에 한정된 능력이 아니다.
예술 외적인 분야에서 좋아하는 일을 하면서
창의력을 발휘할 수도 있다.
이를테면 요리나 자전거 수리에서도
창의력을 발휘할 수 있는 것이다.

아이의

창조 본능,

부모가

키운다

아이의 창의력에 관해 지금까지 수많은 논의가 있어 왔다. 창의력을 갖고 태어난 아이와 그렇지 못한 아이가 있다는 주장이 그중 하나인데, 나는 그 주장에 동의하지 않는다. 세상의 모든 아이가 풍부한 창의력을 갖고 태어나며, 그것을 살리느냐 마느냐의 여부는 부모에게 달려 있기 때문이다.

창의력은 적절하게 자극해 주고 북돋워줄 때 꽃을 활짝 피운다. 잠재된 창의력을 끄집어내어 길러주는 것은 무척 중요한 일이다. 창의력의 유무에 따라 삶의 전반이 달라지기 때문이다.

창의력은 독창성이다. 자기 나름의 견해에 따라 어떤 문제나 난관에 대처하고 판단하면서 날마다 되풀이되는 자질구레한 일들과 씨름한다. 또한 창의력은 글자 그대로 '뭔가 새로운 것을 만들어내는 힘'이다. 그것은 음악이나 미술에 한정된 능력이 아니다. 예술 외적인 분야에서 좋아하는 일을 하면서 창의력을 발휘할 수도 있다. 이를테면 요리나 자전거 수리에서도 창의력을 발휘할 수 있는 것이다. 두 번 회전하면서 몸을 비틀어 물속에 뛰어드는 다이빙을 할 때도 창의력에 따라 결과가 달라진다.

생활 속의 경험을 통해 독자적인 사고를 하고, 어떤 일에든 덤벼들 준비가 된 아이는 창의적인 행동을 한다.

아이에게 가해지는 압력이 창의력을 꺾는다

'창의력'의 반대어는 뭘까? '기계적' 혹은 '게으름'일까? 아니다. 바로 '순응'이다.

자기 나름대로 방법을 궁리하기보다는 배운 대로 하는 아이는 창의력의 싹이 시들고 있는 것이다. 어떤 아이든 나름의 독특한 개성을 갖고 있다. 이 세상에 오직 하나뿐인 자신의 능력을 제대로 발휘하느냐의 유무는 창의력에 달려 있다.

하지만 유감스럽게도, 현실은 창의력을 자극하는 것이 중요하다는 외침과는 반대로 아이에게 여러 가지 압력을 가하고 있다. 그래서 아이의 창의력은 점점 죽어간다. 나이팅게일 백작은 창의력에 관해 다음과 같이 말했다.

> 아이의 행동에 대한 규제는 잘못된 가설에 따라 이루어지고 있다. 일반적으로 가정이나 학교에서 가르치는 방법은 아이에게 왜곡된 인생관을 심어줄 수 있다. 얌전히 놀고 말을 잘 들어라, 튀는 행동은 하지 말아라, 춤추거나 뛰지 말고 조용히 시간을 보내라고 가르친 결과 아이들은 인생에서 자신이 가진 것들 중에 어떤 것을 효과적으로 사용할 수 있는지 모르는 채 살아간다.

선천적으로 타고난 창의력을 살리는 방향으로 키워진 아이는 자신을 지킬 줄 알고, 남들과 다르게 살더라도 마음이 자유롭다. 남들과 똑같은 행동을 하면서 새로운 일을 벌이기란 불가능하다는 것을 이해할 줄 아는 사람으로 길러지고 있는 것이다. 그들은 순응하고 적응하는 것이 인생의 목표가 될 수 없다는 것을 일찍부터 깨닫고 있다.

창의적인 아이로 기르고 싶지 않은 부모는 없을 테지만, 대다수의 부모는 24시간 내내 자신의 바람과는 반대되는 행동을 하고 있다.

아이의 창의력을 이끌어내는 7가지 방법

수많은 전문가들이 창의력에 대한 명확한 정의를 내리기 위해 상당히 고심해 왔지만, 어떤 의미로 '창의력'이라는 말을 쓰는지 모두가 수긍할 만한 결론은 아직 내놓지 못하고 있다.

창의력이 풍부한 작가로 일컬어지는 랠프 왈도 에머슨의 말을 소개한다.

교육을 받은 사람이라면 선망이 무지에서 비롯되고 모방은 자살 행위와 같다고 확신할 때가 있다. 인간이란 누구나 사회 규범에 그냥 따르기만 해서는 안 된다.

이 당찬 발언은 창의력이 넘치는 사람에 대해 정확히 지적하고 있다. 생각하고 행동하는 과정에서 독창성을 발휘할 수 있는 자유야말로 창의력이 풍부한 인간이 누리는 혜택이다.

아이가 인생을 독창적으로 살아가느냐, 모방만 하다가 끝내느냐의 여부는 부모의 역할에 달려 있다. 아이의 창의력을 기르는 일곱 가지 방법은 다음과 같다.

첫째, 자기 방식대로 행동하게 하라 창의력이란 새로운 것을 만들어내는, 즉 새로운 관점으로 문제와 씨름하는 데 없어서는 안 되는 자질이다.

창의적인 인간이 되려면 어릴 때부터 독립심을 키워주어야 한다. 가치 있는 일을 할 때는 부모나 다른 사람들의 눈치를 살필 필요가 없다. 매사에 부모에게 기대어 동의와 허락을 구하며, 규칙을 따르고 부모의 생각대로 생활한다면 창의력을 기대할 수 없다. 독립심을 강조한다고 해서 무책임을 허용하는 것은 아니다.

아장아장 걷는 아기에게 독립심을 길러주려면 되도록 간섭하지 말고 자유롭게 놀게 내버려두면 된다. 초등학생에게는 마음대로 글을 쓰게 하고 자유롭게 친구를 사귀게 한다. 청소년들에게는 자신의 의견을 자유롭게 발표하게 한다. 독립적인 사람은 남에게 기대지 않고 독자적으로 행동한다. 남이 자신을 대신해서 생각하거나 행동하는 것을 허락하지 않는다.

둘째, 아이의 기질을 평가하는 꼬리표를 붙이지 말라

부모는 아이를 함부로 평가하지 말고, 자연스럽게 아이의 마음이 흘러가는 대로 두어야 하며, 하고 싶은 일이 있으면 무엇이든 하라고 지지해 주어야 한다.

또한 아이에게 첫째, 둘째, 막내, 아버지 편, 어머니 편, 귀염둥이, 고집쟁이, 게으름뱅이, 머리 좋은 아이, 머리 나쁜 아이, 산만한 아이, 애물단지, 반항아, 깔끔한 아이, 더러운 아이, 부끄럼쟁이, 예술가 기질의 아이, 보스 기질의 아이, 남을 잘 도와주는 아이 등의 꼬리표를 붙여서는 안 된다.

아이는 이런 종류의 평가에 들어맞지 않는 행동을 할 때도 있다. 단 하루만 놓고 봐도 공놀이에 열중하다가 퍼즐놀이에 빠지는가 하면, 멍하니 지내다가 그림을 그리거나 블록놀이를 하기도 한다. 시무룩하게 앉아 있는가 싶다가도 어느새 아주 활발해진다. 이처럼 다양한 모습을 보인다는 것은 다양한 경험의 기회를 놓치지 않는다는 뜻이며, 창의력이 풍부하다는 뜻이기도 하다.

아이가 아무리 자기를 변화시키려 애써도 꼬리표는 여간해서 떼어지지 않는다. 그리고 아이 스스로 그 꼬리표를 인정하는 순간, 창의력 없는 아이로 굳어지고 만다. 아이들 마음속의 논리는 대개 이렇다.

'애써봤자 소용없어. 모두들 나를 부모님 말씀 잘 듣는 아이라고 생각하고 있는데 뭐!'

아무런 불안감 없이, 부모나
다른 사람의 눈치를 보지 않고,
정직하게 자기 자신과 마주 본다면
아이는 자기 자신을 믿게 된다.

**셋째, 아이가 자신에게
솔직할 때 칭찬을 아끼지 말라**   창의력은 성실과 정직, 이 두 가지 성품과 연관이 깊다. 창의력을 발휘하려면 자신을 성실한 사람으로 신뢰할 수 있어야 한다. 자신에게 솔직하면 생활과 일 모두에서 정직한 태도로 자유롭게 행동할 수 있다.

창의력 넘치는 아이가 되려면 자신에게 솔직해야 한다. 어릴 때부터 마음에 거짓이 없어야 하므로 이런 식으로 말해 보자.

"엄마나 아빠, 때론 선생님도 속여야 할 일이 생길지 몰라. 하지만 자신의 마음만큼은 절대로 속이지 말아야 해."

아무런 불안감 없이, 부모나 다른 사람의 눈치를 보지 않고, 정직하게 자신과 마주 본다면 아이는 자기 자신을 믿게 된다. 그리고 점점 자신감이 생겨 어떤 문제에 부딪히더라도 나름의 독자적인 해법을 찾게 된다. 독창적인 아이와 그렇지 않은 아이의 갈림길은 이렇게 만들어진다.

정직해야 한다고 다그치는 대신 솔직하게 말했다고 칭찬해 줄 때, 스스로에게 정직하라는 교육의 긴 여정이 시작된다.

**넷째, 아이 자신에게
훌륭한 재능이 있다는 것을 믿게 하라**   무릇 인간은 자신에게 특별한 재능이 있으며, 그 재능을 마음껏 발휘할 수 있다는 것을 알고 있다.

존경하는 인물이 자신보다 월등하게 우수하다고 생각하면 아이는 자신의 잠재력에 의심을 품는다. 따라서 아이에게 존경하는 인물은 특별한 존재지만 엄청난 능력을 가진 슈퍼맨이 아니라 우리와 같이 평범한 보통 사람이었다는 사실을 상기시켜 주어야 한다. 타인의 성공 사례는 자기 마음속에 있는 가능성을 끌어올리기 위한 마중물일 뿐, 처음부터 다른 사람이 자기보다 낫다는 근거로 삼기 위한 자료가 아니다.

유명한 발명가에게 관심을 보이는 아이에게는 이렇게 말해 보자.

"너는 뭘 발명하고 싶니? 새로운 개념의 우주선은 어떨까? 아니면 세상 사람들에게 도움이 되는 것을 만들면 어떨까? 넌 분명히 만들 수 있을 거야. 너는 아주 똑똑하고, 항상 독창적인 아이디어를 떠올리니까."

이런 식으로 말해 주면, 아이는 자신도 훌륭한 발명가가 될 수 있을지도 모른다는 희망을 품게 된다. 자신에게 훌륭한 재능이 있다고 믿게 하는 것 또한 아이를 창의적으로 키우는 비결이다. 부모는 아이가 그런 자신감을 키우는 데 힘이 되어 주어야 한다.

다섯째, 놀이에 열중하고 있는 아이를 방해하지 말라

창의적인 사람은 집중력이 뛰어나다. 롤로 메이는 《창조와 용기》라는 책에서 다음과 같이 말했다.

'무아경', '열중', '몰입' 등의 말은 예술가나 과학자가 뭔가를 창조하고 있는 상태, 또는 아이가 놀고 있는 상태를 나타낸다. 무슨 말로 표현하든 진정한 창의력은 의지의 집중이라는 특징을 갖고 있다.

아이가 무언가에 집중할 때야말로 생생한 창의력을 기를 수 있다. 어린 아이들은 종종 놀이에 열중하고 상상의 세계에 몰입한다. 상상의 이야기나 등장인물에게 빠져들고 상상 속에서 논다. 그러므로 부모는 아이로 하여금 적극적으로 놀게 하거나, 역할놀이를 하게 하거나, 춤을 추는 기회를 주어 즐거움을 느끼게 하는 것이 좋다. 그리고 부모의 눈으로 보았을 때 좋아졌다고 생각되면 마음껏 칭찬해 주자.

창작 활동에 열중한 경험은 훗날 목표를 향해 애써야 할 때 되살아난다. 나이가 몇 살이든 놀이에 빠져 몰입할 때는 그 기분을 더욱 끌어올리도록 해주어야 한다.

어린아이가 장난감을 집거나 뭔가를 뚫어지게 본다는 것은 부모가 행동에 나서야 한다는 것을 의미한다. 무엇을 보는지 물어봐도 좋고, 부모가 가리킨 것을 찾아냈을 때는 칭찬하고 함께 소리 내어 웃어도 좋다. 아이가 아장아장 걸어다니는 시기는 호기심이 왕성하다. 그 시기에 적절하게 오감을 자극해 주면 아이는 점점 더 창의적인 말과 행동을 하게 된다.

딸기가 얹혀 있는 조각 케이크 장난감을 보여주면서 "이야! 케이크 엄마가 딸기 아기를 업고 있네."라고 비유적인 말을 들려주는 것은 아이의 상상력을 자극한다. 아이가 몇 시간에 걸쳐 방을 어지럽히거나 풀밭에서 곤충을 관찰하는 것은 아이에게 매우 유익한 놀이이다. 따라서 아이가 뭔가에 집중할 때는 방해하지 말아야 한다. 가급적 아이 마음대로 하도록 내버려두는 것이 창의력을 기르는 비결이다.

초등학생 때까지는 아이 내면에 상상력과 집중력이 잠재돼 있어서 자발적으로 모임을 만들거나, 이야기의 대본을 쓰거나, 즉석에서 뚝딱뚝딱 게임을 만들어 놀기도 한다. 이렇듯 아이는 다양한 활동을 다른 사람들에게 보여주고 싶어 하는데, 활동의 세밀한 부분에 관심을 갖고 열중하는 동안 상상력을 마음껏 발휘하는 일이 아주 멋지고 훌륭한 작업이라는 사실을 깨닫게 된다.

중·고등학교에 다니는 청소년들도 창의적인 활동을 하기 위해 애쓴다. 학교에 제출할 숙제라든가, 야외 조사 등의 학습 계획에도 열심히 매달리고, 친구들과 나누는 대화도 어른들이 흉내 낼 수 없을 만큼 열정적이고 진지하다. 특히나 환호성을 질러가면서 누가 누구를 좋아한다든가 하는 이야기를 즐긴다. 또 한편으로는 토론하면서 시나리오를 어떻게 짤지 궁리한다. 열심히 할수록 어른들의 지지와 인정이 따라준다면 아이 내면의 창의력이 활짝 꽃피기 시작한다.

비록 아이의 열정이 엉뚱하게 보이거나 미숙하다 하더라도 말리지 말고 그 열정을 북돋워주면 아이는 생각하는 힘을 얻게 된다. 그리고 스스로 납득할 때까지 일에 집중하고 독창적으로 생각한다. 이것이 바로 창의력의 원점이다.

여섯째, 시작한 것은 끝장을 보게 하라   창의적인 사람은 한 가지 일에 열중하면 에너지를 다 쓸 때까지 그것과 씨름한다. 끈기 또한 창의력의 중요한 요소 가운데 하나이다.

끈기와 관련된 좋은 구절 하나를 소개해 보려고 한다. 아이의 모습을 관찰할 때나 창의력을 키워주고자 할 때 되새기기에 알맞다.

그 무엇으로도 인내심을 대신할 수 없다. 재능도 그렇다. 재능이 있어도 목표를 달성하지 못하는 사람들이 많다. 천재도 그렇다. 세상의 인정을 받지 못하는 천재는 옛날부터 존재해 왔다. 교육도 그렇다. 교육을 많이 받았다 하더라도 인생에 낙오한 사람들이 세상에는 넘쳐흐르지 않는가. 결국 강한 인내심과 의지만이 모든 것을 이룰 수 있게 한다.

아이의 끈기를 길러줄 수 있는 사람은 부모다. 아이에게 중요한 일이라면 도중에 포기하지 않게 독려해야 한다.

"몰라서 힘든 것뿐이야. 한 조각 한 조각 자리를 찾다 보면 퍼즐을 완성하게 될 거야."라는 조언이 아이에게는 큰 격려가 된다. 아이가 독창적인 방법으로 해결책을 찾을 수 있게 권유해 보자.

"틀림없이 답을 찾을 수 있어. 포기하지 말고 조금 생각을 바꿔서 해보면 어떨까?"

"훌륭한 축구선수가 될 거야. 30분만 더 연습해 보자. 머지않아 왼발로도 볼을 자유자재로 다둘 수 있을길."

"재즈반에 10주간 다니기로 했잖아. 조금만 더 노력해서 배워 보자. 그러고도 그만두고 싶으면 그렇게 해."

"테니스 레슨을 신청했으면 그만두지 말고 계속해 봐. 테니스에서는 최선을 다하는 것이 중요해. 게다가 너는 재능도 있잖아."

"끈기 있게 해보자."

일단 아이의 몸에 끈기가 배면 어른이 되어 중요한 일을 할 때 도움이 될 뿐만 아니라 창의력을 마음껏 발휘할 수 있게 된다.

일곱째, '왜?'라는 물음에는 반대 질문으로 자극을 주어라

창의적인 아이는 독창성을 발휘하고 독창적인 사고를 할 줄 안다. 세계관도 자기 안에서 들려오는 소리를 바탕으로 하고 있으며, 세계를 단순하게 나누는 사고방식을 취하지도 않는다.

창의력이 넘쳐 흐르는 사람은 기존의 사고방식을 따르지 않는다. 사물에 감춰진 이면을 엿보고 싶어 한다. 현대 심리학에 공헌한 윌리엄 제임스는 천재를 '습관에서 벗어나 사물을 새롭게 파악할 수 있는 능력을 가진 사람'이라고 정의하고 있다.

창의적인 사람은 좀 더 많은 것을 알고 싶어 한다. 그래서 몇 번이고 '왜?'라는 질문을 되풀이한다. 계속되는 질문에 부모가 바쁘다는 이유로 흘려버리거나 넌더리가 난다는 표정으로 무시해 버리면 한창 피어나는 아이의 호기심은 가차 없이 짓밟혀 버린다. 자신의 질문이 무시당하면 아이는 지식을 갈구하려는 열정을 잃고 만다.

아이가 창의적인 사고를 할 수 있도록 부모는 주의를 기울여야 한다. 그리고 아이의 계속되는 질문에 대답할 수 없을 때는 당당하게 모른다고 하자. 아이의 질문을 흐지부지해 버리는 것보다 그것이 훨씬 낫기 때문이다.

창의력을 키우기 위해서는 다른 사람의 의견을 추종하기보다는 먼저 질문을 하고 의문이 생기면 해결하려고 노력해야 한다. 부모의 역할은 아이의 의문을 부추기고 도중에 그만두지 못하게 하는 데 있다.

세상의 모든 것에 의문의 돋보기를 들이대 보고, 다른 사람들의 다양한 의견을 찾아서 검토해 보는 것은 창의적 인간의 인생관이 만들어지는 첫걸음이다.

어린아이는 깨어 있는 동안 내내 '왜?'를 연발한다. 그렇게 자꾸 질문하게 만드는 것이 좋다.

"훌륭해. 넌 언제나 답을 알고 싶어 하지. 자, 어떻게 생각하니? 왜 하늘은 푸를까? 푸른 하늘은 어디에 있을까?"

아이의 질문에 관심을 보이면서 스스로 문제를 풀 수 있게 하려면 그 질문을 되풀이하는 것이다. 답이 분명하지 않을 때는 아이와 함께 조사해 보면 된다. 그런 과정에서 아이의 두뇌는 자극을 받는다. 좀 더 크면 반대 의견도 내게끔 유도하고, 자기 나름대로 진리를 쌓도록 북돋워준다.

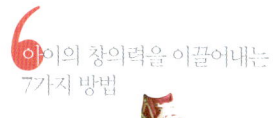

창의력이 풍부한 아이들의 특징

아이가 그림이나 음악, 또는 문학이나 발명을 좋아한다고 해서 창의력이 풍부하다고 말할 수 없다. 창의력은 개인적인 목표를 이루기 위한 자세와 관련된 문제이기 때문이다.

어떤 아이든 잠재력의 형태로 창의력을 가지고 있다. 다음에 열거하는 내용은 창의력의 싹을 지닌 아이에게 일반적으로 나타나는 특징들이다.

세상의 모든 것이 놀이 도구로 바뀌는 '발명 박사'다

창의력이 풍부한 아이는 놀기 좋아하고 늘 새로

운 놀이를 생각해 낸다. 즐겁게 새로운 규칙을 만들거나 사람에 맞추어 역할을 고안해 내기도 한다. 또한 궁금한 게 많은 호기심 덩어리이다. 호스는 뱀이 되고 낡은 타이어는 곧 그네의 받침대로 쓰인다. 쓰레기통 뚜껑을 방패로 삼고 막대기 두 개는 못을 박아 칼로 변신시킨다. 그러더니 어느새 용감한 기사가 되어 싸움을 벌이기 시작한다. 우유병에 색칠을 하면 인형으로 바뀌고, 은박지나 종이컵은 훌륭한 장식품으로 탈바꿈한다.

부모의 마음을 조마조마하게 하는 '장난꾸러기'다 창의적인 아이는 무엇을 하든 좋은 결과를 얻을 것이라는 자신감이 있다. 자신의 잠재력에 끝이 없음을 알고 있고, 필요하다면 기꺼이 위험을 무릅쓰고 행동에 나선다. 할 수 있다고 확신하기 때문이다. 또한 엄마 아빠의 옷을 입고, 화장을 하고, 인형에게 말을 걸기도 한다. 그야말로 머릿속에 떠오르는 것은 무엇이든 실천한다고 보면 된다.

가만있지 못하고 항상 움직이고 싶어 한다 창의적인 아이는 자신의 즉흥적인 생각을 검토할 줄 모른다. 그리고 자꾸만 바깥으로 나간다. 주의를 기울이는 태도도 몸에 배어 있지 않아서 기꺼이 위험을 무릅쓴다. 또한 바닷가에서 뛰어놀기, 축구 시합하기, 생일파티 벌이기 등에 대한 기대감으로 언제나 가슴이 콩닥거린다.

"아직 멀었어요? 언제 갈 거예요?" 하면서 기다리는 동안에도 시간을 보낼 만한 게임이나 재미있는 일을 고안해 낸다.

"우리, 새 노래 만들어요."라고 말하거나, "팔씨름 할래요? 싫으면 손가락씨름이라도 해요."라고 말하는 등 항상 적극적으로 행동하면서 왕성하게 두뇌를 사용한다.

모든 것에 마음을 빼앗긴다   창의적인 아이는 혼자서 공부하거나 노는 것을 좋아한다. 누군가가 말참견하는 것을 참지 못하기 때문에 어딘지 모르게 특이한 아이라든가 능력보다 낮은 성적을 받는 아이라는 잘못된 꼬리표가 붙는 경우가 있다.

질문을 많이 하거나 가만있지 못하고 항상 남다른 행동을 하므로 말썽쟁이로 오해받기도 한다. 제멋대로 구는 아이라고 불릴 때도 있지만, 이런 꼬리표를 붙이는 쪽은 창의력 없는 아이들이다.

창의적인 아이는 다양하고 넓은 분야에서 흥미를 보인다. 모든 장르의 음악을 좋아하며 아장아장 걷기 시작하기 전부터 춤이나 말, 리듬 따위를 흉내 낸다. 무엇이 좋고 나쁘다는 판단을 내리지 않고 어느 것에나 흥미를 갖는다.

자연에 있는 것도 눈여겨본다. 작은 새, 오리, 곤충, 고양이, 개, 꽃, 바람, 눈, 비 등 모든 것에 마음을 빼앗긴다. 이런 아이의 손은 언제나 새까맣다. 무엇이든 실험해 보려는 의욕이 왕성하기 때문이다.

다른 아이들과 똑같이 행동하지 않는다 창의적인 아이는 퍼즐이나 블록, 미로찾기, 그 밖에 자기 방식대로 머리를 써야 하는 장난감을 무척 좋아한다. 그들은 낯선 게임의 룰을 익히는 데 명수다. 그래서 독창적인 그림을 그리거나, 이야기를 지어내거나, 폐품을 이용해 뭔가를 만들기를 좋아한다. 창의적인 아이에게 쓰레기통은 그냥 쓰레기통이 아니다.

흥미를 끄는 대상에 대해서는 관련 서적을 몇 권씩 찾아서 읽고, 도서관에서 조사를 하는가 하면, 전문가에게 최신의 정보를 듣기까지 한다. 그렇지만 교과서에 나온 문제를 풀기만 하는 학교 숙제는 잘 해가지 않는다. 그들은 도전을 좋아하고 새로운 것을 자꾸 습득한다. 그리고 자신의 독창성을 발휘하지 못하는 상황을 견디기 어려워하며 타인과 똑같은 취급을 받으면 모욕을 받았다고 생각한다.

창의력이 넘치는 아이에게는 마음대로 실험하고 스스로 해결법을 찾아낼 수 있는 기회를 주어야 한다. 다른 아이들과 똑같이 하라고 강요하면 문제아로 바뀌는 것은 시간 문제다.

자신의 감정을 얼굴에 그대로 드러낸다 창의적인 아이는 자신의 감정 표현에 솔직하다. 마음에 들지 않는 대접을 받으면 누구나 알아차릴 수 있는 방식으로 화를 낸다. 또한 어릴 때는 잘 참지 못하고 소리를 지르거나 곧잘 소동을 일으킨다. 그리고 무슨 일에든 민감하고 자신의 감정을 그대로 표현한다.

창의적인 아이는 자기 안에 감춰진 독창성 때문에 남다른 생각을 하고, 남다른 감정을 지니며, 남다른 행동을 한다. 바로 이 남다른 감정과 감각이 창의력을 낳는 것이다.

상상하기를 좋아하고 항상 설레는 '공상가'다

창의적인 아이는 종종 '괴짜'라고 불린다. 지도 보는 것을 좋아하고 먼 나라로 여행하는 것을 꿈꾼다. 사전을 자주 뒤적여 의미를 잘 알지 못하면서도 어른의 말을 쓰려고 애쓴다. 또 부엌을 자유롭게 써도 된다고 허락하면 설레고 흥분하여 깜짝 놀랄 만한 새로운 맛에 도전한다.

부모가 동화책을 읽어주면 스스로 이야기를 지어내는 데도 선수다. 별나고 재미있는 동화를 써보라고 부추기면 상상력을 마음껏 발휘한다.

어느 누구와도 금세 친해지고 잘 논다

창의적인 아이는 변화하는 상황에 잘 적응하고 시행착오를 두려워하지 않는다. 또래 집단 속에서 개성적으로 존재감을 드러내지만, 남을 배척하거나 외톨이가 되지는 않는다. 어느 모임에서든 동성과 이성을 가리지 않고 잘 어울린다. 또한 편견이 없고 호기심이 강해서 누구와도 기꺼이 친해지려 한다. 왕성한 접촉을 통한 경험 덕분에 나이에 걸맞지 않게 어른스러운 생각을 한다.

부모가 동의하기 어려운 일에도 기꺼이 도전한다 창의적인 아이는 부모가 동의하기 어려운 일도 해보고 싶어 한다. 그럴 때는 하고 싶은 대로 하게 놔두는 것이 좋다. 아이가 실제로 해보고 자기 나름대로 판단을 내리도록 한다. 판단 기준은 부모가 준 정보나 지도에 기초하지만, 자기만의 판단 기준을 만들고 싶어 하는 경향이 강하다.

부모가 도저히 찬성하기 어려운 일을 시도하려고 해서 부모뿐 아니라 자기 자신도 낙담할 때가 있을 것이다. 그러나 무조건 반대하기보다는 아이 스스로 경험해 볼 기회를 주는 융통성도 필요하다.

부모가 보지 않아도 나쁜 행동을 하지 않는다 창의적인 아이는 실수를 통해 교훈을 얻는다. 남보다 뛰어나고 싶은 욕구가 강하기 때문에 자신의 어떤 점을 다스려야 하는지 잘 알고 있다. 또한 성공적인 생활을 하고 싶다는 감정이 강렬해서 부끄러운 행동을 저지르거나 범죄에 가담하는 등의 행동은 하지 않는다. 잘 살아보려는, 그리고 행복해지려는 창의적 충동은 부모에게서 교육받은 도덕적인 교훈과 더불어 어려움을 이겨내는 원동력이 된다. 창의력이 풍부한 아이의 선택 기준은 바르게 행동하라는 어른들의 말로 주입된 것이 아니라, 자신을 개선하려는 열망이나 타인에 대한 사랑이 뒷받침된 것이다.

**힘 앞에서도 굴복할 줄을
모르는 '고집쟁이'다**   창의적인 아이는 일단 흥미가 생기면 멈출 줄을 모른다. 그래서 어떤 스포츠든 도전해 본다. 자전거를 탈 수 있는 키가 되면 곧장 자전거에 올라탄다. 이야기를 들어줄 것 같은 사람이 있으면 누구에게나 말을 건다. 선생님뿐만 아니라, 교직원이나 식당 아줌마와도 친해져서 여러 가지를 묻고 배운다. 그러나 복장을 챙기는 일 따위에는 관심이 없어서 기분에 따라 엉성한 차림을 하거나 깨끗한 차림을 할 따름이다.

호기심이나 집착이 강하기 때문에 부모나 선생님이 일방적인 지시를 하면 왜 따라야 하는지 만족스러운 대답을 얻을 때까지 맞선다. 어른이 말할 때 잠자코 있기도 하지만, 그것은 단지 상대방이 나이가 많기 때문에 침묵하는 것일 뿐, 권위주의에 굴복해서가 아니다.

**스스로 공부할 줄 아는
자기 주도적인 아이다**   창의적인 아이는 아는 즐거움, 문제를 해결하는 성취감 때문에 공부한다. 남에게 인정받거나 상을 받기 위해 공부하는 것이 아니다. 아무리 어려운 문제라 해도 답을 얻을 때까지 멈추지 않고, 주위에서 뭐라고 말하든 개의치 않는다. 답을 알아내고 싶은 욕구가 너무나 강렬해서 밖에서 주어지는 보상 따위는 중요하게 생각하지 않는다.

또 하루 종일 자기 문제에 몰두해 있고, 그저 상식에 불과한 수업을 듣게 되면 도서관에 가서 책을 뒤져가며 지식의 허기를 채운다. 그러면서 자기 나름의 속도로 앞을 향해 나아간다.

**분위기를 이끄는
'조화로운 중재자'다** 창의적인 아이는 유머 감각이 있다. 그래서 부모를 잘 웃기고, 쉽게 웃길 수 있는 분위기를 만든다. 부끄럽거나 부족한 것을 숨기려고 억지로 익살을 떨지도 않고, 모임에 동화되기 위해 신랄하게 농담하거나 남의 단점을 들추지도 않는다. 자신이 바라는 존재가 될 때까지 참고 견디는 인내력도 갖고 있다.

**혼자 노는 것을 즐기는
'조숙한 도전자'다** 창의적인 아이는 집 잃은 강아지조차 돌봐줄 만큼 정이 많다. 다른 사람의 단점보다는 장점을 찾기 위해 애쓰고, 경쟁을 즐기면서도 상대의 굴복이 아닌 자신의 발전에 중점을 둔다.

자신의 생김새에 만족하고, 커가면서 외모에 신경을 쓰지만 겉모습의 좋고 나쁨에 집착하지는 않는다. 자신은 평균 키에 적당한 몸매에다 얼굴도 그리 밉상은 아니라고 생각한다. 사람은 겉모습으로 판단되는 것이 아니라 행동이나 인격으로 가치가 매겨진다는 사실도 잘 알고 있다. 또한 독서, 일인용 게임, 달리기, 악기 연주 등 혼자서 노는 것을 즐긴다. 사람들과 더불어 즐길 때도 창의력의 불꽃이 활활 타오를 때가 많다.

이런 아이는 부모나 그 방면의 권위자의 눈에는 반항아로 비칠 소지가 있다. 그러나 어른의 시선에 상관하지 않고 아이는 자기 마음속의 불꽃에 발하는 빛에 이끌려 앞으로 나아간다. 따라서 부모에게는 두통거리가 되기도 하고 자랑거리가 되기도 한다.

부모의 잔소리가 '창의력의 어린 싹'을 꺾는다

모든 아이는 창의적이다. 그들의 창의적인 본능을 자극하고 길러줘야 할 의무는 부모에게 있다. 아이가 가진 창의력의 싹을 부모가 꺾어버리는 전형적인 예를 살펴보자.

- 아이를 부모에게 기대게 만들고, 아이 자신의 힘으로 문제를 해결하는 것을 허락하지 않는다.
- 모든 아이들과 똑같은 아이가 되라고 가르친다. 상식적으로 생각하라고 강요하고, 그 자리에 걸맞지 않은 행동을 했을 때는 다른 아이와 비교하면서 혼낸다.

- 아이가 끊임없이 '왜?'를 반복해도 무시하고 질문에 대답하지 않는다.
- 위험한 상황은 피하라고 가르친다.
- 아이에게 책을 읽어주거나 대화하거나 질문에 답해 주거나 하는, 아이와 마음을 터놓고 의사소통하는 시간을 갖지 않는다.
- 아이가 색칠하거나 글씨를 쓰거나 말을 할 때 더 잘하라고 주의를 준다.
- 아이가 사실대로 말했는데도 벌을 준다.
- 아이에게 자신은 평범하고 재능 없고 뭔가를 성취할 힘도 없다고 믿게 만든다.
- 창의적인 일을 해도 꾸중해서 아이의 창의력을 억누른다.
- 열정적이고 창의적으로 자신의 인생을 엮어가는, 모범이 될 만한 사람의 이야기를 들려주지 않는다.
- 제대로 된 자신의 의견을 갖기에는 이른 나이이므로 자기 자신의 생각을 믿어서는 안 된다고 충고한다.
- 늘 아이의 생활을 감시하면서 조언하고 규칙을 가르치느라 아이의 놀이를 방해한다.
- 아이를 미숙한 존재로 취급하며, 아기 말투로 말을 건다.
- 아이에게 장난감을 넘치도록 안겨주고, 비디오 게임에 아이를 파묻는다.
- 아이가 지루해하지 않도록 부모가 놀이나 일을 전적으로 생각해 낸다.
- 아이가 혼자 있고 싶어 해도 혼자만의 시간을 주지 않는다.
- 언제나 순종하라고 가르친다.
- 아이가 여러 가지 모험을 하려고 할 때마다 단념시킨다. 시행착오를 겪으면 복잡한 일이 생길 수도 있고 귀찮기 때문이다.

- 아이의 기발한 발명이나 독특한 해결책에 대해 아무런 칭찬도 해주지 않는다.
- 아이가 상장을 받은 것을 칭찬해 주지만, 그 원인이 된 행동은 칭찬해 주지 않는다. 예를 들어 "정말 잘했어. 동그라미를 다섯 개나 받다니.", "대단해. 최우수상을 받았구나.", "훌륭하구나. 반에서 일등을 하다니."라는 말로 결과만 칭찬해 준다.
- 아이의 한계를 정해 주는 꼬리표를 붙인다. 예를 들어 "너는 크니까 강해야 해.", "여자애는 그런 짓을 하면 안 돼."라고 말한다.

아이의 창의력을 꺾는 부모의 부정적 심리

부모가 아이 창의력의 싹을 밟아버리는 말과 행동을 하지 않는다면 성장의 모든 단계에서 아이의 창의력은 더욱 빛을 발할 것이다. 아이를 대하는 부모의 태도 이면에는 여러 가지 심리가 숨어 있다.

다음은 아이의 창의력을 방해하는 부모의 부정적 심리의 예를 소개해 본다.

부정적 심리 1 창의력에 대한 열망을 억제해야 아이를 키우기 쉽다

독특한 행동을 하는 아이는 기르기 어렵다는 생각에서 아이의 창의력을 억압하는 부모의 유형이다. 아이의 개성을 살리고 독창성을 인정해 주면 지금껏 지켜온 부모의 신념이 흔들리게 되므로 아이의 창의력을 무시한다.

부정적 심리 2 하루 종일 질문하는 아이에게 일일이 대답해 주기 귀찮다

너무 많이 질문하는 것은 좋지 않다고 하면 아이의 귀찮은 질문을 막을 수 있고, 부모도 모르는 게 있다는 사실을 아이에게 실토하지 않아도 된다

고 생각한다.

부정적 심리 3 창의적인 아이를 기르는 것은 부모로서 버거운 일이다

창의적인 아이는 에너지가 넘쳐서 무엇이든 알고 싶어 하고 무엇이든 해 보고 싶어 한다. 부모가 그것에 일일이 응대하면 피곤하고 고달플 수밖에 없다. 그래서 이런 유형의 부모는 아이 혼자서 마음대로 탐구하도록 허락하지 않고 활달하게 뛰어다니는 것도 좋아하지 않는다. 그 결과, 부모는 시간과 에너지를 아낄 수 있게 되고, 아이는 보기 좋을 만큼 얌전해진다.

부정적 심리 4 아이를 괴짜로 만들고 싶지 않다

아이가 평범하게 자라면 좋겠다고 생각하는 유형의 부모다. 모차르트가 되려면 창의력이 필요하겠지만, 어차피 사회에 진출해 회사에 다니게 될 테니까 쓸데없이 고생할 필요는 없다고 믿는다. 창의력에 대한 충동을 자제시키고 남과 똑같이 살아가라고 가르친다.

부정적 심리 5 사람들과 원만하게 지내는 훈련을 시키지 않으면 사교성에 문제가 생길 것이다

아이의 창의력을 억압하고 너무 튀는 행동을 하지 않게 가르치는 유형의 부모다. 아이가 세상을 바꿀 수 있다고 생각하지도 않고, 그런 짐을 아이에게 지게 하고 싶어 하지도 않는다.

부모가 창의력의 싹을 밟아버리는
말과 행동을 하지 않는다면 성장의 모든 단계에서
아이의 창의력은 더욱 빛을 발할 것이다.

부정적 심리 6 언제까지나 아이가 부모에게 의지하면 좋겠다

흔히 누군가가 자기에게 의지하면 자신이 꽤 쓸모 있는 사람으로 느껴진다. 이렇게 강한 심리적 동기로 인해 부모는 아이가 독립적으로 행동하는 것을 막는다. 아이가 부모의 도움을 필요로 하면 부모는 우쭐해지고, 자신이 보호자의 역할을 잘해 내고 있다고 생각해서 오랫동안 아이를 응석받이로 키우고 싶어 한다.

부정적 심리 7 창의적인 것만 찾다 보면 나중에 커서 제멋대로 살아가는 무능한 사람이 될 것 같다

"예술가라는 사람을 몇 명 봤는데, 결국 생활 보호 대상자가 되더라고요. 우리 아이는 돈을 어떻게 버는지 배웠으면 좋겠어요. 아직 어려서 자신에 대해 잘 모르는데, 지금부터 남보다 뛰어난 게 하나쯤은 있도록 훈련을 시킬 생각이에요. 그러면 어떻게든 세상에 나가 밥벌이는 할 수 있겠죠."

부정적 심리 8 어릴 때부터 창의력이 두드러지면 걱정이 끊이지 않는다

아이의 행동을 파악하고 감시한다면 아이가 말썽에 휘말려드는 것을 막을 수 있다고 믿는 유형의 부모다. 얌전하고 순종적인 아이로 키워야 부모의 역할이 편해진다고 생각한다.

부모의 잔소리가 '창의력의 어린 싹'을 꺾는다

아이의 잠재된 창의력을 200퍼센트 끌어올리는 방법

아이를 키울 때 중요한 것 가운데 하나는 부모가 인내심을 발휘하는 일이다. 아이의 생각과 행동에 이래라저래라 간섭하지 말고, 아이가 스스로의 세계관을 기준으로 삼아 한 걸음씩 걸어가도록 가르치자.

아이를 도와주기 전에 마음속으로 열까지 세라 창의력이란 아이가 독립적으로 생각한다는 뜻이다. 따라서 아이에게 말참견을 하기 전에 마음속으로 열까지 세야 한다. 아이가 스스로 문제를 해결할 수 있도록 몇 초 동안 기다려야 하는 것이다.

세 살짜리 아이가 퍼즐을 잘못 풀고 있어도 제대로 풀 때까지 지켜보는 인내가 필요하다. 천천히 마음속으로 열까지 세는 동안, 아이는 적어도 그만큼 스스로 해볼 수 있는 기회를 갖게 된다.

다섯 살짜리 아이가 자전거를 탈 때 안장 옆에서가 아니라 안장 뒤쪽에서 걸터앉으려 해도, 부모는 바로잡아 주고 싶은 마음을 꾹 눌러야 한다. 아이는 스스로 자신에게 적합한 방법을 찾아낼 것이다. 부모가 기다려 준 만큼 아이의 창의력도 커진다.

일곱 살짜리 아이가 삐뚤빼뚤하고 구겨진 모양으로 선물을 포장하더라도 부모는 옆에서 잠자코 열까지 세는 게 좋다. 아이에게 창의적으로 포장하고 디자인할 수 있는 시간을 주어야 하는 것이다. 그 다음에는 포장을 마친 아이의 노력에 대해 칭찬해 주면 된다.

열 살짜리 아이가 국어 숙제로 처음 작문을 할 때도 어휘며 문법 따위를 바로잡아 주지 말아야 한다. 자기 방식대로 자유롭게 쓰는 법을 아는 것이 중요하기 때문이다.

열세 살짜리 아이가 부르는 노래의 음정이 틀리더라도 섣불리 음악 선생을 자처하고 나서지 말아야 한다. 음정이 맞지 않을까 봐 노래를 부르지 않는 것보다는 틀린 노래라도 부르는 편이 훨씬 낫다.

어쨌든 부모는 아이에게 이러쿵저러쿵 말참견하는 것을 삼가야 한다. 아이가 이러지도 저러지도 못해 우왕좌왕하고 있다거나, 도움을 요청해 올 때 손을 내밀면 된다. 아이가 물어보면 이렇게 대답하자.

"너는 어떻게 생각하니?"

"네 의견은 어때?"

"넌 어떻게 하고 싶니?"

아이의 의견이나 해결 방법이 가치가 있다는 것을 알려주고, 부모와 의견이 달라도 자신만의 방식을 선택해야 한다는 것을 가르치는 것이 그 어떤 훌륭한 가르침보다 중요하다.

다른 아이와 비교하는 것은 아이의 행동을 바꾸는 데 아무런 도움을 주지 않는다 부모가 저지르기 쉬운 실수 중 하나가 자기 아이를 다른 아이와 비교하는 것이다. 다른 아이와 비교하는 것은 아이의 행동을 고치는 데 아무런 효과가 없다.

다음은 다른 아이와 비교하며 아이의 행동을 바꾸려는 부모와 창의적인 사고로 아이의 행동을 바꾸려는 부모의 사례를 비교해 보았다.

`다른 아이와 비교하기` 어째서 그 모양이야. 왜 다른 애들처럼 알아서 못하는 거니? 밤늦게 숙제한다고 법석 떨지 말고 미리 해놔.

`창의적으로 사고하기` 항상 숙제를 뒤로 미루면 불편하지 않니? 늦게 하면 너도 괴로울 거야.

`다른 아이와 비교하기` 네 누나는 속 한번 썩인 적이 없는데 어떻게 너 같은 애가 태어났을까?

창의적으로 사고하기 네 방식대로 생각하고 행동하는 건 알겠지만, 네가 해야 할 일을 끝내야 한다는 것도 좀 기억해 두렴.

다른 아이와 비교하기 주위를 좀 둘러봐라. 너만 지금 엉뚱한 짓을 하고 있잖니!
창의적으로 사고하기 네 방식대로 하고 싶다는 것은 엄마도 알겠는데, 그런 방식이 과연 너한테 도움이 될까?

다른 아이와 비교하기 불평하는 아이는 너뿐이야.
창의적으로 사고하기 마음에 안 드는 게 뭐지?

다른 아이와 비교하기 우리 집에서는 언제나 이렇게 해왔다.
창의적으로 사고하기 좀 더 나은 방식으로 해보고 싶은 모양이구나. 네 생각을 들려주렴. 우리도 같이 해볼 테니까.

다른 아이와 비교하기 다른 아이들도 다 하는데, 왜 너만 못하니?
창의적으로 사고하기 자기 생각을 고수하는 것은 아주 좋은 일이라고 생각해.

다른 아이와 비교하면서 그 아이처럼 행동하라고 강요하기보다는 자신의 행동을 반성하고 스스로에게 도움이 되는지 살펴보도록 유도한다.

아이의 끈질긴 질문은 부모의 관심이 필요하다는 증거다

아이가 자꾸 질문을 해올 때는 질문에 되도록 시간을 많이 할애해서 대답해 준다. 아이에게 관심이 있다는 것을 보여주어야 하는 것이다. 아이가 질문하는 것은 좋은 일이다. 거절당할 이유가 없다는 것을 알게 해주면 그것으로 충분하다. 아이가 네다섯 번 "왜?"를 반복하면 나는 이렇게 되묻는다.

"왜 그럴까? 넌 벌써 알고 있는 거 아니니?"

좋은 대화는 아이의 호기심을 자극한다는 것을 기억하자.

하루에 몇 분만이라도 아이의 이야기를 들어줘라

하루에 몇 분만이라도 아이와 대화를 나누는 시간을 가져 보자. 아이가 외동아들이나 외동딸이 아니라면 아이 모두에게 각각의 시간을 할애해야 한다.

아직 어린 아이에게는 매일 그림책을 보여주면서 무엇이 그려져 있는지 이야기해 주며 대화를 나눈다. 창의적인 아이는 예외 없이 책을 좋아하고, 또 책을 읽으면 창의력이 일찍부터 발달한다.

아장아장 걷는 아이와 손을 꼭 잡고 얘기를 나누면서 산책을 나가 보자. 자기 전에는 짧게라도 좋으니까 아이와 함께 그날 있었던 사건이나 생각나는 일들을 이야기해 주며 대화를 나눈다. 아이가 흥미를 느끼고 좋아하는 것이나 불안해하고 걱정하는 것 등 무엇이든 대화의 소재로 삼는다.

하루에 단 몇 분만 투자하면 아이와 멋진 관계를 맺을 수 있다. 열 살이

넘은 아이든 아직 서너 살밖에 안 된 아이든 부모가 아이의 생활을 이해하려고 애쓰고 있다는 것을 알려주는 것이 중요하다. 부모가 아이를 소중히 여기고 마음을 쏟는다는 것을, 그리고 창의적이고 독특한 아이의 생각을 인정하고 있다는 것을 보여주어야 한다.

아이와 대화하는 방식도 중요하다. 꼬치꼬치 캐묻는다면 오히려 역효과가 날 수 있으므로 아이와 대화를 이끌어가는 방법을 잘 생각해 보자.

"오늘 학교에서 뭘 했니?"

"학교에서는 누가 제일 좋아?"

"선생님께서 네 이름을 부르시면 떨리니?"

"구구단을 좀 일찍 외워두는 것에 대해 어떻게 생각하니?"

"학교 생활은 잘해 나가고 있니?"

"오늘 그 아이와 놀았을 때 재미있었니?"

"내일도 오늘처럼 놀이터에서 놀 생각이니?"

"제일 하고 싶은 게 뭐니?"

"오늘 걱정이 많은 것 같던데, 괜찮니? 할머니께서 병원에 입원하셔서 걱정이 되는 거니?"

부모는 아이의 이야기를 잘 들어주는 사람이 되어야 한다. 또한 아이의 생활을 함께 즐길 수 있어야 한다. 아이에게 자유롭게 말할 수 있는 기회를 주고, 부모의 관심이 아이에게 쏠려 있다는 것을 느끼게 해주어야 한다. 그러면 아이는 스스로에 대해 주인공이 되고 전문가가 될 수 있다. 자신의 개성을 자각할수록 아이는 생활 속에서 독창성을 점점 더 발휘할 수 있다.

**뛰어나게 잘하는 것보다는
자기 식대로 하는 게 중요하다** 가능한 한 아이의 독창성을 인정하자. 아이가 아직 어리다면 그림을 그릴 때 윤곽에서 벗어나지 않게 색칠하라고 가르칠 필요가 없다. 아무렇게나 휘저으면서 자유롭게 예술적인 감각을 표현하도록 해주어야 한다. 다른 사람의 도움을 받아가면서 깔끔하게 그리는 것은 창의력을 없앨 뿐이다. 처음에는 휘젓고, 다음에는 색의 배합을 익히고, 그 다음에는 자신의 생각대로 그림을 그리는 법을 체득하면서 아이는 창의력을 기른다.

어릴 때부터 작품의 점수에 신경 쓰게 해서는 안 된다. 그보다는 어떤 형식이든 자신의 생각대로 표현할 수 있는 기회를 주는 게 중요하다. 아이의 그림을 채점하거나 비평하는 것은 타인의 기준에 맞출 뿐이어서 결국에는 창의력을 빼앗아버리는 결과를 낳는다.

자기 식대로 표현할 수 있는 자유가 없으면 창의력도 죽는다. 강요당하거나 평가받고 있다고 느끼는 아이는 부모가 원하고 즐거워하는 것에만 신경 쓰게 된다. 그러면 자신을 표현하려는 노력이 줄어들 수밖에 없다.

아이한테 자기 생각을 글로 써보게 하는 것도 창의력을 발달시키는 좋은 방법이다. 물론 그때도 아이 스스로 생각해 낸 방식에 따르도록 해야 한다. 설령 남한테 인정받기 어렵고 낮은 점수를 받을지도 모르지만 말이다. 작가가 자신의 언어를 만들어내고 생생한 표현법을 고심하면서 자신만의 세계를 창조하듯이 아이도 그렇게 할 때 창의력이 발달한다.

무슨 일을 하든 규칙은 필요하지만 결코 그 규칙에 지배당해서는 안 된다. 아이가 마음대로 규칙을 바꾸고 시행착오도 하고 독창적인 방법을 시도하다 보면 창의력은 점점 발달하게 되어 있다. 물론 처음에는 정체되거나 퇴보하는 것처럼 보일 수도 있다. 하지만 자율적인 분위기 속에서 칭찬받고 격려받으며, 타인의 비난에도 의연하고 씩씩하게 문제를 해결해 온 아이는 자신감으로 가득 차 어려운 일에 부딪혀도 두려워하지 않고 척척 문제를 해결해 나간다.

부모의 말 한마디에 내면의 힘이 강한 아이가 된다

아이는 누구나 천재로 태어난다. 성심성의껏 정한 목표라면 그게 무엇이든 이룰 수 있는 능력을 지닌 존재가 바로 아이다. 그러므로 자기 안에 엄청난 능력이 잠재되어 있다는 믿음 위에서 아이 스스로 목표를 정하게 하자.

아이에게 불안감을 주는 부모가 있는 반면, 내면의 힘을 키워주는 부모가 있다. 다음의 예를 통해 아이에게 어떻게 말해 주어야 할지 생각해 보자.

아이에게 불안감을 주는 부모 열심히 하지 않는구나. 그렇게 해서 잘할 수 있겠니?

내면의 힘을 키워주는 부모 이번 일이 힘든 과제라는 거 잘 알아. 하지만 일단 시작만 하면 넌 뭐든지 할 수 있어.

`아이에게 불안감을 주는 부모` 10킬로미터 마라톤을 하기에는 너무 어린 것 같다. 좀 더 키가 큰 다음에 달리는 게 어떠니?

`내면의 힘을 키워주는 부모` 10킬로미터 마라톤이라도 어려울 건 없지. 원한다면 해 보렴. 집중해서 연습하면 틀림없이 해낼 거야. 그것은 전혀 이상한 일이 아니야.

`아이에게 불안감을 주는 부모` 획기적인 암 치료법을 개발하겠다고? 이렇게 공부를 안 하는 네가?

`내면의 힘을 키워주는 부모` 획기적인 암 치료법을 만들어내는 사람이 있다면 그건 너일지 몰라. 넌 한번 마음먹으면 끝까지 해내는 아이니까. 난 널 믿어.

`아이에게 불안감을 주는 부모` 배우는 아무나 하는 줄 아니? 그리고 배우는 스타 빼고는 전부 배고픈 직업이다. 꿈 깨라.

`내면의 힘을 키워주는 부모` 배우가 좋으면 해보려무나. 재능도 있고 의지도 강하니까 넌 틀림없이 훌륭한 배우가 될 거야.

부모의 칭찬은 아이의 재능을 꽃피우게 한다 창의적이고 활력이 넘치는 아이가 되기를 바란다면 칭찬을 아끼지 말아야 한다. 갓난아기한테는 꼭 끌어안고 사랑한다는 말을 속삭여주자. 연구에 따르면 생후 며칠밖에 안 된 젖먹이라도 칭찬이나 애정에 반응을 보인다고 한다. 칭찬은 어릴 때부터 해주는 것이 최고다.

칭찬받고 자란 아이는 자존감이 높고 평생에 걸쳐 창의적인 탐구심을 발휘한다. 아이가 그림을 그리거나 글을 쓸 때면 섣부른 비판보다는 뭔가 칭찬해 줄 것을 찾아야 한다.

"멋지구나. 네 또래 아이들 중에는 글자도 깨치지 못한 애가 많은데 이야기까지 지어내다니 정말 훌륭해. 글을 보니 네가 어떤 기분인지 아주 잘 알 수 있단다. 좀 더 열심히 연습하면 나중에는 틀림없이 대단한 작가가 될 거야. 이렇게 하면 더 좋겠다 싶은 거 몇 가지만 말해 줘도 되겠니?"

이처럼 먼저 칭찬해 주고 나서 고쳐야 할 점에 관해 슬쩍 언급하는 것이 바람직하다. 글자를 잘못 썼다든가 여덟 살이나 되었는데 아직 맞춤법도 제대로 모른다든가 하는 잔소리를 늘어놓는 것은 아이의 창의력을 키워주는 데 걸림돌이 된다.

칭찬받으면 아이는 더욱더 창의적인 탐구에 몰입하게 되지만, 단점을 들추어내면 금세 의욕을 잃고 만다. 따라서 가능한 한 결점을 지적하지 않는 게 좋다. 어쩔 수 없이 비판해야 할 때는 먼저 아이에게 그것을 원하는지부터 물어봐야 한다. 초등학교 3학년 때 음악 선생님이 들려주신 말씀을 나는 아직도 기억하고 있다.

"웨인, 너는 발표회 때 그냥 입만 뻐금뻐금 벌리고 있으면 돼. 너는 음악에 재능이 없단다. 그러니까 제발 음악회를 망치지 말아줘."

지금도 나는 그분의 한마디 한마디를 모두 다 기억한다. 그날 이후로 나는 음악에 대한 흥미를 완전히 잃고 말았다. 음악 선생님이 내린 당시의 내 능력에 대한 평가는 정확했을지 모른다. 하지만 장래에 꽃필 수도 있는 재능까지 온전히 알아맞히는 사람은 없다.

아이의 잠재력은 무궁무진하다. 그러나 어떤 특정한 영역에 집중하려는 소망은 호된 비판을 받으면 영원히 사그라지고 만다. 그쪽 방면으로는 아이에게 재능이 없더라도 적극적으로 칭찬해 주어야 한다.

혀 짧은 소리는 아이의 마음을 위축시킨다

창의적인 감각을 아이에게 길러주고 싶다면 아기 말투로 말을 걸지 말아야 한다. 너무 어리니까 배려하는 차원에서 혀 짧은 소리로 아이에게 말을 거는 것은 자신감을 잃게 하는 원인이 된다. 자신감을 상실한 아이는 자신의 능력에 의심을 품고, 결국 개성이 요구되는 일에 도전하지 못하게 된다.

두 살짜리 아이에게 "이불을 아빠 있는 곳으로 가져오렴, 우리 똘똘이." 하고 말하면 그것을 완전히 이해할 수 있다. 마찬가지로 아이가 잘못된 말을 쓸 때 그것이 아무리 귀엽다 해도 어른이 똑같이 흉내 내서는 곤란하다. 즉 인생을 오래 살아온 사람을 대하듯 이야기하는 것이 좋다는 말이다. 평소 하던 대로 다정하게 말하면 된다. '쉬', '멍멍', '붕붕' 따위의 말을 언제까지고 쓸 필요는 없다.

유아 단계를 벗어난 아이에게 혀 짧은 소리로 말을 거는 것은 더더욱 하지 말아야 한다. 내가 어렸을 때 학생을 얕보는 듯한 태도로 이야기하는 선생님이 있었다.

"아침 밥을 든든히 먹고 오지 않았쪄요? 아, 그래서 오늘은 기운이 별로 없쪄요?"

항상 이런 식이었다. 학생들을 내려다보는 것 같은 말투는 의욕을 앗아간다. 십대 자녀에게 어린아이를 대하듯이 말하면 아이는 그 이면에 담긴 의도를 읽고서 자신감을 잃는다. 아이가 열두 살이든, 여섯 살이든 결과는 마찬가지다.

아이들은 분별력 있는 어른이나 중요 인물이 된 것 같은 기분을 느끼고 싶어 한다. 따라서 너무 어린아이 취급하면 의욕을 상실한다. 평생을 사귄 친구에게 이야기하듯이 친밀하면서도 존중하는 말투를 쓰면 아이의 창의력 발달에 훨씬 도움이 된다.

장난감은 부족하지 않을 정도면 된다 아이의 창의력을 키우고 싶다면 방안을 온통 장난감으로 채우기보다는 바깥 세계와 친해질 수 있는 기회를 주어야 한다. 부모가 많은 장난감을 안겨주면 아이는 장난감들에 마음과 정신을 빼앗기고 만다. 스스로 놀이를 만들어낼 수 있는 시간이 사라져 버리기 때문에 창의적이고 독창적인 상상력을 발휘할 수 없다.

물론 장난감의 효능을 완전히 무시할 수는 없지만, 장난감이 창의력의 원천이 되지 못하는 경우가 많다. 장난감으로 유익하게 놀거나 스스로 장난감을 만들 수 있는지 여부로 아이가 지닌 창의력의 진가를 판단할 수 있다.

장난감을 구입할 때는 부모의 창의력도 필요하다. 성 쌓기가 가능한 통나

무나 블록, 창의력을 뽐낼 수 있는 그림 도구나 칠판, 두뇌 자극용 퍼즐이나 책 등을 사서 아이에게 주자. 그 정도로도 아이의 창의력은 몰라보게 달라질 것이다.

장난감과 더불어 아이를 집 안에 묶어두는 족쇄가 바로 텔레비전이다. 텔레비전을 끄고 바깥에서 놀 수 있는 기회를 마련해 주어야 한다. 하루 종일 장난감이나 텔레비전에 매달리면 아이는 감수성이 둔해지고 자기가 아닌 다른 것에 의존하는 생활을 하려고 한다. 날마다 텔레비전에 빠져 사는 아이는 텔레비전만 있으면 지루하지 않다고 생각한다. 실제로는 텔레비전이 지루함을 제공하는데 말이다.

아이의 지루한 표정에 신경 쓰지 말라   아이 스스로 여가 시간을 활용하는 방법을 찾아낼 기회를 주어야 한다. 부모의 역할은 가능한 한 아이가 스스로 취미를 발견하도록 돕는 데 있다.

아이가 지루하다고 투정부리면서 지루하지 않게 해줄 책임을 부모에게 떠맡기려는 얕은 수에 말려들어서는 안 된다. 그것은 부모가 할 일이 아니라고 딱 잘라 말해야 한다.

나는 아이와 놀아야 한다는 의무감을 느낀 적이 없다. 아이와 함께 노는 것을 좋아하기는 하지만 부모와 아이 모두에게 선택의 자유가 있다고 생각한다.

집에서 체스를 두는 것은 내 취향에 맞지 않지만 아내는 무척 좋아한다.

그래서 체스를 비롯해 실내 게임을 아이와 하는 사람은 아내다. 나는 아이와 함께 레슬링을 하거나 공 던지기, 독서, 자전거 타기 등을 한다.

내가 게임을 싫어하는데 아이를 위해 꼭 해야 한다고 생각하지 않고, 아이도 아빠를 위해 하기 싫은 것을 억지로 할 필요는 없다고 생각한다. 싫으면 흥미가 없다고 말하고 함께 좋아하는 것을 하면 된다.

아이와 뭔가를 할 때 부모와 아이가 모두 즐길 수 없으면 아무런 의미가 없다. 아이에게 그 사실을 분명히 알려주어야 한다. 부모가 아이의 생활을 즐겁게 해줄 거라고 믿어서는 안 된다고.

아이가 혼자 있고 싶어 하는 것은 건강하다는 신호다   아이가 혼자 상상하거나 뭔가를 만들거나 가만히 앉아 있거나 그 밖에 뭐든 좋아하는 것을 할 수 있는 장소를 마련해 주는 것은 중요하다. 아이에게도 프라이버시가 있기 때문이다.

"왜 그러니?", "같이 이야기 좀 나눌래?", "아빠하고 이야기할 수 있겠니?" 등의 질문 공세를 펴는 것은 잠시 미루자. 부모로서는 애정 어린 관심이지만, 아이 입장에서는 쓸데없는 간섭으로 느껴지기 십상이다. 나이가 어려도 부모와 떨어져 혼자서 이것저것 생각해 보고 싶은 게 있는 법이다.

부모가 언제나 아이 곁을 지켜야 한다거나, 아이는 부모에게 뭐든 이야기해야 한다거나, 아이 몰래 소지품을 검사하거나 하는 일들은 창의적인 육아법의 원칙에서 벗어난다. 아이에게도 부모의 감시를 받지 않는 자기만의 공간이 꼭 있어야 한다.

아이가 혼자만의 시간을 갖고 싶어 하는 것은 정상적이고 건강한 반응이며, 성장 과정에서 흔히 나타나는 행동이다. 그리고 자아상을 갖기 시작했다는 의미이기도 하다.

**어질러진 방에서
아이의 창의력이 싹튼다** 창의적인 아이는 겉으로 보기에 지저분할 수 있다. 아이가 이리저리 헤집고 돌아다니거나, 옷에 흙을 잔뜩 묻히거나, 얼굴이 빨개지도록 뒹굴거나, 네 발로 바닥을 기는 것은 자연스러운 행동이다. 그러다 보면 살갗이 긁히고 흙투성이가 될 수밖에 없다. 그때마다 아이와 말씨름을 벌이는 것은 아이의 미래를 위해서도 바람직하지 못하다.

아이가 자기 방을 깨끗하게 정리하리라고는 기대하지 말자. 아이의 생활에 질서와 정돈 의식을 심어주려고 하는 시도들은 하지 않는 편이 좋다.

회계장부처럼 모든 것을 딱 떨어지게 계산하고 깔끔하게 정리하는 것은 창의력과 거리가 멀다. 아이의 방은 아이만의 전용 공간으로 인정하고, 부모는 감시의 눈길을 거두어야 한다. 어떻게 정리하든 그것은 아이의 손에 맡기면 된다.

바퀴벌레가 그 안에서 슬금슬금 기어 나오지 않는 한, 위생상의 문제가 없다면 아이의 방은 글자 그대로 아이의 방으로 만들어주자. 아이의 방은 창의력을 키우는 소중한 공간이다. 아이 방의 문을 닫고 그 안쪽에 펼쳐진 어수선한 광경을 무시한다면, 아이와 수많은 말다툼을 피할 수 있다.

비록 35년밖에 살지 못했지만, 인류 역사상 가장 창의적인 천재 중 한 사람으로 손꼽히는 아마데우스의 말을 인용해 본다.

> 완전히 혼자가 될 때나 밤에 잠이 오지 않을 때 나는 아이디어가 가장 많이 용솟음쳐 오른다. 그런데 아이디어는 어디에서 어떤 방법으로 떠오르는지 잘 모르겠고, 억지로 끌어낼 수도 없다.

'완전히 혼자가 될 때'라는 말을 꼭 기억해 두기 바란다. 완전히 혼자 있을 수 있는 아이는 창의력으로 충만하고 한낮의 태양처럼 빛난다. 창의력이란 자신의 개성을 생활 속에서 온전히 살려나가는 것이다.

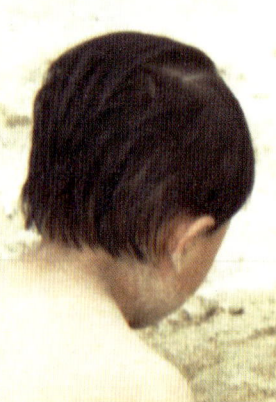

한두 가지 점에서 남보다 뛰어난 수준에 이르는 것은

좋은 일일지 모르지만,

많은 것을 그냥 해보는 것이 훨씬 이치에 맞고 건전하다.

언제나 남보다 뛰어나야 한다고

부모로부터 철저히 교육받은 아이는

막연한 '최선'에 도달하려고 끊임없이 악전고투하면서

욕구불만과 불안을 수도 없이 경험하게 될 것이다.

네 번째 이야기

'삶'이라는 탐험을 즐기는 아이로 키워라

'삶'의 출발점에 선 아이에게 지루한 입장권을 주지 말라

세상의 모든 것들은 변하게 마련이다. 인간인 우리도 끊임없이 변한다. 날마다 몸도 변하고 마음자세도 변한다. 불과 몇 년밖에 안 됐는데도 옷장에 걸린 옷들이 아주 오래전에 나온 구시대의 유물처럼 보일 때가 있다.

이처럼 모든 것은 끊임없이 변한다. 거대한 화강암도 세월이 흐르면 모래가 되고, 늘 똑같아 보이는 해안도 침식되어 새로운 모양의 해안선이 생긴다. 몇천 년 동안 지속되어 온 피라미드나 그리스 신전조차 변하고 있다. 이처럼 우리가 느끼고 생각하고 보고 만지는 것, 즉 모든 것은 끊임없이 변하고 있다.

변화를 즐거워하는 아이가
행복한 인생을 살아간다

이렇게 변화하는 세상에서 아이들을 어떻게 가르칠 것인가, 그리고 부모 스스로도 일상생활에서 어떻게 대응해 나갈 것인가?

만일 아이가 변화를 하나의 생활방식으로 받아들이고 유능한 인간이 되기 위한 관문이라고 생각한다면, 그것은 곧 아이가 훌륭한 인간으로 자라고 있다는 증거이다.

반면, 아이가 변화를 겁내거나 새로운 경험을 피하거나 실패를 두려워해 익숙하고 안전한 길만 걷는다면 활력 없고 정체된 삶을 살아갈 가능성이 크다.

변화를 두려워하는 사람들은 불행한 삶을 사는 사람들이다. 아이에게 정서적으로 경직되어 지루하고 허무한 인생으로 가는 입장권을 쥐어주지 말자. 변화를 기꺼이 받아들이는 아이로 기르려면 부모가 아이를 대할 때 관습에 얽매이는 태도나 행동을 보이지 않도록 주의해야 한다.

아이에게 내 인생의 주인공은
'나'라고 믿게 하라

어린아이는 자기 자신이나 세상을 다른 사람의 눈을 통해 보는 경우가 많다. 대부분 부모가 그 아이의 눈이 된다.

아이는 강해지기를 바라지만 자신은 약한 존재라고 생각한다. 연예인이나 운동선수를 꿈꾸면서도, 일상에서는 자신을 무능하다고 여긴다. 좋은 성적을 받고 싶지만 자신은 평균이거나 쓸모없는 인간이라고까지 평가한다.

아이들은 흔히 훌륭한 인물이 되기를 두려워하는 모습을 보인다. 이는 상상 속에서는 주인공이 되어 멋진 활약을 펼치지만, 현실 속에서는 여러 가지 제약 때문에 꿈의 실현이 방해를 받기 때문이다. 이럴 때 부모는 아이에게 훌륭한 사람이 될 수 있다는 믿음을 주어야 한다.

아이에게 "이러쿵저러쿵하지 말고 엄마 말 들어.", "어차피 해도 안 될 일은 처음부터 안 하는 게 좋아."라고 가르치는 것은 아이가 새로운 생각이나 미지의 영역으로 들어가는 것을 막는 것이다. 이것은 아이가 훌륭한 사람으로 성장하는 기회를 차단하는 것이나 다름없다.

도전적이고 모험심 강한 아이로 키우는 법

아홉 살 된 딸을 둔 엄마와 상담한 적이 있다. 그녀는 아이가 다른 아이들을 무서워한다며 걱정하고 있었다. 한 시간 정도 상담하고 보니 그녀는 딸을 자신이 가장 싫어하는 유형의 아이로 기르고 있었다.

그녀는 어릴 때 아버지와 할아버지에게 순종하라는 교육을 받았다. 운동은 여자에게 맞지 않고, 꽃꽂이며 요리 등이 여자다운 일이라고 들어왔다. 그리고 결혼해서는 남편을 섬기는 게 인생의 목적이라고 믿었다. 어린 그녀에게 있어서 사내아이, 더러운 손이나 몸, 큰 소리 등은 기피해야 할 대상이었다. 따라서 성인이 되어서는 지나칠 정도로 부드러운 목소리로 말하는 온순한 여성이 되었다.

나는 그녀에게 "당신은 딸한테도 자신과 똑같은 여성이 되라고 가르치고 있군요."라고 말했다. 딸이 좀 더 적극적이 되기를 바란다면 아버지와 할아버지로부터 물려받은 사고방식을 없애고, 딸에게 새로운 도전의 기회를 갖게 하라고 조언했다.

더불어 딸을 위해 뜰에 농구 골대를 매달되 딸과 함께 기둥을 묻을 구멍을 파고 시멘트를 붓고 백보드를 기둥에 매달라고 했다. 흙투성이가 된 채 땀을 흘리며 해냈다는 사실만으로도 뿌듯해질 것이라고 말이다. 그녀와 딸은 새로운 활동을 하는 데 겁을 먹고 있었고, 다른 사람에게 의견을 말하는 것조차 두려워하고 있었다. 몇 개월이 지나자 그녀의 딸은 그 전과 많이 달라졌다. 어느 날 그 딸이 말했다.

"저는 남자 아이와 경쟁하는 게 두렵지 않아요."

딸의 말에 모두들 깜짝 놀랐다. 이후 그녀는 여태껏 해보지 않았던 일들에 도전하기 시작했다. 가족들을 위해 저녁식사를 준비했고, 이웃을 찾아가 자기소개를 함으로써 두 명의 새 친구를 만들기도 했다. 몇 개월 전이라면 꿈도 꾸지 못했던 일이었다.

그로부터 6년이 지난 지금 그녀는 어떤 일에도 두려워하지 않고 매사에 적극적이다. 그녀의 변화는 전적으로 엄마의 교육 덕분이다. 그녀의 엄마는 인생에서 멋지고 새로운 모험을 피해서는 안 되며, 미지의 것을 두려워하지 않고 도전하는 사람들에게 참된 인생이 기다린다고 가르쳤다.

사소한 변화가 성장의 싹을 틔운다

미지의 것을 두려워하는 사람은 스스로 제약하기 때문에 멋진 인생을 살 수 없다. 만일 우리가 흔히 해왔던 일만 한다면 아마 미래에도 지금 이 상태로 머물 것이다.

발명가를 생각해 보자. 그들은 설령 두려움이 있다 해도 기꺼이 새로운 영역에 발을 들여놓는다. 수레바퀴를 발명한 사람은 현재 상태를 그대로 받아들이지 않고, 새로운 시도가 중요하다고 믿었기 때문에 그 일을 해냈다. 앞으로 암 치료법을 발견하는 사람도 어떤 질병이든 극복하고야 말겠다고 생각하는 사람일 것이다.

만일 성장하고 있지 않다면 그 사람은 육체적으로나 감정적으로나 정신적으로 죽은 것이나 다름없다. 성장과 현상 유지는 양립할 수 없다. 성장이란 변화하는 것이며, 변화는 새로운 영역에서 자신을 시험해 보는 것이다.

성장이란 변화하는 것이며, 변화는 새로운 영역에서 자신을 시험해 보는 것이다. 이때 마음속에 있는 것은 공포가 아니라 가슴 설레는 기쁨이어야 한다.

이때 마음속에 있는 것은 공포가 아니라 가슴 설레는 기쁨이어야 한다.

처음으로 캠핑을 가는 일이든, 난생처음 해삼을 먹어 보는 일이든, 축구팀에 처음 가입하는 일이든, 혹은 통계학이나 실존주의 강좌를 듣는 일이든 변화는 두려워야 할 대상이 아니다. 젊은이들이 모르는 것에 대해 두려움을 갖는 것은 실패할지도 모른다는 생각에 짓눌려 있어 해보기도 전에 포기하기 때문이다.

'삶'의 출발점에 선
아이에게 지루한
입장권을 주지 말라

실패 없이 성공도 없다, 실패가 쌓여 '성공'을 만든다

작가 윌리엄 사로얀은 실패에 대해 다음과 같이 말했다.

> 뛰어난 사람이 뛰어난 이유는 실패를 통해 현명해졌기 때문이다.

이 말이 뜻밖이라고 생각되는가? 그러나 우리가 배우는 것에 조금이라도 관심을 가진다면, 실패를 통해 현명해진다는 말이 전혀 놀랄 게 못 된다는 사실을 깨닫게 될 것이다.

**홈런 왕 베이브 루스가
세운 또 하나의 기록**   성공을 통해 배우는 것은 거의 없다. 실제로 성공했을 때 우리는 대부분 거기에 만족한다. 성공이 거듭될수록 그것에 안주하여 변화하는 것에 소홀히 하게 되고, 결국 그것이 아닌 다른 세상은 꿈도 꾸지 못하게 된다. 다시 말해 실패는 성공의 어머니가 되고, 성공은 실패의 어머니가 되는 것이다.

1927년 미국의 야구 선수 베이브 루스는 홈런을 60개나 쳤다. 야구 역사상 최다 기록이다. 그러나 그는 같은 해에 또 하나의 진기록을 남겼다. 바로 야구 역사상 최다의 삼진을 당한 것이다. 다시 말해 홈런을 치고 싶으면 삼진을 당하는 것도 두려워하지 말아야 한다는 것이다. 어느 누구도 이 단순한 인생의 교훈에서 자유로울 수 없다.

아이들이 성공하기를 원한다면 실패하는 것도 두려워하지 말라고 가르쳐야 한다. 그것도 몇 번이고 실패하는 것을 배우도록 격려해야 된다.

여기서 중요한 것은 어떤 일에서 실패하는 것과 실패자가 되는 것은 다르다는 것을 똑똑히 구분하는 일이다. 실패자란 없다. 인간은 살아 있는 한 그 사람만의 가치와 존엄성을 지니고 있다. 결코 실패하지 않으리라 보증받은 사람은 아무도 없다. 인생에서 많은 성공을 거두고 싶으면 그만큼 실패도 각오해야 한다.

평생 동안 모르는 것을 알려고 했던 발명왕 에디슨은 이렇게 말했다.

완전히 만족한 사람을 데려오기 바란다. 그 사람이 바로 실패자이다.

실패는 성공을 이끄는 견인차다

무한계 인간은 결코 실패하지 않는 사람이 아니다. 오히려 길에서 쓰러지면 일어나 먼지를 털고, 피해야 할 장애물이 무엇인지 배우는 사람이다. 실패를 피하는 사람은 길에 쓰러진 채 불평을 하든가, 아니면 그런 길에 처음부터 발을 들이지 않고 평생 안전하고 잘 아는 코스로만 다닌다. 그는 실패하지 않는 대신 인간으로서의 충족감도 모르는 채 인생을 끝마칠 것이다.

실패를 두려워하는 젊은이들은 성공이 갖고 있는 강박관념에 사로잡혀 있다. 무엇을 공부하는가 하는 것보다 좋은 점수를 받는 것에 집착한다. 무엇을 하든 실패해서는 안 된다고 생각하는 게 문제다. 운동을 해도 몸을 튼튼히 하거나 기량을 연마하는 것보다 시합에서 이기는 것을 더 중요하게 여긴다. 또한 명문 대학에 들어가는 것이 지식을 얻는 것보다 중요하며, 상대를 이기는 것이 이 지구상에서 서로 돕고 사는 것을 배우는 것보다 중요하다고 여긴다. 일등이 아니면 꼴찌와 같다고 믿기 때문에 다른 사람들에게 인정받기 위해서라면 무슨 짓이든 한다. 내적인 대가는 무의미하다고 생각해 오로지 돈과 힘, 우수함을 증명하는 외적인 결과만 중요하게 생각한다.

실패는 '도전'의 또 다른 말이다 실패는 해서는 안 되는 것이므로 회피해야 한다고 배운 아이는 현실 사회에 제대로 적응할 수 없다. 부와 지위 등 성공의 척도를 보여지는 것으로만 국한시킬 때 아이들은 행복을 자기 마음속이 아닌 외부에서 찾는다. 본래 행복이란 마음먹기에 따라 달라지는데, 아이들에게 밖에서 찾으라고 잘못 가르치고 있는 것이다.

무한계 인간은 정원의 풀 뽑기나 독서, 낡아빠진 농구공으로 농구를 하거나 조그만 공터에서 친구들과 볼을 차며 그 순간을 즐긴다. 그러나 성공을 좇아 살아야 한다고 배워 온 아이는 오로지 이겨야 한다고 알고 있기 때문에 시합을 해도 거기서 즐거움을 누리지 못한다. 어떤 식으로든 시합에서 이겨야 하므로 즐기는 것이 아닌 경쟁이 되고 만다.

참된 승자는 시합이든 악기든 춤이든 열심히 함으로써 거기서 기쁨을 누리는 사람들이다. 그들은 때로 실패해서 좌절하기도 하지만, 거기서 멈추지 않고 그것을 교훈삼아 다시 일어나 도전한다. 또한 다른 사람들과 비교하지 않고 자기 자신의 가치를 올리는 데 열심히 노력한다.

이와 달리 외적인 성공에 매달리라고 가르치는 부모는 아이들에게 실패

자라는 딱지가 붙지 않도록 하라고 주의를 준다. 그러나 어떤 직업이든 그 분야에서 뛰어난 사람들은 비록 실패를 거듭할지라도 결국 그때마다 뭔가 새로운 것을 배워 마침내 자신이 목표한 것을 이룬다.

어떤 신문기자가 에디슨에게 물었다.

"간단한 축전지 하나 만드는 데 25,000번이나 실패했을 때 기분이 어떠셨습니까?"

그러자 에디슨은 뛰어난 창조적 정신의 소유자답게 이렇게 대답했다.

"왜 자네가 그것을 실패라고 부르는지 모르겠네. 지금 나는 축전지가 완성되지 못하는 방법을 25,000가지나 알고 있네. 자네는 뭘 알고 있나?"

실패, 잃는 것보다 배울 게 더 많다

나는 경쟁에서 이기는 것, 일등이 되는 것, 어린아이들의 생활에 레일을 깔고 밀어붙이는 것이 최선이라고 믿는 부모들과 얘기를 나눈 적이 있다. 초등학교 2학년인 딸을 둔 부모에게서 들은 얘기다. 어느 날 딸아이가 학교에서 돌아와 이렇게 말했다고 한다.

"학교 시험에서 모든 과목을 100점 받지 못하면 웬만한 대학에 들어가지 못한대요."

세상에, 겨우 초등학교 2학년밖에 되지 않은 아이가 이렇게 말한 것이다. 아홉 살이라면 큰 소리로 웃으며 즐겁게 생활하고, 무엇이든 호기심을 갖고 시도해 보려는 마음을 가져야 한다. 그 나이 때부터 자신이 희망하는 대학에 들어가기 위해 걱정해야 할 일은 결코 아니다.

무한계 인간은 정원의 풀 뽑기나 독서,
낡아빠진 농구공으로 농구를 하거나
조그만 공터에서 친구들과 볼을 차며 그 순간을 즐긴다.

이 아이의 부모는 자식들이 현재 각각의 분야에서 잘나가고 있다고 자랑했지만, 그 자신은 결코 행복해 보이지 않았다.

작가 크리스토퍼 몰리의 다음 말은 시사하는 바가 크다.

> 인생에서 성공은 하나밖에 없다. 그것은 자기 인생을 마음대로 살아갈 수 있다는 것이다.

심리학자이자 철학자인 윌리엄 제임스는 "성공에 대한 절대 숭배는 현대의 국가병이다."라고 말했다. 실패는 나쁜 것이 아니다. 오히려 뭔가를 배우기 위한 유일한 길이다.

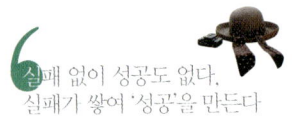
6 실패 없이 성공도 없다.
실패가 쌓여 '성공'을 만든다

아이의 마음속에 '모험심'이라는 나무를 심어주어라

인생에서 옴짝달싹할 수 없는 올가미에 걸려들 때가 있다. 우리의 정신을 갉아먹어 마침내 텅 비우고 마는 이 올가미는 '안정'이라고 불리는 것이다. 우리 가운데 많은 사람들은 일생 동안 보살핌을 받을 수 있다는 안도감, 이런 안도감을 줄 것 같은 환상을 찾아 에너지를 낭비하고 있다. 온갖 지혜를 짜내 돈을 모으고, 집과 자동차, 가구, 부동산 등에 투자하면 인생에서 안정적인 위치를 차지할 수 있다고 믿는 것이다.

그러나 이런 사고방식에 따라 살아가면 미래를 보장받을 수는 있을지 몰라도 충족되지 못한 인생을 살 것이다. 그럼에도 많은 사람들이 자기 인생을 마감하는 그날까지 오로지 안정을 추구하고 언제나 그 덧없는 그림자를 끌어안으며 살아가고 있다. 그러나 외적인 '안정'이란 없다. 이것을 필사적으로 찾는 사람들은 삶에 대한 자신감이 없는 불안한 사람들이다.

위험에 당당하게 맞서는 모험심이
내적 안정을 가져온다   영원한 '안정'이란 없다. 끊임없이 변화하는 사회에서는 현재에도 과거에도 미래에도 안정이란 존재하지 않는다. 그러나 이것과는 다른 종류의 안정이 있다. 만일 부모가 그것을 획득하고 아이들에게도 그것을 얻도록 가르치면 안정을 추구하는 강박관념을 없앨 수 있다. 그것은 바로 내적인 안정이다.

어떤 환경에도 대처할 수 있다는 자신감과 자기 자신을 신뢰하는 것, 유일하고 참된 안정은 자기 자신에게 있다는 것을 아는 것이야말로 부모가 아이들에게 가장 먼저 가르쳐야 할 덕목이다. 평생에 걸쳐 거액의 재산을 모은 헨리 포드가 이런 말을 했다.

> 만일 돈이 자신을 독립시켜 줄 거라고 생각한다면 당신은 결코 '안정'을 손에 넣지 못할 것이다. 이 세상에서 손에 넣을 수 있는 단 하나의 참된 '안정'은 지식과 경험, 능력의 축적이다.

우리는 이 말을 인생의 지침으로 삼아야 한다. 그러면 안일한 생각에 사로잡히지 않고 아이들이 자진해서 위험을 무릅쓰는 것을 격려하게 될 것이다.

내면의 안정을 추구하는 아이들은 어떻게 살아갈 것인가를 생각할 때 그 해답을 물질이 아닌 자신의 내면에서 찾는다. 이를테면 여름 캠프에 참가하는 것을 두려워하지 않는다. 혹시라도 일어날지 모르는 여러 가지 문제를 스스로 처리할 수 있다는 자신감이 있기 때문이다. 의지할 곳은 자기 자신밖에 없다는 것을 알기 때문에 집을 떠나 느끼는 쓸쓸함과 외로움을 극복해야 한다고 생각한다. 그리고 문제에 부딪혀도 해결 방법을 자기 자신에게서 찾는다.

이러한 사고방식은 어른이 되어서도 문제를 스스로 해결할 수 있다는 자신감으로 이어진다. 이것이야말로 유일한 안정이라 할 수 있다. 만일 막연하게 외적인 안정을 추구한다면 때로 문제에서 빠져나가는 길을 돈으로 사거나, 자기 대신 부모가 해결해 주기를 바랄 것이다.

아이에게 자신감을 심어주면 위험에 당당하게 맞서 해결하는 마음과 내적인 안정을 만들어간다. 이런 경험을 통해 획득한 안도감에서 아이들은 다음과 같은 것을 배운다.

'내가 바라는 인생을 살기 위해서는 나 자신을 믿을 수밖에 없다. 인생에서 여러 가지 문제가 발생할 때, 언제나 내 편인 사람은 나밖에 없기 때문이다. 만일 나밖에 없다면 나 자신을 믿을 수 있는 자신감을 갖고 싶다.'

아이의 모험심을 자극하는 대화법

모험심이 풍부한 아이가 되려면 위험에 무릎쓰는 걸 두려워하지 말아야 한다. 그러나 위험에 무릎쓴다 해도 생사의 결단을 내려야 하는 단계까지 나아가서는 안 된다. 설령 그런 경우에 처했다 해도 내면의 지시에 따라야지, 무조건 다른 사람의 말에 순종해서는 안 된다.

주위 사람들이 시키는 대로 움직이는 아이는 결코 모험가가 될 수 없다. 다른 사람들이 비웃을지도 모른다는 생각에서 쉽고 편한 길을 가거나 시도해 보지도 않은 채 포기하지 말고, 옳다고 믿으면 당당하게 주장할 줄 알아야 한다.

나는 큰딸을 키우면서 아주 어릴 때부터 성인이 될 때까지 언제나 모든 문제의 답을 자기 안에서 찾되, 위험을 무릅쓰거나 변화에 직면하는 것을 두려워하지 말라고 격려해 왔다. 그때 나는 아이와 다음과 같은 대화를 나누었다.

딸이 일곱 살일 때

딸 아빠, 존은 내가 좋지 않대. 아니, 싫대. (흐느껴 운다)

나 얘야, 넌 어때? 넌 네 자신이 좋지 않니?

딸 난 내가 좋아.

나 그럼 울지 마. 존이 널 좋아하지 않아도 네가 널 좋아하면 넌 훌륭한 아이야.

누군가가 자신을 좋아하지 않는다고 해서 상처받을 필요도 없고, 다른 사람의 의견에 지배당할 필요도 없다고 아이에게 알려주어야 한다. 이것은 아이의 평생에 도움이 되는 조언이 될 것이다.

> **딸이 열 살일 때**

딸 새로운 곳으로 이사 가는 게 싫어. 친구들은 모두 여기에 있잖아. 이웃 사람들이 무서우면 어떡해?

나 걱정하지 마. 여태껏 친구들 사귀는 게 어렵지 않았잖아.

딸 하지만 아빠, 이번에는 아무도 모르는 곳으로 이사를 가잖아.

나 음, 우리 딸은 어떻게 이렇게 많은 친구들을 잘 사귀게 되었을까?

딸 새로운 친구들을 만나도 스스럼없이 대했기 때문이지.

나 우리 딸 똑똑하네. 진짜 친구를 사귀기 위해서는 모험을 하고 새로운 사람과 만나지 않으면 안 돼. 우리 딸은 지금까지 잘해 왔어. 아마 낯선 곳으로 간다 해도 넌 분명히 잘해 낼 거야.

부모의 전폭적인 신뢰가 아이를 안심시키고 용기를 준다. 실제로 자신의 재능과 능력을 생각하고 몇 가지 작은 위험을 무릅쓰기만 하면 바라는 것을 손에 넣을 수 있다.

실패를 통해 얻는 것은 '위대한 자화상'이다

나는 십대가 된 딸을 향해 끊임없이 모험을 하라고 격려했다. 한번은 딸이 학교 회장에 출마할지를 고민한 적이 있었다. 사춘기라서 한창 예민할 때였는데, 나는 만일 출마했다가 떨어진다면 최악의 사태가 무엇인지 물어보았다. 딸은 곰곰이 생각하다가 이렇게 대답했다.

"최악의 사태는 제가 회장이 못 되는 것 아닐까요? 어차피 지금도 회장이 아니니까 못 돼도 본전이에요. 좋아요, 한번 해보겠어요."

결국 딸은 회장이 못 되고 떨어졌다. 그러나 그것에 대해 나는 이렇게 말해 주었다.

"자, 네 학년에는 500명이나 되는 학생이 있는데, 회장에 출마하려고 결심한 사람은 겨우 몇 명밖에 없었어. 그 예닐곱 명의 학생은 자기에게 리더가 될 소질이 있다고 생각하고 떨어질 위험을 무릅쓸 만큼 자신감이 있었던 거야. 자신을 어떻게 보느냐에 따라 우리의 인생은 리더가 되느냐, 추종자가 되느냐가 결정되는 거야. 네 자신을 리더로 보았던 것을 자랑스럽게 생각하려무나."

딸은 이 말을 듣고 스스로를 대견하게 생각했다. 이처럼 위험을 무릅쓰고 뭔가를 시도해 보는 것, 그리고 몇몇 소수의 아이들 속에 끼는 것, 그것은 선거에서 이기느냐 지느냐보다 훨씬 더 딸아이를 상세하게 말해 준다. 출마한 아이들은 그냥 앉아서 "어차피 1등 하지 못할 거 출마하면 뭐 해." 하고 큰소리치는 무리보다 훨씬 앞서가고 있는 것이다.

변화를 두려워하지 않는다는 것은 미지의 것에 친숙해지는 것이다. 또한 실패를 벗삼는 것이며, 날마다 새로운 모험을 하고, 마침내 자기 자신을 독창적인 상상력에 바탕을 두고 자화상을 창조해 가는 것이다.

아이들이 어디까지 모험할 수 있는가는 자기 자신의 모습을 새롭게 그릴 수 있느냐 없느냐로 결정된다. 변화를 두려워하지 않으려면 아이에게 자신의 위대한 자화상을 상상하도록 허락해야 한다.

'모험적인 아이'와
'독창적인 아이'는 의미가 같다   젊은 사람들이 변화를 두려워하는 이유는 그 변화가 가져오는 것을 독창적이고 적극적으로 상상하는 법을 배우지 못했기 때문이다.

아이들은 어떤 상황에서든지 자신에게 무슨 일이 일어날지 상상하며 독창적인 이야기를 곧잘 꾸며낸다. 부모는 그런 상상을 독려해야 한다. 적극적인 상상력을 갖도록 가르침을 받은 아이는 변화를 두려워하지 않는다. 아이가 적극적으로 상상할수록 힘겨운 상황도 실제로 처리할 수 있는 능력이 생긴다.

미지의 것에 대한 공포, 실패하지 않을까 하는 공포, 모험에 대한 공포를 아이가 좀 더 능숙하게 처리하려면 변화 결과 일어날 수 있는 일을 모조리 말하도록 해야 한다. 그러면 그들이 그리는 이미지가 대부분 적극적이라는 것을 알 수 있다.

중학교에서 고등학교로 진학하려는 청소년에게 이렇게 물어보자.

"고등학교는 어떤 곳일지 상상해 봐."

그러면 아이는 두려움과 희망이 섞인 말을 할 것이다. 이처럼 이미지를 적극적으로 그리는 과정을 통해 아이의 상상력이 풍부해지고, 미지에 대한 공포는 점차 사라질 것이다.

도전정신이 부족한

소극적인 아이로

만드는

부모들의 공통점

변화를 두려워하지 않는 아이가 되기 위해 부모가 도와줄 수 있는 일은 무엇일까? 아니, 그보다 먼저 부모의 행동 중 아이로 하여금 변화를 두려워하게 만드는 전형적인 예를 들어 보자.

★ 아이에게 인생은 위험하다고 끊임없이 상기시켜 준다.
- 물에 가까이 가지 마. 빠지면 어쩌려고 그러니?
- 그런 아이와 사귀어서는 안 돼. 나쁜 친구란다.
- 넌 아직 나무에 오르거나 축구를 할 나이가 아니야.

★ 먹을 것을 보고 먹으려는 아이에게 이런 말로 기분을 상하게 만든다.
- 네 입에 맞지 않을 거야. 토마토 맛이 나는 것은 뭐든 싫어하잖아.
- 우리 집에서 회는 안 먹어.

★ 아이가 어려움을 경험하지 못하도록 부모가 다 알아서 해준다.
- 아직 두 살이라서 혼자 의자에 올라갈 수 없어.
- 이렇게 어린데 어떻게 혼자 먹어. 엄마가 먹여 줄게.

★ 아이가 새로운 생각에 도전하려는 것을 막는다.
- 네 생각은 틀려. 선생님 말씀이 옳아.
- 지금 엄마를 가르치려는 거니?
- 잠자코 너는 하기만 하면 돼. 복잡하게 묻지 마.

★ 아이에게 공포심을 심어준다.
- 곧 잠자리에 들지 않으면 침대 밑에서 도깨비가 나올 거야.
- 시키는 대로 하지 않으면 나쁜 아저씨가 잡아갈 거야.

★ 말로 아이를 규정짓는다.
- 넌 운동에는 소질이 전혀 없어.
- 넌 음악적인 재능이 없어.

★ 성에 대한 고정관념을 심어준다.
- 데이트는 남자 아이가 청하고, 여자 아이는 조신하게 기다리는 거야.
- 남자 아이는 운동을 잘하고, 여자 아이는 바느질을 잘하면 되는 거야.

★ 아이가 꿈을 말할 때 허무맹랑하다며 무시한다.
- 실제로 그렇게 되지 않을 거야.

- 꿈은 그냥 꿈일 뿐이란다.

★ 다른 사람이 그렇게 한다고 해서 아이에게 그대로 따르라고 한다.
- 네 생각대로 하면 골치아픈 일만 생겨.
- 다른 사람들처럼 해. 그게 편해.

★ 아이들이 싸울 때 심판을 한다.
- 네 생각이 틀린 거야. 언니한테 사과해.
- 그렇지 그렇지. 동생한테 지면 안 되는 거야.

★ 부모가 스스로 인생에서 가장 쉽고 편한 길을 선택한 뒤 아이에게도 같은 길을 걸으라고 가르친다.
- 아빠처럼만 해. 그러면 인생이 탄탄대로란다.
- 뭐 하러 그렇게 힘든 길을 가려고 하니?

★ 다른 사람에게 편견을 가진 채 아이에게도 같은 증오심을 품도록 부추긴다.
- 저 사람은 왜 이렇게 싫을까?
- 왜 저렇게 행동하는지 모르겠어. 넌 닮지 마라.

★ 지나치게 부모에게 의존하게 만든다. 아이가 무엇을 하든, 무슨 생각을 하든 언제나 부모의 허락을 맡도록 한다.
- 그러니까 엄마 말 들으라고 했지!
- 쯧쯧. 네가 혼자 뭘 할 수 있겠니?

★ 아이의 일정이나 스케줄을 전적으로 관리해 준다.
- 이번주부터 중간고사 시험 공부 들어가야지.

- 방학때 수학이랑 중국어 학원 끊을거야.

★ 아이가 스스로 해야 할 일을 부모가 선뜻 해준다.
- 엄마가 다 알아서 해준다니까!
- 네 만들기 숙제 엄마가 해줄게. 너는 공부나 하렴.

★ 아이들과 논쟁을 하면 언제나 부모가 옳다고 결론을 내린다.
- 엄마 아빠 말이 맞아. 더 오래 살았잖니.
- 그런 생각은 위험해. 고쳐야 한단다.

★ 캠프에 가거나 자전거 하이킹을 하는 등 위험을 동반한 모험 활동을 하지 못하게 한다.
- 위험한데 친구들끼리만 간다고?
- 공부나 열심히 해. 쓸데없이 다니지 말고.

★ 성적이나 승리를 인생에서 가장 중요한 것으로 여긴다.
- 사람들은 일등만 기억해.
- 공부든 싸움이든 뭐든지 이겨야 해. 지면 안 돼.

★ 부자가 되어야 한다고 강조하고, 어떤 것이든 돈이 얼마나 드는지 시시콜콜 말한다.
- 네 학원비 대느라 허리가 휜단다.
- 돈이면 다 되는 세상이야. 그래서 열심히 공부해야 하는 거야.

★ 남자와 여자가 사랑을 나누는 것에 대해 이야기하는 것을 금기시하고, 결혼할 때까지 입에 담지 못하게 한다.
- 머리에 피도 안 마른 게 벌써부터 연애질이야?

- 크면 다 알게 되니까 공부나 해.

★ 실패를 죄악시 여겨 무슨 일이든 실패하면 벌을 내린다.
- 다음 시험에서 80점 밑으로 내려가면 매맞을 줄 알아!
- 시험에서 떨어졌으니 놀이공원은 못 갈 줄 알아!

위에 나열한 것들은 우리들 부모가 늘상 해오는 행동들이다. 이를 본 아이는 변화를 두려워하고 미지의 것은 무조건 피하려는 생각을 할 것이다.

소극적인 아이로 만드는 부모의 오류 8가지 만일 아이에게 소극적인 사고나 행동을 가르친다면 어떻게 될까? 다음과 같은 오류를 부모 자신도 모르게 저지르고 있는 건 아닌지 생각해 보자.

오류1 세상은 위험과 의혹으로 가득 찬 곳이라고 말한다
만일 부모가 의존적이면 아이들 역시 의타심이 강하고 내성적이며 부모 곁을 그림자처럼 붙어다니는 아이로 자랄 확률이 높다. 의존적인 부모는 아이도 의존적으로 만든다. 의존적인 아이는 새로운 것에 부딪히면 두려워서 우선 피하고 본다.

오류2 부모의 생활방식에 맞지 않는 아이의 행동은 무조건 거부한다
아이를 자신의 분신처럼 똑같이 기르고 싶어 한다. 그러면 아이의 인생은 편해질 수도 있다. 그러나 그렇게 되면 아이는 태엽을 감아놓은 인형이나 로봇이 살아가는 것과 크게 다르지 않다.

오류 3 머리를 쓰기보다는 흘러가는 대로 살아간다

변화를 두려워하는 아이는 부모가 시키는 일만 한다. 도전적인 행동이나 의지는 거의 없다. 이는 어쩌면 가장 쉬운 생활방식이기도 하다. 부모의 창의력을 발휘할 필요가 없기 때문에 나태한 자녀교육법이라고 할 수 있다.

오류 4 많은 사람들이 하는 대로 따라간다

다른 사람들처럼 일을 하고, 많은 사람들과 똑같은 생각을 하고, 그들 중에 하나라는 사실에 만족스러워한다면 안정적인 삶을 살고 있다고는 할 수 있다. 그러나 용기가 필요 없는 생활방식은 지루하고 나태함을 가져온다.

오류 5 모르는 것은 다 틀렸다고 생각한다

아이에게 익숙한 것만 하고 변화와 미지의 것은 피하라고 가르침으로써 부모는 옳은 일을 하고 있다고 느낀다. 자기가 모르는 것은 무의식적으로 배제하면서 말이다.

오류 6 실패할 가능성이 있는 일은 피하고 본다

만일 실패를 나쁜 것이라고 믿는다면 실패할 가능성이 조금이라도 있는 것은 어떤 것이든 피하고 싶을 것이다. 목표 지향적인 문화에서는 실패란 절대 있어서는 안 될 오명처럼 여긴다. 그래서 승리하기 위해 최선을 다한다. 부모가 위험하다고 생각하는 것은 무조건 피하라고 가르치는 것은 용기 없고 도전하지 못하는 아이를 만드는 지름길이다.

오류 7 '모험심' 대신 '만족'을 추구한다

부모라면 아이가 실망하고 있는 모습을 지켜보기 힘들게 마련이다. 그래서 목표를 낮추라고 말한다. 그러나 만족스러워한다는 것은 창의력이 풍부한 사람이 될 수 없다는 것을 뜻한다.

오류 8 새로운 도전을 통해 얻을 수 있는 기쁨을 차단한다

새로운 영역을 탐험함으로써 얻을 수 있는 기쁨을 가르치지 않는다면 아이에게 창의력이라고는 눈곱만큼도 남아 있지 않을 것이다. 따라서 아이와 함께 새로운 사고방식, 행동 방법을 찾는 작업이 필요하다.

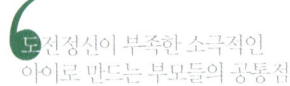
도전정신이 부족한 소극적인
아이로 만드는 부모들의 공통점

이루지 못할 '꿈'은 없다, 아이의 꿈을 지지하고 응원하라

부모는 흔히 이런 말들을 아이에게 한다.

"엄마 아빠가 시키는 대로 해."

부모라면 아이가 창의력이 풍부한 사람이 아닌, 복종하는 인간이 되기를 바라지는 않을 것이다. 그렇다면 아이에게 언제나 "왜?"라고 묻도록 가르쳐야 한다.

아이가 기존의 사고방식에 반론을 제기한다 해도 야단치시 말고, 다른 사람들이 모두 그렇게 한다는 이유만으로 그대로 하라고 말해서도 안 된다.

세상을 바꾸는 변화의 주역들은 온순하게 복종하는 사람들이 아니었다.

시대에 맞지 않는 기성 방식에 도전한 사람들이었다. 만일 아이가 다른 사람들에게 동조하면서 불평이나 터뜨리다 마는 어른이 되기를 바라지 않는다면 그들로부터 도전정신을 빼앗지 말아야 한다.

아이에게 정직하게 자신의 마음속을 응시하라고 말하고, 정직하지 못한 것을 보았을 때는 언제든지 개선을 요구하며 목청을 높이라고 가르쳐라. 물론 무조건적인 저항보다는 찬성하는 쪽이 효과적일 때도 있다. 무한계 인간은 투쟁을 긍정하면서도, 쓸모없거나 혹은 무의미한 싸움에서 물러날 줄 안다.

15세의 소녀가 수학 교사한테 맞서는 바람에 교실에서 쫓겨날 위기에 처했을 때, 나는 소녀에게 그런 무의미한 싸움을 계속해야 하는지 잘 생각해 보라고 말했다. "너는 수학 교사의 생각을 뜯어고치기 위해 네 자신을 파멸시키고 있어. 그것보다는 선생님과 네 차이는 잊어버리고 조용히 수학 공부를 하는 편이 좋지 않겠니?" 하고 타일렀다. 그녀는 교사에 대한 증오심을 버리려고 애썼고, 수학 공부에 집중할 수 있었다.

목표를 멀리, 높이 두라고 격려하라 의사가 되고 싶어 하는 어느 고등학생의 성적표가 형편없다 하더라도 너무 높이 쳐다보지 말라는 따위의 현실적인 설교는 할 필요가 없다. 오히려 "힘내. 어떤 일이든 시작하기에 너무 늦은 건 없는 거야."라는 응원의 말이 필요하다.

예컨대 아이가 우주비행사가 되고 싶다고 할 때, 그 아이의 키나 적성 등에 비춰볼 때 무리한 목표라고 생각하더라도 결코 그 마음을 꺾어버려서는 안 된다. 중요한 것은 먼저 꿈을 키워주는 일이다. 아이에게 일어날 수 있는 최악의 사태는 어려움에 직면했을 때 자신의 목표를 간단히 바꾸는 것이다.

"그런 것은 무리야."라는 말은 부모의 사전에 없다는 것, 그리고 아이의 꿈이 설사 그 순간에는 어처구니없게 들릴지라도 부모가 지지하고 있다는 것을 보여주지 않으면 안 된다.

라이트 형제가 하늘을 날고 싶다고 말했을 때 그들의 부모는 어떻게 했을지, 에디슨이 불꽃 없는 빛으로 세상을 비추고 싶다고 꿈꾸었을 때 그의 부모는 어떤 생각을 했는지 상상해 보라. 헨리 포드가 말을 자동차로 바꾸려고 생각했을 때 그들의 부모는 어땠을까? 부모라면 아이에게 꿈을 꾸게 하고, 목표를 멀리, 높이 두라고 격려해야 한다.

꿈의 돛에서 바람을 빼앗아서는 안 된다. 무엇을 하고 싶은지 그 소망에 대해 좀 더 이야기하라고 격려하고, 어떻게 하면 꿈을 꿀 수 있는지 탐색해 보라고 해야 한다.

"최선을 다하라."가 아니라 "아무튼 해보라."라고 말하라

우리의 '최선'은 환상이다. 왜냐하면 일생의 어느 순간을 선택하더라도 무엇이 최선인지 아는 사람은 없기 때문이다. 게다가 모든 분야에서 높은 수준에 도달할 필요도 없다.

얼마나 잘했느냐에 따라 인간의 가치가 결정되는 상황에 아이를 두어서는 안 된다. 한두 가지 점에서 남보다 뛰어난 수준에 이르는 것은 좋은 일일지 모르지만, 많은 것을 그냥 해보는 것이 훨씬 이치에 맞고 건전하다. 언제나 남보다 뛰어나야 한다고 철저히 교육받은 아이는 막연한 '최선'에 도달하려고 끊임없이 악전고투하면서 욕구불만과 불안을 수도 없이 경험하게 될 것이다.

일을 잘해 내는 것을 성공의 지표로 보는 것은 낮은 자기평가 방법이다. 성과를 겉으로 드러난 척도로 재는 대신, 인간적 충족감에 무게를 두고 측정한다면, 도달하는 수준이 좀 더 높아진다. 성공은 행복이나 사랑과 마찬가지로 마음속의 과정이다. 성공은 행동의 결과 나타나는 것이다.

아이에게 인생을 즐기고 무엇이든 하고 있는 일에서 충족감을 느끼라고 가르쳐라. 그러면 내가 여기에서 말하고 있는 그런 성공이 자연히 일생 동안 아이를 따라다닐 것이다. 그 반대의 길을 택한다면 끊임없이 성공을 좇다가 인생이 끝나버리고 말 것이다.

다른 사람 앞에서 부모에게 혼난 아이는 '도전'을 두려워한다

다른 사람 앞에서 실수를 지적받는 것을 좋아하는 사람은 아무도 없다. 남 앞에서 끊임없이 지적받은 아이는 이야기하는 것조차 두려워하게 되고, 얼굴에서 생기가 사라져 버린다. 그리고 두려움이 심해지면 새로운 것에 도전하거나, 자신의 의견을 자유롭게 이야기하거나, 권리를 주장하는 일을 거부하게 된다.

모르는 사람이 보는 앞에서 아이의 실수나 계산이 틀린 것을 지적하는 부모는 아이한테 원한과 분노를 살 뿐만 아니라, 다른 사람과 만나면 긴장해서 아무 말도 하지 못하는 성격을 만들어낸다. 아이를 위해서라고 생각해서 야단을 치려고 한다면 다른 사람이 없을 때 조용히 하는 게 바람직하다.

"어느 누구도 남 앞에서 지적받고 싶어 하지 않는다."는 말을 명심하고, 아이를 위해 무엇이 최선인가를 생각하라. 적어도 아무도 없는 곳에서 주의를 줄 정도의 예의를 지켜야 한다. 그리고 당신도 당연히 똑같은 예의를 아이에게 요구해야 한다.

당신의 아이가 새로운 분야를 찾아내고, 세계를 탐험하며, 일상생활 속에서 기적을 발견할 수 있는, 창의력이 풍부하고 생기가 도는 아이가 되길 바라지 않는가? 동서고금을 통해 가장 창의력이 풍부한 사상가이자 철학자였던 괴테가 명언을 남겼다.

> 사람들을 있는 그대로 대하면 그들은 현상을 유지한 채 성장하지 않는다. 성장할 수 있는 사람처럼 대하면 그들은 성장해 간다. 아이를 장차 위대한 일을 해낼 수 있는 사람으로, 변화를 환영하고 미지의 것을 두려워하지 않는, 창의력이 넘쳐 흐르는 사람으로 대하라. 아이는 실제로 되고자 꿈꾸는 모든 것이 될 수 있는 가능성을 지니고 있다.

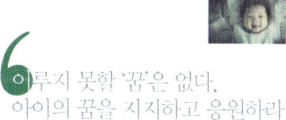

6 이루지 못할 꿈은 없다.
아이의 꿈을 지지하고 응원하라

다섯 번째 이야기

타인의 말과 행동에 흔들리지 않는 '나만의 생각'을 갖게 하라

인생은 선택의 연속이다.
아이가 자신의 문제를 타인의 잘못으로 돌린다 해도
그것은 타인이라는 존재를 선택하는 것이다.
부모가 해야 할 중요한 일은 아이에게
'자유 의지'가 있다는 것을 알려주고,
어떻게 생각할 것인지 선택할 수 있는 능력이
인생에서 얼마나 중요한지 깨닫게 해주는 것이다.

단단한 '내면 세계'가
어떤 어려움도
헤쳐나가게
만든다

무한계 인간은 자신의 삶을 개척할 때 내면의 빛을 따른다. 자신의 잘못을 남의 탓으로 돌리거나 세상이 험하다고 말하며 시간을 낭비하지 않는다. 자신의 가치는 스스로 만들어가야 한다는 것을 알고 있기 때문이다.

내면 세계는 바깥 세계와는 다르다. 내면의 깊은 곳은 매우 중요한 경험의 세계다. 정서나 감정으로 이루어져 있는 내면 세계는 사람마다 각기 다르다. 내면 세계는 정직해서 바깥 세계에서는 문제가 해결된 것처럼 보여도 내면 세계의 아픔은 사라지지 않을 때가 있다.

**내면의 주인은 오로지
자기 자신이어야 한다** 마음이 편안하려면 자신의 감정에 어떻게 반응할 것인지, 그리고 어떻게 행동할 것인지 스스로 답을 찾아야 한다. 니체는 다음과 같이 말했다.

> 마음의 바탕에서는 누구든 자신이 세상에 단 한 번 태어난, 타인과는 분명히 다른 존재라는 것을 안다. 그리고 이렇듯 탁월한 존재가 다시 태어날 수 없다는 것도 당연히 알고 있다.

내면 세계를 발전시켜 나아간다는 것은 그 세계에 대해 책임을 지는 것이며 생활 환경을 남의 탓으로 돌리지 않는 것이다. 내면 지향적인 사람은 자신의 마음에서 우러나는 것에 의지해서, 어떤 형태든 외부로부터 동기가 부여되는 것을 피한다. 도덕규범을 잘 지키면서도 독립적으로 행동하고, 행동의 동기를 마음에서 찾으려 한다. 이러한 요소는 아이를 키우는 과정에서 무시되고는 하지만, 아이를 무한계 인간으로 키우고 싶다면 꼭 챙겨야 할 일이다.

아이가 배워야 할 가장 중요한 것 중 하나가 내면의 성장에 스스로 책임을 지는 것이다. 자신의 마음속에서 일어나는 일은 타인이 통제할 수 없다는 것을 어릴 저부티 깨닫지 않으면 안 된다.

세상에는 우리가 통제할 수 없는 일들이 무척 많다. 그러나 자신의 내면 세계는 자기만의 것이다. 자신의 내면 세계를 스스로 통제할 수 있다는 것을 알고, 그것을 믿어야 한다. 이것이 부모가 아이들에게 줄 수 있는 궁극적인 자유다.

이러한 신념을 바탕으로 생활하기 시작했다면, '무한계 인간'으로서의 첫발을 내디딘 것이다. 그렇지 못한 아이는 타인을 비난하거나 불평을 늘어놓고, 타인의 허락만 구하며, 자신에게 선택의 힘이 있다는 것을 믿지 않는다. 평생을 타인에게 의존할 뿐 자립하지 못한다.

마음을 바꾸면 세상도 바뀐다

"제 탓이 아니에요."

"야단치지 마세요."

"어쩔 수 없었어요."

아이가 이런 말을 하지 않게 된다면 내면의 성장에 책임을 지기 시작했다는 증거다. 누구든 비밀스러운 면이 있다. 거짓말을 하거나 허풍을 떨거나 자신의 실수를 남의 탓으로 돌리거나, 슬픔이나 기쁨을 느낄 때 언제나 마음속의 자신은 그것을 바라본다.

내면의 자신이 어떻게 성장하느냐 하는 것은 자기 자신을 주위 사람들에게 얼마나 솔직하고 정직하게 드러내느냐에 달려 있다. 내면 세계에는 자신의 모든 감정이 담겨 있다. 자기 자신과 사이가 좋다면 마음의 이 특별한 장소에서 평온을 발견할 것이다. 자신에 대하여 불쾌한 생각을 하지 않는다면 내면 세계가 건전하다고 할 수 있다. 더불어 자기편이 되어 도와줄 사람이 있으면 내면 세계를 더욱 발전시켜 나갈 수 있다.

기분이 우울하다고 느낀다면 마음을 어둡게 하는 자신의 생각에 희생되고 있는 것이다. 만일 욕구불만을 느끼고 있다면 욕구불만이라는 생각을 스스로 선택한 것이다. 그것은 자신의 마음이 걱정거리를 생각하도록 선택했거나, 혹은 세상은 걱정스러운 곳이라는 생각을 선택했기 때문이다. 반대로 기쁨과 만족을 느끼고 있다면 그것 또한 자신의 생각에 따른 것이다. 모든 사람은 자유롭게 자신이 선택한 방법으로 생각할 수 있다.

자신의 감정을 타인의 탓으로 돌리더라도 현실은 변하지 않는다. 타인의 탓으로 돌리든, 자기 책임으로 받아들이든 어느 쪽을 선택해도 진실은 그대로다. 타인이 자신을 불행하게 하는 것이 아니다. 타인이 하고 있는 일을 어떻게 생각하는가가 자신의 마음 상태를 결정한다.

아이들의 성장 단계에서 가르쳐야 할 중요한 교훈은 "사람은 생각하는 대로 느낀다."는 것이다.

6 단단한 '내면 세계'가 어떤 어려움도 헤쳐나가게 만든다

자신의 행동에 책임지는 아이, 내면의 힘이 강하다

아이들은 흔히 생활 속에서 일어나는 여러 가지 문제를 다른 사람의 탓으로 돌리고는 한다. 자기 책임으로 인정하면 부모의 사랑을 잃는다고 생각하기 때문이다. 아이가 남의 탓을 한다면 부모의 태도를 돌아보자. 아이가 어떤 행동에 대해 책임을 인정했을 때 혼을 낸 적은 없는가, 하고 말이다.

변명은 굶주린 사랑의 표현이다 아이가 우유를 엎질렀을 때 부모가 화를 내면 아이는 부모를 실망시켰다고 생각해서 그럴듯한 변명거리를 찾게 된다. 아이는 부모의 사랑을 받고 싶어 하기 때문이다.

아이가 우유를 엎질렀을 때는 "누구든 엎지를 수 있어. 일부러 그런 것도 아니잖니? 깨끗이 닦아내자."라고 말하면 된다. 그리고 꼭 끌어안아 준다. 혼내거나 벌을 주면 아이는 잘못에 대한 책임을 회피해야 한다고 배운다.

"다른 아이가 그랬어요. 저는 그냥 앉아 있었어요."

아무리 화를 내거나 타일러도 엎지러진 우유를 도로 쓸어 담을 수는 없다. 더 중요한 것은 우유를 엎지른 책임이 아이에게 있다는 것이다. 아무리 책임을 회피하려 해도 실제로는 아이가 우유를 엎지른 것이다. 따라서 "제가 엎질렀어요. 하지만 일부러 그런 것은 아니었어요." 하고 아이가 말할 수 있도록 도와주어야 한다.

자신이 저지른 일로 인해 야단맞는 일이 거듭되면 아이는 남의 탓으로 돌리게 되고, 일이 잘 되지 않는 이유를 외부에서 찾는다.

시험 성적이 나쁘면 "선생님이 시험 범위 밖에서 출제했어요."라고 변명하고, 테니스 시합에서 지면 "바람이 너무 불었어요."라는 말을 늘어놓는다. 친구와 싸움을 하고는 "그 아이는 자기 마음대로 하려고 해요."라고 변명한다. 그러다 사회에 나가 직장을 잃으면 "그 부장 밑에서는 어느 누구도 못 견딜 거예요."라고 얼버무리기 바쁘다. 실패나 어려움을 남의 탓으로 돌려 버리는 것이다.

마음에서 일어나는 일은 모두 '나'에게 책임이 있다 　사소한 일조차 다른 사람 탓으로 돌리는 버릇이

아이들 주위에서 일어나는 일은
대부분 스스로 처리할 수 있는 것이다.
따라서 마음에서 일어나는 일은 모두 자신에게
원인과 결과가 있다는 것을 가르쳐주어야 한다.

몸에 밴 아이는 자신에게 잘못이 없다는 것을 확인시키기 위해 책임을 돌릴 수 있는 사람을 찾는다.

마음에서 일어나는 일은 모두 자신에게 원인과 결과가 있다는 것을 가르쳐주어야 한다. 책임을 다른 사람의 잘못으로 돌리는 아이도 부모의 양육 방식에 따라 얼마든지 바뀔 수 있다.

"제가 했어요. 제 잘못이에요. 앞으로는 이런 일이 없도록 하겠어요."

이렇게 말해도 괜찮다는 걸 어릴 때부터 배워야 한다. 그러면 스스로 인생을 관리할 수 있고, 타인의 손에 자신을 맡기지 않는다.

부진한 성적을 선생님 탓으로 돌리는 아이는 선생님과 거리를 두는 듯하지만, 실은 자신의 생활을 선생님의 통제에 맡기고 있는 것이다.

바닥에 과자 부스러기를 떨어뜨리거나 우유를 쏟거나 밤에 오줌을 싸더라도 아이를 사랑하고 있다는 것을 보여주고, "자기 잘못을 남의 탓으로 돌려서는 안 돼."라고 말해 주어야 한다. 생활하다 보면 얼마든지 실수를 할 수도 있는 것이다.

"제가 살펴봤어야 했는데 잘못했어요. 죄송해요."라고 말할 수 있게 되면 아이는 더 건강해진다. "실수를 인정하니 마음이 편하겠구나. 우유를 쏟았다고 세상이 끝나는 것은 아니야." 하고 부모가 말할 때 아이는 내면의 힘이 자라난다.

책임지는 것을 두려워하면 인생의 어려움을 외부 탓으로 돌리는 사람이 되고 만다. 운이 없는 것은 사회 탓, 경제적 어려움은 주식 시세 탓, 불안은 걱정거리 탓이고, 안목 없는 사장 탓에 실직했고, 운이 나빠 병들었다고 끝없이 자기 변명을 늘어놓게 된다.

수많은 선택이 쌓여

한 사람의

'인생'이

만들어진다

인생은 선택의 연속이다. 아이가 자신의 문제를 타인의 잘못으로 돌린다 해도 그것은 타인이라는 존재를 선택하는 것이다. 부모가 해야 할 일은 아이에게 '자유 의지'가 있다는 것을 알려주고, 어떻게 생각할 것인지 선택할 수 있는 능력이 인생에서 얼마나 중요한지 깨닫게 해주는 것이다.

'내가 그것을 선택했다.'는 것을
인정하는 순간 마음이 편안해진다 만일 회사에서 상사 때문에 화가 나 집에까지 와서 계속 분노한다면 가정생활이 상사와의 문제에 직접 영향을 받고 있는 것이다. 이처럼 누군가 나에게 무례한 행동을 했을 때 나에게는 어느 쪽이든 마음대로 생각할 수 있는 힘이 있다.

"부장님 때문에 화가 났지만, 벌써 몇 시간이 지난 일인데 계속 언짢아할 수는 없잖아. 그 일은 이제 잊을 거야." 하고 아이에게 들리도록 말한다고 치자. 그러면 아이는 자신의 문제를 남의 탓으로 돌리는 것은 자신에게 아무런 이득도 되지 않는다는 것을 알게 된다.

부모가 문제를 어떻게 생각할 것인지 선택할 수 있는 자유 의지를 지닌 사람이라는 것을 보여줄 때, 아이에게도 그대로 전해진다. 부모는 아이에게 현실의 참모습을 가르쳐줄 수 있고, 아이는 어떻게 느낄지 스스로 선택하게 된다.

아이가 친구의 말 때문에 기분이 상했다고 말한다면 아이의 마음에 공감해 준 다음 자기 자신에게 정직해지라고 가르치면 된다.

"친구의 말 때문에 네 마음이 몹시 상했을 거야. 하지만 너는 그 아이의 의견을 네 생각보다 더 중요하다고 생각하고 있는 것은 아니니?"

이렇게 이야기해 주어서 문제의 초점을 바르게 맞출 수 있다. 아이는 친구가 한 말 때문에 마음 아파하는 쪽을 선택한 것이지, 친구가 아이를 마음 아프게 한 것은 아니다. 이것을 이해시켜야 한다. 이때 무조건 타이르지 말고 아이와 대등하게 대화한다면 더욱 효과적이다.

모든 결과는 아이 자신의 선택에 달려 있다는 것을 알게 하는 것은 생활 전반에 중요한 영향을 끼친다. 피로감도 대부분 선택에 의한 것이고, 나이를 먹었다는 생각 역시 그렇다. 낙담, 불안, 스트레스도 선택의 문제이다.

어릴 때부터 선택의 기회를 줘라, 자기 자신을 다스리게 된다

외부 지향형이란 자신의 바깥에 있는 것에 의해 생활이 통제를 받는 것으로, 중요한 결정을 할 때 외부의 힘이나 다른 사람들에 의해 좌지우지되는 것을 말한다. 자기 자신을 믿지 못하므로 외부의 통제력에 저항할 만한 용기와 인내가 부족하다.

갓난아이조차 날마다 선택을 하고 있다. 어떤 장난감을 손에 쥘 것인지, 누구에게로 갈 것인지, 어떤 음식이 좋은지, 무엇을 향해 방긋 웃을 것인지 선택하는 것이다.

태어나는 순간부터 자유롭게 선택할 수 있는 기회를 아이에게 주면 자기 자신이나 외부 환경을 통제하는 능력을 기를 수 있다. 만약 그러한 기회가 허용되지 않으면 책임을 회피하거나 남의 결점을 들추어내게 된다.

결국 가정교육의 목표는 자신을 컨트롤할 수 있을 만큼 정신력이 강한, 자기 단련이 이루어진 아이를 길러내는 데 있다. 부모나 혹은 누군가가 규율을 정해 줄 것이라고 믿는 아이로는 기르고 싶지 않을 것이다. 스스로 자신을 다스려 나갈 수 있도록 가르치는 것이 자녀교육의 목적이다.

부모가 절대로 떠맡아서는 안 되는 '아이의 선택'

지금 이 순간 나는 책상 앞에 앉아서 대단한 자제력을 발휘하고 있다. 밖에 나가 해변을 걷거나, 수영을 하거나, 테니스를 치거나, 아이와 큰 소리로 웃고 싶지만, 책상에 마주 앉아 원고를 쓰고 있는 것이다. 그러나 누군가가 나한테 "웨인, 오늘 오후에는 꼼짝 말고 자리에 앉아서 글을 써요. 다 쓸 때까지 방에서 절대 나오지 말아요."라고 말한다면 어떨까?

자신의 생활에서 목적과 의의를 느낄 수 있는 일을 하도록 자기 자신을 훈련하지 않으면 안 된다. 누군가가 그것을 대신해 줄 거라고 기대하지 말아야 한다.

아이가 스스로 규율을 세우게 될 때까지 도와주어라. 그러기 위해서는 가능한 한 인내를 경험하도록 해주는 수밖에 없다. 그리고 필요한 때를 제외하고는 절대로 이 일을 대신 떠맡아 주어서는 안 된다.

성장기에는 아이를 내부 지향형으로 만들 수 있는 기회들이 많다. 몇 시간 자고, 무엇을 입고, 누구와 놀 것인지를 날마다 결정하는 경우이다. 학교에 갈 나이가 되면 무엇을 공부할 것인지, 무엇에 대해 보고서를 쓸 것인지, 누구와 친구가 될 것인지 결정하는 경우도 그렇다.

외부 지향형 인간은 평생 무엇인가에 의존하는 습관을 발전시켜 간다. 자신의 기분이 나빠진 것을 다른 사람 잘못으로 돌리는 아이는 자신의 중압감을 덜기 위해 알코올 등 외부의 존재에 의지하게 될 것이다.

내부 지향형 인간은 어떤 문제가 발생했을 때 그 책임이 자신에게 있다는 것을 알기 때문에 섣불리 다른 사람을 탓하지 않는다. 그 덕분에 다시 일어서는 능력도 자기 안에서 찾는다. 그리고 결국 자신에게 도움이 되는 사고나 행동 쪽을 선택한다. 재기할 수 있는 힘이 자기 안에 있다는 것을 알고 있어서 외부의 존재에 응원을 요청할 필요가 없는 것이다.

다른 사람의 평가에

연연해하게 하지 않게 하라,

'자기 자신'을

잃게 된다

다른 사람의 인정을 필요로 하는 사람은 그것을 얻지 못할 때 의기소침해진다. 친구가 동의하지 않거나 자신의 방식에 반대하는 사람이 나타나면 그 순간 얼어붙어 어떻게 해볼 엄두도 내지 못한다.

누구나 살아 있는 한 많은 반대에 부딪힌다. 실제로 당신을 가장 사랑하고 있는 사람조차 끊임없이 반대 의견을 내놓을 것이다. 요컨대 모든 사람을 항상 만족시키기란 불가능하며, 단 한 사람조차 만족시키기란 쉽지 않다는 말이다. 따라서 반대 의견은 누구나 매일 부딪친다. 피해 갈 도리가 없다.

다른 사람들의 의견을 차분히 듣는 것도 중요하지만, 인생에서 마주치는 모든 사람의 인정을 받기란 불가능하므로, 먼저 스스로를 마음으로 인정해야만 한다. 실제로 우쭐대지 않고 자기 자신을 인정하면 인정할수록 동료 집단의 인정을 받을 수 있는 기회가 한층 더 많아진다. 일반적으로 사람들은 모든 사람들로부터 인정받으려고 애쓰는 사람보다 자신의 가치에 자부심을 느끼는 사람에게 마음이 더 끌린다.

유아기에서 어른이 되기까지 타인의 인정을 추구하는 것은 시간 낭비일 뿐이다. 친구들 중 한 명이 자신을 싫어한다고 해서 낙심하는 것은 그 친구에게 자신의 감정을 조종당하고 있는 것이나 다름없다.

아이들이 누군가의 반대 의견 때문에 상처받았을 때는 다음과 같은 조언을 아끼지 말자. 반대 의견에 부딪히는 것은 흔한 일이고, 누구나 평생 동안 수없이 경험하게 된다는 것을.

하지만 자기 자신이 그리고 있는 자화상이 다른 사람들의 눈에 비치는 모습보다 훨씬 더 중요하다. 왜냐하면 자신은 24시간 내내 자신의 자화상과 함께 보내지 않으면 안 되지만, 다른 사람들이 보고 있는 모습은 일시적인 것이기 때문이다.

남들에게 인정을 받기 위해 자기 자신을 바꿀 필요는 없다 부모인 당신은 살아가는 데 있어서 동료 집단의 인정이 절대적으로 필요하다고 믿고 있고, 십대인 딸이 어떻게 하면 친구들의 호감을 얻을 수 있는지 당신의 조언을 구하고 있다고 가정해 보자. 그렇다면 당신은 이런 식으로 말할 것이다.

"어떻게 해야 네가 친구들한테 인정받을 수 있을까? 무슨 일이 있어도 친구들하고 꼭 친해져야 하는데 말이야. 걱정이네."

이런 잘못된 걱정 때문에 당신은 딸이 남들의 비위를 맞추도록 적극적으로 도울 것이다.

"네 머리 스타일이나 옷을 바꾸면 친구들이 좀 더 좋아하지 않을까? 아니면 다른 아이들과 같아지도록 하면 어떨까? 그러면 친구들과 친해질 수 있을지도 몰라. 친구들한테 선물을 주면 어떨까? 그러면 모두 너를 친구로 인정해 주지 않을까?"

아이에게 다른 사람들의 인정에 목매도록 만드는 게 얼마나 어리석은 일인지 모른다. 좀 더 바람직한 접근 방식을 아이에게 알려주어야 한다.

"다른 사람들한테 인정받지 못하는 경우는 앞으로도 얼마든지 있을 거야. 네가 괴로워하고 있는 걸 알고 있지만, 친구들에게 인정받기 위해 싫은데도 억지로 꾸미는 것보다는 네 모습 그대로 자연스럽게 지내는 쪽이 너한테 더 도움이 되지 않을까? 너는 네 자신에게 만족하고 있니? 네가 가진 유일무이한 자산은 바로 너 자신이야. 그러니까 자신을 소중히 여겨야 해. 나는 그것이 전부라고 생각해."

또는 "친구들의 말이나 행동을 살핀 다음 그중에 너의 말과 행동에 도움이 될 만한 것이 포함되어 있는지 살펴보렴." 하고 조언하는 것도 좋다. 다만 이것은 어디까지나 아이 자신의 말과 행동에 대해서지, 아이 자신의 가치에 대해서는 아니라는 점을 잊지 말자.

남들의 인정이 중요할수록
자존감이나 자신감은 사라진다 인정받고 싶어 하는 것과, 인정받지 않으면 안 되는 것의 차이를 아이와 함께 생각해 보는 것도 중요하다. 그러면 아이는 다른 사람들의 인정이 필요한 사람들은 다른 사람들의 의견에 노예가 될 뿐이라는 것, 그리고 자기 안에 자신감을 품고 당당하게 행동한다면 남들에게 인정받는 날이 찾아온다는 사실을 깨닫게 될 것이다.

사회생활에 순응하는 것이 자신감에 찬 인간으로 성장하는 것보다 중요한 세상이 되어버렸다. 이처럼 다른 사람의 인정을 끊임없이 구하는 결과, 자존감이나 자신감은 그림자도 찾아볼 수 없는 사람들이 늘어나고 있다. 시인 로버트 프로스트는 다음과 같이 말했다.

다른 사람의 인정에 연연해하지 않도록 가르치는 과정은 아주 어릴 적부터 시작할 수 있다. 누가 자기에게 욕을 했다고 불평을 늘어놓고 있을 때, 욕을 한 아이를 나무라기보다는 "그 애가 너를 바보로 생각하고 있으면 너는 정말 바보가 되는 거니?" 하고 말해 줘라. 욕설을 듣거나 혹은 바보로 놀림받는 것이 진정 의미를 지니게 되는 것은 이쪽이 그것을 받아들일 때뿐이라는 사실을 아주 어릴 때부터 깨우쳐줘라. 그런 종류의 욕을 무시하도록 가르쳐라. 그러면 타인의 인정에 집착하지 않을 뿐 아니라, 사람들의 근거 없는 욕설이나 비난 따위에 신경을 쓰지 않는 사람으로 성장할 수 있다.

잘 알다시피 다른 사람에게 욕을 하는 것은 상대가 동요하기 때문이다. 무시하면 욕설도 사라진다. 전혀 신경 쓰지 않는 사람에게 누가 욕설을 퍼붓고 싶겠는가. 그저 입만 아플 뿐인데 말이다.

마음이 아프다면 자기 자신에게서 이유를 찾아라 아이가 마음속으로 경험하고 있는 아픔에는 공감해야 하지만, 그 원인이 자기 자신이 아니라 다른 사람에게 있다고 믿게 해서는 안 된다. 자칫 아이가 마음의 상처를 친구나 선생님, 이웃, 그 밖의 사람들 잘못으로 돌려버리도록 방치한다면 그것은 자신의 마음을 다스리는 것을 중단하라고 가르치는 것이다.

다른 사람들부터 인정을 받아야만 행복하다고 생각하는 아이가 있다고 가정해 보자. 그러면 먼저 당신이 그 아이의 기분을 잘 이해하고 있다는 것을 보여주지 않으면 안 된다. 그리고 문제를 스스로 처리할 수 있으며, 다른 사람의 인정을 받을 필요는 없다는 점을 강조해야 한다.

- 지금 네가 상처받고 있는 것은 잘 알지만, 선생님의 태도에 너무 신경 쓰는 게 아닐까? 선생님이 너를 좀 더 배려해 주시도록 부탁할 수는 있지만, 설사 네 뜻을 들어주시지 않는다 해도 선생님 때문에 괴로워하지는 말았으면 좋겠다.
- 확실히 이웃집 아이는 너를 겁쟁이로 생각하고 있어. 그 애는 다른 애들도 모두 그렇다고 생각하고 있단다. 하지만 너 스스로는 어떠니? 너도 자신을 겁쟁이라고 생각하니?
- 그 애들한테 그런 말을 들었다고 속상해하는 거구나. 다른 사람들이 널 그렇게 좌지우지할 수 있는 힘이 있다고 생각하니? 그 애들이 그런 말을 한 건 너를 지금처럼 우울하게 만들고 싶어서가 아니겠니?

마음의 평정을 방해하는 최대의 적은 다른 사람을 탓하려는 마음의 습관, 또 마음속 부담에 대한 책임 회피, 자신의 일에 다른 사람의 인정을 바라는 태도 등이다.

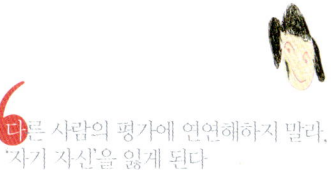

6 다른 사람의 평가에 연연해하지 말라, '자기 자신'을 잃게 된다

더 늦기 전에 아이에게 '책임감'이라는 날개를 달아줘라

아이의 마음이 성장하는 것을 억제하는 부모의 태도에 대해 알아보자.

★ 다른 사람 잘못으로 돌리기 쉬운 변명거리를 제공한다.
- 너는 아직 어리니까 잘 모를 거야.
- 네 탓이 아니야. 나쁜 친구들과 사귀어서 그래.
- 선생님이 네 섬세한 감정을 모르시기 때문이야.
- 지금 여러 가지 문제가 있어서 집중할 수 없는 거야.

★ 아이에게 해결 방법을 알려주기보다 책임이 누구에게 있는지에 주의를 집중시킨다.
- 누가 이 접시를 깨뜨렸니? 말해, 누구야?
- 집안이 엉망진창이잖아. 너희 중 누가 이랬니?
- 부엌 수도꼭지를 틀어놓고 그냥 내버려둔 게 누군지 밝혀질 때까지는 아무도 텔레비전을 볼 수 없어.

★ 아이에게 엄마, 아빠를 닮아서 그렇다는 구실을 제공한다.
- 네 엄마도 어릴 때는 글자를 잘 못 썼는데, 어쩌면 그런 것만 닮았니.
- 어쩌면 그렇게 불평을 늘어놓는 것까지 엄마를 닮았니.

★ 아이의 능력을 엄마가 한정짓는다.
- 네겐 운동이 맞지 않아.
- 너는 어릴 때부터 내성적이었어.
- 수학을 잘 못하는 것은 집안 내력이야.

★ 아이 앞에서 변명을 하거나 다른 사람을 비난하면서 자신의 탓이 아니라는 말을 입버릇처럼 한다.
- 그때 교통 위반 딱지를 뗀 건 내 잘못이 아니야.

★ 부모 말에 무조건 복종해야 한다며 억압적으로 아이를 기른다.
- 나는 네 아버지야. 그러니까 내 말에 따르지 않으면 안 돼.
- 규칙은 규칙이야. 부모에게 대들어서는 안 돼.

★ 외부의 권위를 절대적으로 내세운다.
- 선생님도 엄마처럼 그렇게 말씀하셨을 거야.

★ 쇼핑, 인테리어, 휴가, 식사, 그 밖의 집안 문제를 결정할 때 아이의 의견을 반영하지 않는다.
- 너는 아직 어린애야. 언젠가 네 가족이 생기면 그때 결정하렴.

★ 아이들을 유도 심문해 비밀을 알아낸 다음 진실을 이야기한 아이에게 벌을 준다. 그 결과, 아이들은 거짓말을 하거나 다른 사람 탓으로 돌리는 게 현명하다고 생각한다.
- 그럴 줄 알았다니까. 거기 손 들고 있어!
- 네가 하는 일이 다 뭐 그렇지. 너를 믿은 게 잘못이야.

★ 숙제가 아이에게 어렵다는 이유로 대신해 준다.
- 엄마가 할게. 대체 선생님은 왜 이런 숙제를 내시는 거야?

★ 부모가 자신의 잘못을 인정하지 않고 아이에게도 그런 생활방식을 부추긴다.
- 분리수거를 안했다고 벌금을 내는 건 바보 같은 짓이야.
- 그깟 학교 청소 좀 안하면 어때?

★ 옷, 쇼핑, 특이한 생활방식으로 다른 사람들의 눈길을 끄는 데 마음을 쏟는다.
- 이렇게 입어야 친구들이 무시하지 않는다니까!
- 근사한 곳으로 놀러간다고 친구들한테 자랑하렴.

★ 남들의 비위를 맞추는 사람으로 아이를 기른다. 특히 비위를 맞춤으로써 직급이 올라가거나, 일을 얻을 수 있거나, 돈을 더 벌거나, 그 밖에 외적으로 얻는 것이 있을 경우에 더 그러하다.

- 선생님이 시키시면 무조건 한다고 그래.
- 공부를 잘하는 애들에게 과자도 좀 사주고 그래. 그래야 친구가 되지.

★ 아이가 버릇없는 행동을 해도 한바탕 말썽이 일어나거나 아이의 기분을 상하게 할까봐 아이에게 아무 말도 하지 않는다.
- 내가 참자. 말해 봐야 소용없지.

★ 가정에서 엄격하게 교육시키기를 두려워한다. 아이의 행동이 잘못된 줄 알면서도 옳다고 부추기며 책임을 회피하게끔 한다.
- 너 때문에 조금 다쳤다고? 그냥 모르는 척하고 지나가.

★ 생활의 모든 면에 걸쳐 생각하고 말하고 느끼고 행동하는 것 일체를 일일이 부모에게 허락받도록 한다.
- 이 제대로 닦았어? 어디 아~ 해보렴!
- 손 씻고 간식 먹고 숙제 먼저 해. 그런 다음 영어 학원 가야지.

★ 부모의 의견에 아이가 동의하지 않으면 당황한다.
- 아니, 조그만 게 벌써부터 부모 말을 안 들어?

★ 아이 자체보다 등수나 성적에 연연해한다.
- 옆집 아이는 올 백점이라던데…….
- 일등 엄마가 돼 봤으면 소원이 없겠다!

★ 누구를 친구로 삼을지 결정해 주고 어떤 친구와는 놀지 말라고 명령한다.
- 재민이랑 놀아. 걔 아빠가 대학교 교수래.
- 공부 못하는 애들이랑은 어울리지 말거라.

★ 아이가 아주 어릴 때부터 아이 대신 생각하거나 행동한다. 아이에게도 자신의 생각이 있다는 걸 받아들이지 않는다.
- 네가 뭘 안다고 그래? 엄마가 해줄게.

★ 예의범절에 관한 책을 읽히고 무엇이든 다른 사람의 기준에 맞추어 생활하게 만든다.
- 다른 애들처럼 해. 다른 애들은 너처럼 그렇게 산만하지 않잖아.

★ 상장이나 메달 따위를 중요하게 여긴다.
- 이번 시험에서는 상장을 못 받아왔네.
- 네가 딴 메달을 보고 있으면 배가 막 불러 온단다.

★ 부모가 아이의 학력이나 학벌을 통해 대리만족을 얻으려고 한다.
- 엄마 아빠도 못했던 걸 우리 준영이가 해주네.

★ 불안, 수치와 같은 감정을 인정하지 않고, 아이가 다른 사람을 기쁘게 하거나, 다른 사람이 하고 있는 것을 하는 쪽이 더 좋다고 생각한다.
- 너도 영서처럼 바이올린을 배우렴. 얼마나 멋있니?

부모는 왜 아이를 홀로 서지 못하게 할까 부모가 도와준다면 아이가 다른 사람을 탓하거나 다른 사람의 인정에 매달리는 경향을 줄일 수 있다. 또 어떤 사람이 되고 싶은가 하는 문제와 관련해서 지금까지 생각해 온 것보다 훨씬 많은 선택들이 존재한다는 것을 이해시켜 줄 수도 있다.

다른 사람 잘못으로 돌리는 이유는 책임을 회피하기 위해서다. 왜 책임지는 것을 두려워하게 되었을까? 다른 사람 잘못으로 돌려도 현실은 전혀 달라지지 않는데 말이다. 그것은 다른 사람들로부터 배척당하지 않을까, 애정을 잃지는 않을까, 부모나 자신을 염려해 주는 사람들이 싫어하게 되지는 않을까 하는 공포심에서 비롯된다.

아이가 책임을 지지 않는 의존적인 성격이 됨으로써 다음과 같은 결과가 나온다.

첫째, 의존적인 아이는 자기 대신 다른 사람이 선택해 주기를 바란다

자기 자신의 생활을 컨트롤하지 못하는 부모는 아이를 지배하는 게 일종의 권력이 될 수 있다. 아이에게 허락을 구하게 하거나 아이의 의지처가 되면 부모는 아이 앞에서만 왕이 될 뿐이다.

둘째, 의존적인 아이는 넋을 잃고 듣는 청중에 불과하다

이런 유형의 아이는 자존감이 낮다. 그래서 부모가 결정을 내리고 아이는 실행에 옮긴다. 문제는 어른이 되어서도 아이의 이런 상태가 지속되고, 평생 동안 책임을 회피하게 된다는 사실이다. 부모는 아이의 생활을 조작함으로써 자신이 아이에게 중요한 존재라는 느낌을 만끽할 수 있다. 그로 인해 아이의 자립과 성숙은 희생된다.

셋째, 다른 사람의 인정을 구하는 아이는 평생 안정만 추구한다

시키는 대로 하는 아이, 다른 사람들을 기쁘게 하려는 아이는 사람들의 기대대로 하는 아이이다. 그러니 다른 사람들에게 순종할 수는 있어도 독창성을 지니고 사회에 공헌하는 사람으로 자랄 수는 없다.

넷째, 다른 사람을 탓하라고 가르침으로써 아이에게 핑계거리를 제공한다
다른 사람 잘못으로 돌리는 것은 가장 간단한 자녀 교육법이다. 아이가 책임을 남에게 덮어씌우는 동안, 부모는 이 세상이 얼마나 냉혹하고 불공평한지 아이와 서로 공감한다.

다섯째, 인생에는 선택의 여지가 없다고 가르치는 것은 아이를 부모에게 의지하는 사람으로 키우겠다는 뜻이다
부모가 결정을 대신해 줄수록 아이가 부모에게 의존하는 기간이 길어지고, 자발적이고 자유로운 인생에 참여할 기회가 줄어든다.

아이가 자신의 길을 당당하게 걸어갈 수 있는 사람이 되도록 도와주고, 가슴 뛰는 멋진 성취감을 맛볼 수 있게 해줘라. 그러면 아이는 몸속 저 깊은 곳에서 힘이 솟구치는 것을 느낄 것이다.
또한 아이가 '자신'이라는 배의 선장이 될 준비를 착실히 해나가고 있는 모습을 즐겨라. 그리고 넓고 푸른 인생의 바다 위에 배를 띄우는 광경을 보는 데서 기쁨을 발견하라. 부모로서 이보다 더한 긍지와 기쁨은 없다.

내면의 소리에

귀를 기울이는

아이로 만들기 위한

조언

  아이가 자신의 생각이나 기분을 선택하고, 외부 탓으로 돌리지 않게 하려면 대화 방식을 바꿔야 한다. "네가 그것을 한다고 했잖아.", "그 일은 너 스스로 불러들인 거야."라는 말을 대화 속에 넣는 것이다.

  예를 들어 "어쩔 수 없구나. 올해는 담임 선생님을 잘못 만났어."라고 말하지 말고 "생각이 다른 담임 선생님을 만날 수도 있어. 학교 생활을 즐겁게 하기 위해 너라면 어떻게 하겠니?"라고 말해 본다.

  아이에게 자기 세계에서 이루어지는 모든 것에 대한 책임을 스스로 지게 해야 한다. "담임 선생님 때문에 네가 힘들구나."라고 말하지 말고 "담임 선생님이 너를 어떻게 대하는지 신경을 쓰니까 스스로 힘든 거야."라고 말해 보자. 만일 아이의 기분에 대한 책임이 담임 선생님에게 있다고 강조하면 결과적으로 그것은 앞으로 일어날 모든 일을 남의 탓으로 돌리는 사람이 되라고 가르치는 것이나 다르지 않다.

어린아이에게도 "너를 다치게 하다니 나쁜 의자네. 힘껏 때려주자."라고 말해서는 안 된다. 그 대신, 의자는 그 자리에 놓여 있는 것이 당연하다는 것을 알려준다. 상처는 다친 사람의 책임이지, 생명 없는 물체의 책임은 아니라는 점을 분명히 알 수 있도록 말해 주고 "이제부터는 의자에 앉을 때 조심하자."라고 덧붙인다.

다른 사람 탓으로 돌린다고 해서 아무것도 해결되지 않는다. 그러나 남의 결점을 들추어내는 버릇을 고친다면 해결책이 열린다.

아이의 고자질에 대한 현명한 대처법

쉬지 않고 부모에게 달려와 다른 아이를 고자질하는 아이를 방치한다면 다른 사람 탓으로 돌리는 버릇을 키우는 것이다. 부모가 고자질에 귀를 기울일수록 아이의 의존적인 성격은 더욱 심해진다. 누구나 고자질쟁이는 싫어한다. 고자질당하는 것을 제일 싫어하는 사람은 고자질을 하는 당사자 자신이다.

물론 부모가 갓난아이에게 상처를 입히거나 형제에게 장난감을 던지는 일을 알지 못하면 곤란하다. 하지만 대개의 고자질은 부모의 주의를 끌거나 한 편이 되어주기를 바라는 잔꾀에 불과하다. 고자질쟁이는 문제의 해결책을 외부에서 구하려 하고, 자기 마음에서 일어나는 불만을 다른 사람 잘못으로 돌려 해결하려고 한다.

아이를 야단치고 난 다음에는 사랑이 약이다

아이가 정직하게 이야기했는데도 부모가 혼내거나 벌을 준다면 아이는 거짓말을 반복하거나 다른 사람 잘못으로 돌릴 것이다.

세 살짜리 아이가 "아기 코를 콕 때렸어요."라고 말했을 때 엉덩이를 때리며 야단만 치고 사랑을 표현하지 않으면 아이는 곧 다음처럼 생각할 것이다. '사실대로 말하면 혼나. 엄마가 나를 싫어하게 돼.' 다음에 갓난아기가 울어 아이에게 "네가 때렸니?" 하고 물어도 "아니요, 곰 인형이 그랬어요." 또는 "못 봤어요."라고 거짓말할 것이다.

아기를 때려서는 안 된다는 말은 단호하게 해도 괜찮다. 단단히 혼내주어도 된다. 하지만 그 뒤에 중요한 것은 아이를 두 팔로 끌어안고 아이가 아기 때문에 불만스러워하고 있는 것을 알고 있다는 것과, 아이를 사랑하고 있다는 것을 알려주어야 한다. 아무리 잘못을 저질러도 여전히 부모에게 사랑받고 있다는 것을 아이들이 믿게 해주어야 하기 때문이다. 더불어 그래도 아기를 때려서는 안 된다는 것을 다시 한 번 깨우쳐준다.

만일 벌을 주어야 한다면 사랑을 담아 보자. 미움이나 분노를 품거나, 아무 말 없이 벌을 주어서는 안 된다. 진실이 중요하다는 것, 그리고 못된 짓을 하더라도 여전히 사랑받고 있다는 것만 가르치면 된다.

몸이 스스로 질병을 치료할 수 있다는 것을 믿게 하라   살면서 의사들에게 얼마나 의존할 것인지 그 한계를 정할 필요가 있다. 평생 얼마나 병에 걸리는가는 마음자세와 깊은 관계가 있다는 것을 아이에게 깨우쳐주어야 한다.

많은 연구 결과에 따르면, 마음에는 질병을 치유할 능력이 있다고 한다. 두통, 요통, 복통, 위궤양, 피부질환, 피로, 그 밖의 많은 증상은 마음자세에 영향을 받는다. 필요한 때를 제외하고는 약에 의존하지 않는 아이로 키우는 것이 바람직하다.

아이가 아프다고 할 때 즉시 약을 주어서는 안 된다. 조금만 아파도 병원으로 달려가지 말고 환경이 바뀌거나 긴장이 풀릴 때도 아플 수 있다는 것을 말해 준다.

언제든지 의사에게 갔다 오자는 말을 듣고 자란 아이는 평생 그렇게 하기 쉽고, 의사나 약이 질병을 치료해 준다고 믿는다. 하지만 실제로는 의사나 약으로 질병이 치료되는 것이 아니다. 몸이 치유해 주는 것이다.

수학을 못하는 것을 부모 탓으로 돌리지 말라   아이가 엄마 아빠를 닮아 못한다며 무기력한 행동을 할 때는 아이에게 변명거리를 주지 말고 아이가 어떤 선택을 했는지 알게 해주어야 한다.

"수학 점수가 낮은 것은 네가 할 수 없다고 포기해 버렸기 때문이야. 뭔가 좋은 방법을 찾을 수 있었는데 그렇게 하지 않았고, 시간을 내서 수학 공부도 열심히 하지 않았어. 하지만 가장 나쁜 것은 자신에게 수학 문제를 풀 능력이 없다고 믿는 거지. 잘할 수 없다고 믿으면 누구나 온갖 방법으로 그것을 증명하려 들게 마련이야. 지금 수학 실력을 키우기 위해 무엇을 할 수 있다고 생각하니?"

부모가 같이 뛸 수 있지만 대신 뛸 수는 없다

아이가 지각을 계속한다면 아이와 함께 계획을 세우는 것이 좋다. 그렇게 했는데도 계속 지각할 때는 행동의 결과에 책임을 지게 해야 한다. 너무 지각이 잦아서 불이익을 받게 되었다면 그것은 당연한 대가다.

아이가 약속을 지키지 않고 무책임해져 가는 것을 보고 있기란 부모로서 고통스러운 일이지만, 아이가 뉘우치고 성장해 가려면 아이 스스로 노력하는 길 외에 다른 방법이 없다.

나는 열 살 때 마트에서 물총을 슬쩍 훔쳤다가 아버지에게 들켜 돌려주러 간 적이 있다. 그 당시 나는 두려워서 발걸음이 떨어지지 않았다. 이번만 그냥 넘어가 달라고 사정했으나 아버지는 용서하지 않았다.

"훔치는 것은 아주 나쁜 짓이다. 자신이 저지른 잘못에는 용기를 내서 맞서야 해."

나는 물총을 되돌려주고 식료품을 봉투에 담는 일을 하며 대가를 톡톡히 치렀다. 그 이후에는 훔치는 짓은 생각조차 한 일이 없다. 이것은 숙제, 싸움, 게으름 등의 문제가 있을 때 아이에게도 적용할 수 있는 일이다.

**모르는 것을 창피하게
여기지 않는 현명함** 　어떤 아이는 자기가 옳다고 우기기 위해 모른다는 말을 하지 않는다. 이런 아이에게는 '모른다', '알아보겠다'라고 솔직히 말하도록 가르쳐야 한다. 모른다고 말하지 못하는 아이는 부풀려 말하거나 거짓말을 한다.

　답을 모른다고 인정하기보다는 뭔가 꾸며대는 쪽이 낫다고 생각하는 아이들도 있다. 이런 아이들은 똑같은 행동을 하고 있는 부모를 봐 왔기 때문에 그렇게 행동하는 것이다. 이런 행동을 하는 부모에게 "국립극장까지 얼마나 남았습니까?" 하고 물으면 그 사람은 국립극장이 어디에 있는지 몰라도 혹은 이름조차 들은 일이 없어도 설명하려 할 것이다. 이런 사람에게는 무엇을 알고 있다는 것이 모른다고 시인하는 것보다 중요하다. 이런 부모를 둔 아이는 아무것도 몰라도 대답하고, 틀렸는데도 자기 말이 옳다고 계속 우겨댄다.

　아이에게 모를 때는 모른다고 말하고, 잘못했을 때는 실수를 인정하라고 가르쳐야 한다. 옳다고 억지를 부리고 실수를 인정하지 않는 것보다는 실수를 되풀이하지 않는 쪽을 부모가 훨씬 더 좋아한다는 것을 분명히 보여주어야 한다.

**다른 사람은 신경 쓸 필요 없다,
중요한 것은 자신의 마음이니까** 　아이가 속상해하거나 다른 사람에게 들은 말로 속상해하고 있을 때는 불쾌함의 원인이 자기 마음속에 있다는 것을 알게 해주어야 한다. 다음의 예를 살펴보자.

엄마 얼굴을 보니 화가 나 있는 것 같은데, 무슨 일이니?
아들 친구들 때문에 그래요.
엄마 무슨 일이 있었는데?
아들 야구를 하다 주자 둘이 진루해 있었는데 제가 삼진을 당하자 그 아이들이 나를 비웃었어요.
엄마 네가 화를 내고 있는 것은 삼진을 당했기 때문이니, 아니면 아이들이 웃었기 때문이니?
아들 시합을 하면 누구나 삼진을 당할 수 있어요. 제가 화가 난 것은 배트를 휘두르는 제 모습을 보고 아이들이 놀려댔기 때문이에요.
엄마 만약 아이들이 웃은 것을 네가 몰랐다면 어땠겠니? 그래도 화가 났겠니?
아들 그렇지 않죠. 모른다면 왜 화가 나겠어요?
엄마 그래. 사실은 친구들이 웃었기 때문이 아니잖니? 네가 화를 낸 것은 스스로 웃음거리가 됐다고 믿기 때문 아니니?
아들 그냥 웃고 있었던 것이니까, 처음부터 신경 쓰지 않으면 되었겠죠.
엄마 그래, 너는 친구들이 비웃었다는 생각에 지고 만 거야.

아이에게 이런 논리를 제대로 가르칠 필요가 있다. 타인은 제각기 자기 방식대로 반응하게 마련이다. 만일 그 반응을 모른다면 동요되지 않을 것이다. 타인의 반응이 자신의 의견보다 중요할 때 마음이 흔들리게 마련이다.

만일 벌을 주어야 한다면 사랑을 담아 보자.
미움이나 분노를 가득 품거나,
아무 말 없이 벌을 주어서는 안 된다.
진실이 중요하다는 것, 그리고 못된 짓을 하더라도
여전히 아이를 사랑하고 있다는 것만 가르치면 된다.

내 인생은 나의 것, 마음의 신호에 따라 행동하라 자신의 마음을 들여다보는 습관이 붙으면 자신감이 생긴다. 반면 타인의 생각이나 행동에 의존할수록 자신에게 의지하지 않게 된다. 인생을 어떻게 누릴지는 타인이 아닌 자기 자신과 의논해야 하는데 말이다.

아이들은 끊임 없이 외부를 살피고 타인이 하는 행동을 예민하게 의식한다. 아이가 부모의 의견을 물을 때 대답해 주는 것은 좋지만, 자신에게 맞는 것이 무엇인지 선택하도록 도와주어야 한다.

"이거, 저에게 어울려요?" 하고 아이가 물으면 부모의 솔직한 생각을 말하고 "너는 어울린다고 생각하니?"라고 물어보자. 기회가 있을 때마다 아이가 선택할 수 있는 기회를 주어야 하는 것이다. 아이가 어리다면 선택했을 때 칭찬하는 것이 좋다.

"예쁜 원피스로 잘 골랐네. 훌륭하구나."

어릴 때부터 자신의 생각을 갖도록 가르치는 것은 중요한 일이다. 일생을 통해 자신의 생각을 끊임없이 사용해야 하기 때문이다.

자기 생각이 없다면 다른 사람 생각의 노예나 다름없다 자기 생각을 가진 아이는 남의 비위를 맞추는 아이보다 인생에서 한 발자국 앞서 있다. 항상 타인을 기쁘게 하려는 사람은 외부에서 인정을 구하기 때문에 평생 만족하지 못한다.

만일 교장 선생님이 말도 안 되는 교칙에 따르라고 한다면 교칙을 바꾸게 할 방법도 있다고 용기를 북돋워주어야 한다.

"교장 선생님 말씀대로 해야 해. 학교 규칙이나 결정에 반항해서는 안 돼. 다른 아이들은 교장 선생님 말씀에 잘 따르고 있잖니." 하고 일방적으로 말하는 것은 아이를 무시하는 것이다.

아이에게 적당히 대처하는 것이 좋다고 말하면 노예가 되라고 가르치는 것이나 다름없다. 부당함에 맞서기 위해서는 용기가 필요하다. 비록 사소한 일이라도 아이의 생각을 전적으로 무시해서는 안 된다. 이럴 때는 "너는 자신이 믿는 것을 지켜내려 하는구나. 네가 자랑스럽다." 하고 말해 준다. 그러면 아이는 스스로 선택할 수 있는 힘이 생기고, 자기 세계도 어느 정도 통제할 수 있다.

아이와 말다툼을 할 필요는 없다, 담담하게 대처하라

아이가 부모를 무시한다고 생각되면 아이에 대한 말과 행동을 바꾸어야 한다. 쓰레기를 버리고 오라는 부탁을 거절했을 때, 심하게 반발하리라는 생각에서 아이에게 부탁하기를 두려워하면 아이는 계속 거절할 것이다.

아이와의 힘 겨루기는 피하기 어렵다. 하지만 심한 말다툼은 부모와 아이 모두에게 무익하다. 몇 번 타일러도 듣지 않으면 쓰레기통을 아이 방에 들여놓든가 침대 위에 올려놓으면 된다. 부모의 진심을 알도록 하기 위해서는 이정도로 충분하다. 이런 행동으로 부모는 아이의 노예가 아니고 혹사당할 생각이 없다는 것을 아이에게 보여줄 수 있다. 그렇다고 아이와 말다툼을 벌일 필요는 없다. 담담한 태도를 보여주면 된다. 아이를 사랑하지만 담담해야 한다.

아이의 거친 말투는 사랑의 표현이다   십대 자녀가 부모를 무시하는 태도를 보이더라도 충격 받을 필요는 없다. 실제로 누구나 다 부모에게 거친 말투를 쓰고(특히 엄마에게) 무시하는 태도를 보이는 시기가 2, 3년간 있다. 십대 아이들은 믿을 수 있다고 생각하는 가까운 사람들을 무시하고는 한다. 모순처럼 보이지만 사실이 그렇다.

그들은 자신이 어떻게 행동하든 엄마가 자신을 사랑해 주리라는 것을 알고 있다. 그래서 엄마는 아이의 자신감 상실의 두려움과 분노를 발산하기에 적합한 사람이 되는 것이다. 아이 입장에서 보면 엄마이기에 위험 부담이 적다.

만일 선생님, 친구, 이웃, 혹은 모르는 사람에게 그런 행동을 한다면 말썽이 일어날 것이다. 하지만 엄마는 아이가 막무가내로 행동해도 사랑해 주는 사람이다.

요컨대 십대 아이들은 무슨 일이 있어도 결코 자신에 대한 사랑을 바꾸지 않을 거라고 믿는 가까운 사람에게 이런 태도를 보인다. 그러니 엄마가 가장 쉬운 표적이 된다. 아이는 엄마를 믿고 있기 때문에 엄마 앞에서 가장 나쁜 면을 드러내는 것이다. 그것은 뒤집어보면 사랑의 표현이다.

하지만 말은 쉬워 보여도 고통스럽기는 마찬가지다. 이때 엄마도 자신의 방법을 선택할 수 있다. 아이의 거친 말투를 참을 필요는 없다. 하지만 이해하지 않으면 안 되는 것은 아이의 몸에 어른이 갇혀 있다고 느끼고 있는 십대 아이들의 이런 행동이 정상적이라는 사실이다.

아이의 반항을 '자격 없는 부모'라는 표시로 해석해서는 안 된다. 실은 반대로 가장 불쾌한 면을 보여주어도 거부하거나 사랑을 철회할 우려가 없는 믿을 수 있는 사람이기 때문에 그렇게 행동하는 것이다. 이 점을 이해하면 십대의 난폭한 행위에 말려드는 것을 피해 갈 지혜로운 걸음을 내디딜 수 있다.

표적이 되는 일을 멀리하고 말다툼을 거부하며 아이와의 사이에 조금 거리를 두는 방법도 있다. 하지만 어떻게 하든 아이의 반항을 자격 없는 부모의 표시로 받아들여 반성할 필요는 없다. 그것은 잘못된 추측이고 아이로부터 받는 것 이상의 고통을 초래한다.

아이는 어떤 상황에서도 마음속에 일어나는 것에는 책임이 뒤따른다는 것을 배워야 한다. 내면 세계를 경험할 수 있는 것은 자신뿐이다. 다른 사람들과 똑같아지고 단지 적응하는 사람이 되느냐, 아니면 독립적인 인간이 되느냐는 스스로 선택하는 것이다.

소설가 나다니엘 호손은 다음과 같이 말했다.

> 모든 사람은 이 세상에서 존재해야 할 곳이 있다. 또한 좋든 싫든 어떤 점에서든 아주 중요한 존재다.

아이가 자유롭게 선택하고, 인생을 소중하게 여기며, 가치 있는 사람이 되도록 도와줄 수 있는 사람은 부모다.

6 내면의 소리에 귀를 기울이는
아이로 만들기 위한 조언

여섯 번째 이야기

아이의 마음을
불안하게 만드는
부정적 감정 리스트

자연은 훌륭한 불안 치유제다.
야외에 나가는 것은 아이에게 불안을 떨쳐버리는 법을 가르칠 수 있는 좋은 기회다.
캠핑도 좋다. 집에서 가까운 곳을 거닐어도 괜찮다.
배를 타고 호수나 강, 바다의 장엄함을 맛보는 것도 좋다.
도시의 공원이나 주변 도로를 산책하는 것도 긴장을 푸는 데 좋은 방법이다.
갓난아이도 야외에 나가면 훨씬 더 즐거워한다.
집안의 마룻바닥보다는 풀밭 위에서 즐겁게 웃는다.

마음이

편안할 때

세상도

따뜻하게 보인다

아이가 불안에 시달리지 않도록 기르려면 성장 환경에 관심을 기울이고 아이가 불안에 휩싸이지 않도록 주의해야 한다. 요컨대 자신의 심리 상태를 스스로 충분히 관리할 수 있다는 자신감을 심어주면 된다. 건전한 사고방식에 적절한 면역 요법을 더하면 아이는 인생을 살아가며 맞닥뜨릴 문제에 대처하는 데 어려움을 겪지 않을 것이다.

세상을 바라보는 시각을 바꾸면
마음이 편안하다

불안은 사물을 대하는 인간의 태도다. 불

안에 빠지지 않기 위해서는 불안하지 않은 태도를 몸에 익히면 된다. 인간이 이를 수 있는 바람직한 경지는 세상을 살 만한 곳으로 바라보는 태도에 있다.

마음을 편안하게 갖고, 인생의 이치에 순응하며, 매순간을 기뻐하는 태도를 가져야 한다. 그렇게 하면 인간을 편협한 마음이나 고루한 사상으로 기울어지지 않는다. 즉 이 세상을 있는 그대로 수용하고, 인간을 인간으로 사랑하며, 살아 있는 것이나 일찍이 살아 있었던 것 모두를 존중하고, 세상을 더 좋은 곳으로 만들기 위해 노력한다. 어찌 보면 현실을 무시하고 이상주의에 뿌리내린 철학적 삶이라 생각되겠지만 결코 그렇지 않다.

어린 시절에는 세상의 모든 것이 나를 위해 신이 안겨준 기적처럼 보였다. 세상 모든 것은 나를 위해 존재하고 있었다. 더욱이 어릴 때는 그것을 분석하거나 걱정하지 않고 다만 즐길 뿐이었다. 인생의 어느 시기에 그런 정신 상태에 있었다는 것은 원하면 언제든지 그것을 다시 체험할 수 있다는 것이기도 하다. 사람은 누구나 평온한 마음을 갖고, 나아가 평생 지속적으로 평온한 생활을 할 수 있다.

마음의 평정을 깨뜨리는 3가지 요인

평온한 마음에 이르는 것은 하나의 여행이다. 세상을 사는 동안 평생 지속해야 하는 여행 말이다. 어느 길로 갈 것인지 선택하는 것은 오직 자신이며, 길을 걸어가면서 어떤 사고방식을 취할 것인가는 자신의 의지에 달려 있다. 아이가 타고난 평온한 마음을 잃지 않고 평온하게 자신의 인생을 살아가기 위해서는 부모의 사랑이 절대적으로 필요하다.

모든 문제를 푸는 열쇠는 사랑이다. 사랑에는 부모가 자식에게 주는 사랑도 있지만, 아이가 세상에서 만나게 되는 일들이나 타인에게 주는 사랑도 있다. 이러한 사랑은 부모가 아이를 대하는 태도를 통해서 가르칠 수 있다.

행복은 타인의 삶이나 인생 체험에서 이끌어내는 것이 아니라, 스스로 찾아야 하는 정신적 체험이다. 또한 행복은 본래 누구의 마음에나 존재하고 있으므로 그것을 평생 지속시키기 위해서는 아이를 평온하고 불안하지 않게 키워야 한다. 요컨대 행복한 습관을 어떻게 기르느냐 하는 것이다.

애초부터 불안하지 않은 사고방식을 지니고 있으면 아이는 불안하지 않은 어른이 되고, 평생 그 상태에 머물 수 있다. 그러려면 불안을 싹 틔우는 세 가지 요인을 멀리해야 한다. 그것은 죄책감과 걱정, 심한 스트레스다.

죄책감, 무책임한 아이로 만드는 지름길이다

 죄책감이란 과거의 발언이나 행위에 대한 한탄의 감정이다. 과거의 경험이 더 나은 행동으로 이끌 경우에는 유익하다. 그러나 죄책감은 지난일 때문에 현재의 정신적 활동이 경직되는 것이다. 부모가 어떤 의도로 아이의 죄책감을 키우든 아이는 대개 바람직하지 않은 결과로 보답한다. 그것은 모멸감이나 불면증, 불안, 폐쇄성, 굴욕감, 자존감 상실, 소극적인 성격의 형태로 나타난다.
 아이의 죄책감을 이용해 부모의 생각대로 아이를 좌지우지한다면 일시적으로는 부모가 원하는 결과를 가져올지 몰라도 결과적으로는 아이에게 심한 불안감을 갖게 한다.

부모가 세 살짜리 아이 앞에서 애써 슬픈 표정을 지을 때, 아이가 어쩔 수 없이 "잘못했어요."라고 말했다고 하자. 이로 인해 아이의 마음에는 강한 불안감이 생긴다. 아이는 자신의 감정을 제쳐두고 부모의 상처받은 마음을 달래주지 않으면 안 된다고 생각한다. 극히 사소해 보일 수 있지만 이런 일로 아이 마음속에 불안감이 생긴다.

죄책감으로 인한 심리적 피해

죄책감은 여러 형태로 나타난다. 부모는 이를 이용해 아이를 통제할 수 있다. 아이가 부모의 생각대로 움직이는 동안에는 뚜렷한 문제가 드러나지 않는다. 그러나 이것이 점차 의사소통의 수단이 되고 일상적이 되면 가족 모두가 죄책감에 시달리게 된다. 그리고 아이는 자신의 생각을 믿지 않게 될 것이다.

또한 아이는 스스로 선택하지 못하고, 부모의 기분을 거스르기 두려워 부모가 원하는 대로 한다. '부모의 인형'이 되는 것이다. 죄책감의 고통에 늘 시달리게 되는 것은 물론이다.

아이가 부모로 인해 죄책감을 경험하고, 부모의 뜻대로 좌우되고 있다고 하자. 그것은 아이에게 심리적으로 다음과 같은 결과를 가져온다.

첫째, 아이는 부모에 대한 자신의 태도를 후회하고 괴로워한다.
둘째, 잘못된 선택으로 부모를 실망시킨 것을 후회하는 데 시간을 소모한다.

셋째, 후회 때문에 정신이 경직되어 행동을 바로잡거나 실수에서 교훈을 얻는 데 실패한다.

실수에서 교훈을 얻는 것은 지극히 능동적이고 창의적인 태도이다. 반면 죄책감은 아이에게 무책임한 선택을 하게 만든다. 아이는 어려운 상황에 직면했을 때 아무것도 하지 못하고 후회만 하게 된다. 특히 해로운 것은 아이가 교훈을 얻고 성장하는 것이 아니라, 스스로 죄책감의 희생자가 된다는 점이다.

죄책감을 거두고 사랑으로 채워라 부모가 아이의 죄책감을 이용하면 아이도 곧 부모의 죄책감을 이용하게 된다.

"다른 아이들은 선물을 여덟 개 받았는데, 나는 일곱 개밖에 못 받았어. 내가 별로 사랑스럽지 않기 때문이야."

아이가 이런 식으로 감정을 표현한다면 대개 죄책감으로 길러졌다는 것을 의미한다.

죄책감 대신 선택할 수 있는 방법은 간단하다. 아이가 실수했을 때 화를 내고 창피를 주거나 괴로운 마음이 들게 하는 대신 사랑을 보여주면 된다. 그리고 아이가 스스로 새로운 길을 선택하게 되었다면 다시는 과거의 실수를 들춰내서는 안 된다. 또한 부모로서 인간적인 모범을 보여줘야 한다.

아이의 죄책감을 이용해
부모의 생각대로 아이를 좌지우지한다면
일시적으로는 부모가 원하는 결과를
가져올지 몰라도 결과적으로는
아이에게 심한 불안감을 갖게 한다.

걱정 많은 아이, 의욕이 없고 불평이 많다

죄책감과 함께 불안을 불러오는 것은 '걱정'이다. 걱정이란 어찌할 수 없는 미래의 일에 몰두하느라 현재의 시간을 다 써버리는 것이다. 이것은 실수를 피하기 위해 신중하게 계획을 세우는 일과는 다르다. 미래에 대한 불안한 접근 방식일 뿐이다.

걱정 많은 아이가 불평도 많다

걱정 많은 아이는 행동에서도 불안에 휩싸여 있다. 작은 일에도 전전긍긍히는 아이를 보면 "일등해야 한다.", "부모를 기쁘게 하는 행동만 해라.", "승부에서 지면 안 된다."라는 말을 듣고 자란 경우가 많다. 일등을 해야 한다는 중압감에 시달려 실패를 두려워하고, 인생은 즐거운 것이 아니라 분석 · 연구 · 분류해야 하는 것이라고 믿는다. 모든 일이 순조로울 때도 걱정하는 데서 위로를 받는다. 즉 걱정거리가 없는 것을 걱정하게 된다.

아이에게 외적인 기준을 제시하고 그것을 달성하라고 요구하는 것은 아이를 걱정으로 몰아넣는 길이다. 또한 부모가 아이에게 카드값, 전쟁, 노후 생활, 실업, 날씨, 질병, 집안일 등을 시시콜콜 이야기하는 것은 어떻게 하면 걱정하는 사람이 될 수 있는지 가르치는 것이나 다름없다.

걱정은 불평의 모습으로 나타나기도 한다. 어떤 문제에 창의적으로 대처하지 못하고 일상적인 일에 불평을 늘어놓는 아이가 있다. "그 여행은 가기 싫어요.", "그 모임에는 참석하지 않을래요.", "과학 수업을 빠지고 싶어요.", "방학 때 사촌들과 만나기 싫어요." 등의 불평은 일의 결과를 걱정하거나 자신이 다른 사람들에게 어떻게 보일까 불안해하는 마음의 결과다. 이런 아이는 인생을 즐겁게 바라보지 못하고 걱정이나 불평을 몸에 달고 산다.

걱정은 생각과 에너지와 시간의 낭비다

걱정은 생각과 에너지와 시간의 낭비다. 걱정하는 데 쓰는 시간을 그것을 해결하는 데 쓰라고 가르치면 아이는 훨씬 평온한 방식으로 마음을 쏟게 된다.

위대한 사상가나 지도자들 대부분이 걱정하는 성격이 아니다. 왜냐하면 인생이라는 귀중한 자본을 걱정하는 데 쓰고 나면 정작 일이 닥쳤을 때는 잔고가 남아 있지 않기 때문이다. 걱정이 가득하면 아무것도 할 수 없다.

  아이가 걱정만 하고 있다면 실천하는 방법을 찾도록 부모가 도와주어야 한다. 지금은 현재이고, 미래에도 현재밖에 없다. 걱정으로 낭비하는 현재는 잃어버린 시간이 될 뿐이다. 걱정도 죄책감과 마찬가지로 아이 내면에 심한 불안감을 낳는다.

스트레스는 '일'이 아닌 '사고방식' 때문에 생긴다

　불안한 생각을 하는 요인은 스트레스로 가득한 사고방식을 선택하는 습관 때문이다. 스트레스의 원인은 다양한 인간관계나 일, 이사, 이혼이나 별거, 이직, 출산, 정치 변화 등이다. 그러나 실제로 평소에 스트레스를 경험하는 사람들을 보면 스트레스로 가득한 사고방식이 습관화되어 있다. 세상에 스트레스가 존재하는 것이 아니다. 세상은 세상 그 자체일 뿐이다.

　일이 스트레스를 가져오는 것이 아니라, 사고방식이 스트레스를 가져오는 것이다. 내 오랜 친구 나이팅게일 백작은 언젠가 이런 말을 들려줬다.

누구든 미래는 생각의 결과를 양식으로 해서 살아가게 된다. 왜냐하면 오늘, 내일, 다음 달, 다음 해에 생각하는 것이 그 사람의 인생을 만들고 미래를 결정짓기 때문이다. 사람은 자기 생각에 따라 나아가는 것이다.

스트레스 라잉의 A형 인간 심장병 전문의 마이어 프리드먼 박사는 《A형 행동과 마음》이라는 책에서 인간의 유형에 'A형 인간'이라는 새로운 이름을 붙였다.

A형 인간이란 참기 어려운 절박감, 초조, 오기, 경쟁의식, 적대감을 지닌 사람이라고 설명하고 있다. 이 책에서는 A형 인간에 속하는 사람들이 많다고 주장하고 있다.

미국 남성의 다섯 명 중 한 명은 60세 이전에 심장병 발작으로 사망하고 있다. 그중 90퍼센트 이상이 A형 인간이다.

부모가 불안을 불러일으키는 방식으로 아이를 키운다면 어릴 적부터 A형 인간이 된다. 따라서 아이가 생활하면서 심한 스트레스에 휩싸이지 않도록 주의를 기울여야 한다.

A형 아이가 보이는 5가지 특징 A형 아이는 다음의 다섯 가지 특징을 보인다.

첫째, 아이답게 웃거나 행동하지 않는다

이런 행동을 하는 이유는 끊임없이 친구보다 앞서나가려고만 할 뿐 현재를 즐길 줄 몰라서 생활의 작은 부분까지 일일이 신경 쓰기 때문이다. 또한 늘 죄책감에 시달려 긴장을 풀지 못하고 휴식을 즐길 줄도 모른다.

편안히 놀고 공부하는 것을 분명히 구분할 수 있어야 한다. 숙제나 성적, 포상, 승리 등에 치중한 나머지 순수하게 생활을 즐기는 여유를 갖지 못해서는 안 된다. 남보다 앞서가라고 몰아붙이면 말을 더듬는다거나 자기 세계에 틀어박힌다거나 어린아이답게 행동하지 못한다.

자신의 한계 이상으로 내몰리는 아이는 웃지 않고 늘 칭얼댄다. 때로는 허약해지고, 각종 질병에 시달릴 수도 있다. 즉 천식, 알레르기, 복통, 칭얼거림, 야뇨증, 악몽, 우울증, 자폐, 발진, 잦은 감기, 구토, 체력 저하 등을 일으키게 된다.

아이는 웃고 놀고 즐겨야 한다. 웃거나 장난칠 수 있는 아이는 그런 행동을 통해 혹시 다음에 올 심한 스트레스에 대비해 면역력을 키우고 있는 중이다. 이런 아이는 설사 앞서 나가지 못하더라도, 목표에 도달하지 못하더라도 아무런 문제가 없다. 남보다 앞서야 한다는 압박감이 강하면 내적·외적 불안 증상이 많이 나타난다.

둘째, 경쟁의식을 통해 자신을 확인한다

A형 인간은 경쟁의식이 매우 강하고 타인의 상황과 비교해 가며 자신의 능력을 평가한다. 그렇기 때문에 자기 스스로 해야 할 인생의 관리를 타인

의 손에 맡긴다. 건전한 경쟁을 하는 것은 좋지만, 자신이 어디로 향하고 있는지 모른다면 불행한 일이다. 경쟁에 몰두하는 사람들은 언제나 타인의 능력을 보고 나서 자신의 가치를 판단한다.

어릴 때부터 마음 졸이지 않고 경쟁을 즐기는 법을 배울 필요가 있다. 그러려면 자신의 행동을 타인의 성취와 비교하지 말고 스스로 판단해야 한다. 가장 성공하는 지도자는 마지막 의논 상대가 자신이라는 점을 알고 있다.

셋째, 시간표로 자신을 통제한다

어떤 아이는 생활을 즐기기보다는 마감 시간이 중요하다고 믿으며 자란다. 그런 아이는 시계나 시간표, 그 밖의 외적으로 주어진 기준을 고집하기 때문에 어릴 때부터 강박증에 시달릴 수 있다. 항상 정확한 시간에 식사를 해야 하고 정해진 시간에 반드시 잠자리에 들어야 하는 아이, 정해진 시간표대로 행동할 것을 끊임없이 강요당하는 아이는 A형 인간의 길로 들어서고 있는 것이다.

아이 스스로 기한을 정하고 할 일을 선택하며, 어떤 일은 마감 시간이 중요하고 어떤 것은 무시해도 상관없다는 것을 판단하게 하라. 일을 항상 일정한 방식으로 하지 않으면 마음이 불편해지는 아이는 새로운 분야를 힘차게 열지 못하고 주저한다.

외적인 기준을 강요받으면 그만큼 불안도 증가한다. 따라서 아이에게 어디까지 자신이 책임질 것인지 확인하고 시간에 관한 합리적 책임감을 길러, 마감 시간이나 시계, 시간표, 외적인 틀에 의존하지 않도록 가르쳐야 한다.

넷째, 항상 초조해하며 긴장을 풀지 않는다

A형 인간은 급하다. 부모가 급하면 아이 또한 성급하게 행동한다. 예를 들어 앞차를 추월하고 싶어 하고, 밥은 씹지도 않고 넘기고, 줄을 서도 느긋하게 기다리지 못하고, 노인이나 어린아이 등 동작이 느린 사람을 답답해하고, 잠자코 남의 이야기를 듣지 못해 끼어드는 등의 행동을 하는 것을 말한다.

이런 부모는 아이에게 자기 자신에게도 세상 사람들에 대해서도 인내심을 갖는 것이 중요하다는 것을 가르쳐야 한다. 아이의 긴장을 풀어주고, 세상의 아름다움을 느끼게 해주며, 다른 사람을 도와주고 인생을 여유 있게 즐기게 해주자.

서두르는 아이는 긴장 속에서 살 수밖에 없다. 항상 일등이 되지 않으면 안 된다는 압박이 있을 때는 어떤 일도 편안하게 할 수 없다. 한 분야에서 일인자가 되는 사람은 일을 할 때 긴장을 풀고 여유를 보인다. 차분하지 못하고 초조해하는 사람은 스스로 좌절을 부른다. 긴장을 풀고 여유 있게 행동하며 자신이 하는 일을 즐길 수 있는 능력을 아이에게 심어주어야 한다.

다섯째, 지나칠 정도로 꼼꼼하게 정리한다

A형 인간은 항상 일상의 일을 완벽하게 정리해 놓아야 안정감을 느낀다. 하나라도 잘못 놓인 것이 있으면 자신의 손으로 정리해야 한다고 생각한다. 그래서 집 안에 먼지 하나 없고, 서랍은 완벽하게 정리되어 있으며, 생활은 순서를 지켜야 한다고 믿는다.

그러나 이런 완벽주의의 결과 A형 인간은 심적 불안에 시달린다. 비정상적일 만큼 규칙을 지키며 경쟁하고, 타인들이 그러지 않으면 어쩔 줄 모른다. 항상 이것은 이것대로 저것은 저것대로 하지 않으면 안 된다고 생각한다. 이런 병적인 집착이나 정리벽이 불안을 낳는 이유는 세상은 말끔하게 정리되어 있는 것이 아니기 때문이다.

A형 인간은 새가 날아가는 모습이나 아름다운 색깔을 즐기기보다는 새를 분류하고 싶어 한다. 빛나는 밤하늘의 별에 마음을 빼앗기기보다는 별의 수를 헤아리고 분류하고 싶어 한다. 집에서 한가롭게 지내기보다는 집을 깨끗이 치우고 싶어 한다. 신발이 신발장에 들어가 있지 않으면 호통을 친다. 또 조금 더러워진 와이셔츠가 가정 불화를 일으키는 일도 있다. 오렌지주스 한 잔을 엎지른 일이 평범한 사건이 아니라 파국으로 연결되기도 한다.

이러한 습관이 몸에 배면 무엇을 하든 걱정이 앞서게 된다. 사소한 거짓말을 하고, 성적이 안 좋으면 성적표를 조작한다. 실수를 저지르는 게 아닐까 하는 불안에 떨게 되는 것이다.

아이를 불안하게 만드는 부모의 유형

아이에게 불안감을 주는 부모의 태도에 대해 살펴보자.

★ 아이를 통제하는 수단으로 죄책감이나 협박을 이용한다.
- 아빠 오시면 혼 좀 나야겠다.
- 엄마 기분을 또 망치는구나.
- 널 위해 엄마가 이만큼 해주었는데 어떻게 그런 짓을 할 수 있니?

★ 아이에게 모멸감을 주어 자기 혐오에 빠뜨린다.
- 너는 항상 바보 같은 짓을 하는구나.

- 너는 뚱뚱해서 그 옷이 어울리지 않아.

★ 자신도 아이처럼 죄책감에 시달리고 있다는 것을 상기시킨다.
- 지금은 되는 일이 하나도 없구나.
- 앞을 못 보는 사람이 길 건너는 걸 도와주었어야 했는데.

★ 아이가 독립적으로 성장하는 것을 허락하지 않는다.
- 너는 엄마 아빠한테 많은 도움을 받았으니까 당연히 우리 곁을 떠나는 것이 괴롭겠지.

★ 아이 앞에서 걱정거리를 달고 살고 아이에게도 걱정을 가르친다.
- 이제는 시험 잘 치를 걱정도 좀 해야지.

★ 불안, 죄책감, 외적 판단을 강조한다.
- 모르는 사람과 절대로 말을 해서는 안 된단다.
- 이 사실을 할머니가 알면 뭐라고 하시겠니?

★ 무슨 일이든 재촉하고 아이에게 일등이 되라고 강요한다. 어릴 때부터 아이에게 비현실적인 요구를 해서 또래 아이보다 일찍 걷게 하고 육체적인 준비가 갖추어지기 전부터 용변을 가리도록 하며 일찍부터 계산을 가르친다.
- 뭐든지 빨리 해야 잘할 수 있단다.
- 다음에도 일등 할 수 있지? 엄마는 너만 믿어.

★ 아이의 사적 영역을 허락하지 않는다. 아이의 생활에 간섭하고 아이가 하는 일은 무엇이든 감시한다.
- 그렇게 뒹굴거리는 시간에 구구단이라도 외우렴.

- 친구랑 무슨 얘기를 그렇게 오래 한 거야?

★ 눈에 보이는 성공을 중요시하고 정서적 성장이나 발달은 무시한다.

- 혼 좀 나면 어떻다고 계속 그렇게 우울한 얼굴이야?

★ 학교의 교육 내용이나 아이의 성취감보다 성적표를 중시한다. 상장, 상품 등 형식적인 것을 중요하게 생각한다.

- 이번 시험에서 90점 밑은 없겠지?

★ 아이를 형제 자매나 다른 아이와 비교한다.

- 네 누나 좀 닮아라. 공부도 잘하고 운동도 잘하잖아.

★ 과거에 한 아이의 실수를 자주 언급한다.

- 예전에도 그런 적이 있잖아. 넌 정말 구제불능이구나.
- 또 잃어버린 거야? 도대체 이게 몇 번째니? 속터져서 원!

★ 아이에게 비현실적인 기준이나 목표를 정해 준다.

- 밤 새워서 공부하면 전교 일등도 할 수 있어.

★ 아이 연령대에 맞는 행동을 인정하지 않는다. 항상 연령 이상의 행동을 강요하고 부모의 의도대로 하지 않으면 벌을 준다.

- 어린애처럼 굴지 좀 마. 다시 또 징징거리면 혼날 줄 알아!

★ 아이에게 이유도 설명하지 않고 벌을 주거나, 아이가 왜 벌을 받는지 이해시켜 주지 않는다.

- 저기 가서 조용히 손 들고 서 있어.

★ 아이 앞에서 부모 자신의 삶을 푸념한다.

- 아이고 내 팔자야. 새끼고 뭐고 다 필요없어.

- 자식이라고 하나 있는 게 말도 안 듣고 공부도 못하고!
- ★ 본심이 아니면서도 입으로는 "그렇다."고 말한다. 결과적으로 아이도 진심을 숨기고 겉을 꾸미게 된다.
- 네네, 맞아요. 우리 아이가 잘못한 거예요.
- 그럼요. 담임 선생님이 얼마나 훌륭한 분이신데요.
- ★ 끊임없이 타인 앞에서 아이의 잘못을 바로잡고 아이의 비평가가 된다.
- 얘가 왜 이래? 손님이 계시면 더한다니까!
- 똑바로 하라 그랬지? 엄마 아빠 얼굴에 먹칠하지 말고!
- ★ 좋은 대학에 가는 것이나 돈을 많이 버는 것이 인생에서 가장 중요하다고 말한다.
- 일류 대학에 가야 돈을 잘 벌어. 그래야 행복하게 살 수 있어.
- ★ 항상 미래와 미래의 목표를 강조한다.
- 조금만 참고 열심히 공부해. 멋진 미래가 기다리고 있을 거야.
- ★ 남과 경쟁하라고 부추긴다.
- 친한 친구들도 경쟁자라는 것을 잊지 마.
- 네 친구들은 네가 자는 동안에도 열심히 공부할걸!
- ★ 집 안이나 아이 주변을 지나치게 깨끗하게 정리한다.
- 정리 좀 하고 살아. 그래서야 이다음에 뭐가 되겠니?
- ★ 늘 아이의 생활을 다그친다. 아이에게 재빠르게 행동할 것을 요구하고 일을 항상 신속하게 처리하라고 말한다.
- 숙제 다 했어? 책가방은 빼먹지 않고 싼 거야? 빨리빨리 하라니까!

★ 아이의 생활이나 걱정, 불안에 대해 아이와 대화하지 않는다.
• 네 일을 네가 알아서 해야지. 아빠랑 얘기한다고 무슨 소용 있겠어!

*불안한 아이는 결승선이 없는
경주를 하고 있는 것과 같다*   사고방식이 불안한 아이는 풀이 죽어 있고 불안한 행동을 한다. 여유롭게 행동하는 것을 두려워하고 상대에게 사랑을 주지 못한다. 왜냐하면 자신에게 아무런 장점도 없다고 생각하면서도 의무를 다해야 한다는 절박함이 있기 때문이다. 소극적으로 행동하고 침울해하며 신체적인 문제도 보인다. 또는 끊임없이 안정감을 찾아 타인에게 의존하는 아이가 되는 경우도 있다.

심하면 자폐 증세를 보이고 집중력이 떨어지며, 과거의 실수를 상기시키는 사람을 피하려 한다. 경우에 따라 두통이나 오한, 위장 장애를 일으키고, 알레르기 반응, 감기, 독감, 천식, 악몽, 불면증, 식욕 부진 등의 증상을 앓는다. 면역력 결핍으로 이어지기도 한다.

과도한 긴장 속에서 자라는 아이는 평생 지속되는 성격을 일찍부터 나타낸다. 흔히 음식이나 옷, 장난감에 대한 관심이 부족하고, 낯선 사람과 잘 사귀지 못하며, 호전적이 되기 쉽다. 환경의 변화에 따라 쉽게 동요하고 융통성이 없으며 점잖은 체하고, 적극성이 부족하며 자기 자신이나 타인에게 초조해한다. 흥분을 잘하고 감정을 쉽게 폭발하며 새로운 것에 도전하려는 의욕이 부족하다.

벌레나 곤충, 자신이 더러워질지도 모르는 것을 싫어하기도 한다. 텁다른

가 춥다든가 바람이 분다든가 등 '너무 어떠하다'고 투덜대는 경우가 많다. 타인의 입장을 이해하려고도 하지 않는다. 권위 있는 인물이나 권력의 상징인 제복을 입은 사람, 교사나 정치가 등에 대한 경외심이 깊어 영웅 숭배자가 되거나, 힘의 과시나 파괴를 좋아한다.

  아이가 항상 결승선이 없는 경주를 하는 기분에 빠져 허우적거리게 하지 말자. 아이가 자신의 인생을 독립적으로 살아가며 즐길 수 있도록 도와주는 것이 부모가 할 일이다.

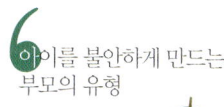

6 아이를 불안하게 만드는 부모의 유형

아이를

불안에서

벗어나게 하는

12가지 방법

사람은 누구나 편안한 마음으로 지낼 권리가 있고, 행복은 인간이 태어날 때부터 지니고 있는 권리다. 그런 신념을 바탕으로 하여 아이를 불안에서 벗어나게 하는 방법을 소개한다.

아이의 마음을 편안하게 만드는 방법을 찾아본다   위대한 사상가가 편안한 정신 생활에 대해 쓴 책을 아이에게 읽어주고 아이의 생각을 잘 들어준다. 집 근처에 요가, 음악감상 등 마음을 평온하게 해주는 강습이 있는지 찾아본다.

요가, 명상, 독서, 음악감상 같은 활동은 평온함을 기르는 데 도움을 준다. 휴식을 취하는 법을 알아두면 조급한 마음을 조절할 수 있을 뿐만 아니라 생활 속의 불안감도 줄일 수 있다.

기다리는 것보다 더 중요한 것은 없다   취학 전부터 아이에게 오랜 시간 읽고 쓰는 법이나 수학, 외국어 등을 가르치는 것은 바람직하지 않다. 유아기의 학습은 좋은 일이고 효과적이긴 하지만, 빨리 해라, 항상 일등을 해라, 다른 아이를 앞서라, 구구단을 외워라 등을 요구하는 것은 기저귀를 차고 있을 때부터 아이에게 불안을 주입하는 것이나 다름없다. 아이는 독자적으로 발달한다. 걸을 준비가 되면 알아서 한 걸음 한 걸음 세상을 향해 나아간다.

다른 아이보다 일찍 용변을 가리지 못한다고 해서 대학생이 되어서도 기저귀를 차고 다니지는 않을 것이다. 부모는 느긋한 마음으로 기다리면서 아이에게 어린 시절을 마음껏 즐기게 해주면 된다. 어떤 상황에서도 아이를 무시하지 말고 존중하며 아이와 함께 있어주어야 하는 것이다.

감정의 폭발은 잠시 뒤로 미룬다 부모 자신이나 아이를 흥분시키고 불화를 가져오는 행동을 멈춰야 한다. 부모가 소심하거나 까다롭거나 초조해하는 등 타인을 불편하게 하는 성향이 있다면 고쳐야 한다. 하고 싶은 말은 참고 감정의 폭발을 미루는 훈련을 해보라. 이 방법으로 분쟁을 피할 수 있다면 스트레스 지수가 올라가는 것을 막을 수 있다.

아이에게도 혼자만의 시간이 필요하다 아이도 혼자 지내는 법을 알아야 한다. 그래서 독서의 즐거움을 어릴 때부터 가르칠 필요가 있다. 책을 좋아하는 아이는 심심해하지 않는다. 혼자만의 장소에서 독서할 수 있는 사람은 그렇지 않은 사람보다 인생의 출발점에서 앞서 있다.

"지루해. 할 일이 없어. 쉬기 싫어." 하며 불평하는 아이가 많은데, 타인이 자신을 즐겁게 해줄 의무가 있다고 생각하며 자라난 아이의 경우 그런 감정에 잘 빠진다. 자신이 지루해하면 누군가 재미있는 곳에 데려가거나, 텔레비전을 켜주거나, 새 장난감을 사줄 거라고 기대하는 것이다. 이런 아이는 타인에게 기대며 자라고 있는 중이다.

아이에게도 혼자만의 시간이 있어야 한다. 책이나 어린이 신문, 잡지를 보게 하거나, 혼자 갈 수 있는 적당한 장소를 찾아주는 것도 좋다. 평온한 시간은 아이에게 꼭 필요하다. 방해받지 않으며 놀고 그림책을 보거나 장난감을 이용해 스스로 놀이를 만들어낼 수 있으면 칭얼대거나 토라지거나 떼를 쓰는 일이 줄어든다.

어린아이도 말에 상처를 받는다

어른도 단점을 지적받거나 듣기 싫은 말을 들으면 불쾌해지게 마련이다. 아이도 마찬가지다. 아직 나이가 어리지만 이런 말을 들으면 상처를 입는다. 그런데 부모들은 종종 아이들이 비판에 매우 민감하다는 사실을 잊는 경우가 많다. 부모의 모욕이 아이에게 상처를 입힐 의도가 아니었다 해도 아이는 그 모욕을 평생 마음에 간직하는 경우도 있다.

작은 한 걸음에 무한한 박수를 보내라

아기가 처음으로 두세 걸음 걸었다면 크게 박수를 쳐주어라. 아이가 자전거를 타게 되었을 때는 부모가 그것을 자랑스럽게 생각한다고 아이에게 말해 주어라. 부모의 관심으로 아이는 더욱더 위대한 발걸음을 내딛게 된다.

수영장 가장자리에 매달리지 않고도 혼자 헤엄칠 수 있다는 것을 알게 되었을 때라든지, 처음으로 혼자서 학교에 갔을 때와 같은 자신의 어린 시절을 되돌아보라. 그것은 독립을 위한 위대한 첫걸음이다. 아이가 어엿한 모습으로 부모 곁을 떠나려 할 때도 큰 박수로 아이의 출발을 기뻐해 주어야 한다.

자녀를 키운다는 것은 이런 것이다. 독립을 지원하고 부모 곁을 떠나더라도 의연한 태도를 보이면 자식은 반드시 부모를 찾아오고 싶어 한다. 반대로 "부모가 힘들여 키웠는데 떠나가다니 부모에게 고마워해야지.", "네가 떠나면 엄마 아빠는 외롭고 허전할 거야."라는 말을 하면 자녀는 부모 곁을 더 빨리 떠나고 싶어 한다. 불안을 맛보고 싶은 사람은 없기 때문이다.

10분 안에 걱정을 멈추는 방법

아무리 걱정한다고 해도 입학시험 합격 등의 문제가 해결되지는 않는다. 아이가 걱정하며 불안해할 때는 이렇게 말해 보자, "잠깐 여기에 앉아 지금부터 10분간 엄마 좀 걱정해 주렴." 10분 뒤에 걱정을 함으로써 좋아졌는지 물어보자. 걱정은 시간 낭비이므로 아이가 걱정의 늪에서 빠져나오지 못할 때는 부모의 개입이 필요하다.

부모의 지나친 걱정이 아이를 불안하게 만든다

부모가 아이에게 "모르는 사람과 이야기하지 마라."고 말하기도 하는데, 이는 바람직하지 않다. 알게 될 때까지는 누구든 모르는 사람이기 때문이다. 낯선 사람과 말을 안 하면 친척 외에는 어느 누구와도 사귈 수 없게 된다. 아이가 그런 개념을 이해할 수 있게 되었을 때 비로소 유괴의 위험에 대해 이야기해 주어야 한다.

만나는 사람을 일일이 조심하라고 가르치려고 아이의 자연적 외향성을 억압해서는 안 된다. 갓난아이는 하루 종일 지켜볼 필요가 있지만, 더 자란 아이에게까지 그래서는 안 된다. 아이가 거리로 뛰어나가거나 낯선 사람의 차에 탈지 모를 때라면 분명 눈을 떼어서는 안 된다. 그러나 그런 위험을 환기시킬 때 큰 소리를 지를 필요는 없다.

유괴 사건이 드물지 않은 시대에 물론 특별한 주의를 기울여 아이를 지켜봐야 하지만, 아이가 만나는 사람마다 두려움을 품게 해서는 안 된다. 비극을 예방하는 길은 지나친 걱정이 아니라 현명한 주의뿐이다.

아이의 꿈은 아이만의 것이다

선의의 간섭일지라도 부모가 아이에게 인생의 목표를 정해 주는 것은 바람직하지 않다. 열한 살짜리 소녀가 의사가 되고 싶어 한다면 그 꿈을 지지해 주면 된다. 가망이 없을 것 같으면 아이는 머지않아 목표를 수정할 것이다.

어떤 소녀가 상담을 하러 온 적이 있다. 그 아이는 열세 살인데 시력이 많이 좋지 않은데도 불구하고 조종사가 되고 싶다고 했다. 그래서 나는 조종사가 되는 게 꿈이라면 그것을 목표로 열심히 하라고 했다.

"네가 비행 면허 시험을 볼 때쯤이면 시대가 달라져서 조종사가 콘택트렌즈를 끼는 것을 허락할 거야."

그때 소녀의 눈이 빛나는 것을 보고 그렇게 대답한 보람이 있다고 나는 생각했다. 소녀는 시력이 나쁘니까 다른 목표를 세우라는 아빠의 말을 듣고 고민하고 있었던 것이다.

그 소녀는 지금 조종 교관이다. 수험 자격 요건이 바뀌지 않았다면 나는 그녀에게 나쁜 운명을 탓하지 말고 법정에서 그 규정과 싸우라고 권했을 것이다. 아이에게 뭔가를 해서는 안 된다든가, 좀 더 현실적이 되라고 말하는 것은 자기 불신을 가르치는 것일 뿐더러 불필요한 불안을 조장하는 일이다.

아이가 그 나이에 맞게 행동하는 건 당연하다 네 살짜리 아이를 음식점에 데리고 갈 때는 열두 살이 되지 않았다는 점을 이해해야 한다. 인간이 기린이 될 수 없는 것과 같은 이치다. 아이의 나이를 무시하고 아이에게 실제와 다른 존재가 되길 기대해서는 안 된다. 네 살짜리 아이라면 네 살짜리 행동을 하는 게 당연하다.

아이가 고급 레스토랑을 헤집고 돌아다니게 하고 싶지 않다면 다른 사람에게 아이를 맡기면 된다. 격식을 차리는 장소에 갔다가 갓난아이가 울어서 다른 사람들을 방해한다든가, 네 살짜리 아이가 다른 손님의 얼굴을 찡그리게 했다 하여 부모가 아이에게 화를 내고 있다면 잘못된 것이다. 그 잘못은 아이가 아니라 부모에게 있기 때문이다. 물론 아이의 무질서한 행동을 인정하라는 말은 아니다. 어느 아이도 또래 고유의 행동을 한다. 그것은 부모가 어찌할 수 없는 일이다.

벌을 줄 때는 이유를 설명하라 아이는 부모가 화를 내는 이유를 모르면 불안해한다. 벌을 받고 있는 것은 아이이기 때문에 부모는 반드시 벌을 주는 이유를 말해 주어야 한다.

"화날 때마다 금세 토라져서 가족들의 기분을 망치게 하는 건 올바른 행동이 아니야. 기분이 풀릴 때까지 네 방에 가 있거라."

이 점만 말해도 된다. 아이는 적어도 자기 방에 들어가게 되는 이유를 들었기 때문이다.

아이의 나이와 상관없이 아이에게 상황을 이해시켜야 한다. 이유도 없이 아이의 권리를 빼앗거나 부모의 권위를 행사할 목적으로 아이에게 화낼 이유를 찾는다면 아이는 부모에게서 점점 멀어질 것이다.

아이에게 자연은 불안 치유제다

자연은 훌륭한 불안 치유제다. 야외에 나가는 것은 아이에게 불안을 떨쳐버리는 법을 가르칠 수 있는 좋은 기회다. 캠핑도 좋다. 집에서 가까운 곳을 거닐어도 괜찮다. 배를 타고 호수나 강, 바다의 장엄함을 맛보는 것도 좋다. 도시의 공원이나 주변 도로를 산책하는 것도 긴장을 푸는 데 좋은 방법이다. 갓난아이도 야외에 나가면 훨씬 더 즐거워한다. 집안의 마룻바닥보다는 풀밭 위에서 즐겁게 웃는다. 어린아이에게는 자연이 절대적으로 필요하다.

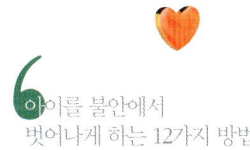

일곱 번째 이야기

아이의 '화'를 다스리는 마법의 기술

아이를 어떤 환경에서 키울 것인가는 부모가 결정해야 한다.
늘 분노하는 환경에서 자라면 화를 잘 내는 아이가 될 것이고,
언쟁이 벌어지는 환경이라면 자주 언쟁하는 아이가 될 것이다.
아이의 눈앞에서 부모가 감정을 억제하지 못하면
자제력이 없는 아이가 된다.

아이의

'성격'은

환경에 따라

바뀐다

누구나 평온한 생활을 꿈꾼다. 아이도 마찬가지다. 아이가 혼란에 빠져들지 않도록 여러 모로 감싸주어야 하고, 아이의 의욕을 잃게 하는 분노나 적개심이 없는 따뜻한 환경을 만들어주어야 한다.

**부모가 화를 잘 내면
아이도 화를 잘 낸다**   아이에게는 따뜻한 환경이 필요하다. 부모가 아이에게 사소한 분노나 적개심을 자주 드러내면서 쾌활한 아이로 자라기를 기대하는 것은 무리다. 부모가 아이에게 항상 큰소리를 내면서 난폭한 사람이 되지 말라고 하는 것 역시 말이 안 된다. 혼란스러운 환경 속에서 평온한 사람이 되라고 하는 것도 억지다.

아이를 어떤 환경에서 키울 것인가는 부모가 결정해야 한다. 늘 분노하는 환경에서 자라면 화를 잘 내는 아이가 될 것이고, 언쟁이 벌어지는 환경이라면 자주 언쟁하는 아이가 될 것이다. 아이의 눈앞에서 부모가 감정을 억제하지 못하면 자제력이 없는 아이가 된다.

'화'는 마음의 성장을 가로막는다

싸움은 인간관계에서 늘 일어나는 것이라고 생각한다면, 그 생각을 바꿔야 한다. 싸움은 의사 소통을 단절시키고, 서로를 멀어지게 하며, 고혈압, 두통, 불면증, 신경성 궤양 같은 해로운 신체적 증상을 유발한다.

집안에서 일어나는 싸움을 당연한 것으로 여기지 말자. 말다툼, 심한 흥분, 격한 분노는 가족들 모두에게 해로운 영향을 준다. 싸움이 되풀이되다 보면 가정은 우울한 분위기에 휩싸이게 된다.

분명 사람들이 함께 살다 보면 의견이 다를 수 있고, 자신의 생각을 주장할 권리도 있다. 그러나 분노에 찬 싸움은 모두에게 해롭다. 누구라도 고함을 치거나 완력으로 덤비는 것을 좋아할 리 없다. 성격이 서로 다른 사람들이 함께 사니까 집안 싸움은 당연한 것이라고 말해서는 안 된다. 싸움은 사람을 침울하게 하고 불필요한 고통을 준다.

아이의

화를

가라앉히는

방법

분노에 대해서는 여러 가지 견해가 있다. 자연스러운 것이라고 말하는 사람도 있고 파괴적이라고 말하는 사람도 있다. 하지만 사람들마다 놓여 있는 상황은 달라도 "어떤 일도 분노하며 잘할 수는 없다."고 한 스타디어스의 말은 되새길 필요가 있다.

사람들은 분노하면 파괴적인 행동을 한다. 따라서 마음속의 분노를 간과해서는 안 된다. 집안의 싸움을 줄이기 위해서는 분노와 맞서야 하고, 분노를 유도하는 생각의 흐름을 바꾸어야 한다. 아이에게는 분노의 먹이가 되면 안 된다고 가르치고, 부모 스스로도 분노를 억누를 수 있다고 믿어야 한다.

어느 누구도 분노를 터뜨리는 사람 곁에는 있고 싶어 하지 않는다. 분노는 자연스러운 것이라고 여기지 말고, 먼저 생각을 평온하고 여유롭게 바꾸도록 노력해 보자.

아이의 분노를 받아주지 말라 아이가 분노를 터뜨리는 것은 대개 그것이 효과가 있기 때문이다. 부모가 아이의 분노를 견디지 못하고 받아주면 아이는 분노로 자신이 원하는 것을 얻을 수 있다고 믿는다.

아이의 분노가 효력을 보이는 한 그 행동은 계속된다. 분노를 받아주는 것은 아이에게 이렇게 말하는 것과 같다.

'원하는 것이 있으면 야만인처럼 화를 내거라. 그래야 원하는 것을 얻을 수 있단다.'

부모가 화를 잘 낸다면 고쳐야 한다. 그러지 않으면 아이는 어른이 되어서도 "나는 급한 성격인걸. 어쩔 수 없어, 유전이니까." 하며 주위 사람에게 태연하게 소리를 질러대는 사람이 될 수도 있다.

분노에 정면으로 맞서기를 두려워해서도 안 된다. 아이의 태도에서 제거해야 할 것을 반대로 강화시키는 실수도 하지 말아야 한다. 아이의 분노나 떼쓰기, 짜증이나 억지에 져버리면 아이에게 평생을 통해 이런 방법을 쓰라고 부추기는 것이나 다름없다.

분노는 대부분 세상으로부터 발생하는 것이 아니라, 자신이 세상을 잘못 봄으로써 생긴다. 이 차이를 분명히 해두어야 한다. 물론 의욕을 부르고 행동을 이끄는 긍정적인 분노도 있다. 떨어진 성적을 확인하고 난 다음에는 더 좋은 성적을 거두겠다며 분발하는 것은 좋은 일이다. 세상의 부조리에 분노하며 의로운 일을 위해 분발하는 것도 긍정적인 일이다. 장난감을 팽개쳐두고 다른 아이가 부수도록 만든 어리석음에 화를 내며 잘 간수해 두어야겠다고 마음 먹는 것도 바람직한 일이다.

이러한 것들은 긍정적인 분노의 표출이다. 아이를 바람직한 행동으로 이끄는 분노는 환영할 만한 일이다. 그러나 분노는 대개 유익하지 못해서 분노의 대상을 희생물로 삼기도 한다.

아이가 바뀌기를 바란다면 부모가 먼저 바뀌어라

부모를 언짢게 함으로써 아이는 나름대로 이익을 얻는다. 잠시 자기 방에 갇힐지 모르지만 그것으로 큰 대가를 기대할 수 있다.

아이를 바람직한 행동으로 이끄는
분노는 환영할 만한 일이다.
그러나 분노는 대개 유익하지 못해서
분노의 대상을 희생물로 삼기도 한다.

'이번에는 아버지를 이겼어. 아버지가 호통을 치셨지만, 잠깐 동안만 방에 있으면 될걸.' 하고 아이는 생각한다. 아이의 분노를 참지 못하고 맞대응하면 아이에게 이용당한다.

해결법은 하나다. 아이가 무엇을 원하든 부모 자신이 화내지 않기로 했다는 점을 명확히 알려주는 것이다. 분노가 가정을 휘젓는 도구가 되면 아이는 평생 약자를 위협하고 책임을 다하지 않아도 된다는 버릇을 몸에 익히게 될 것이다.

물론 절대로 분노하지 말라는 것이 아니다. 마음에 담아두는 것보다는 표현하는 것이 낫다. 억누른 분노는 언젠가는 터져 나오므로 아이가 분노를 품거나 자신의 감정을 드러내는 것을 허용해도 좋다. 분노는 억제하지 말고 발산시켜야 하는 것이다. 다만 타인에게 폐를 끼쳐서는 안 된다. 한 시간씩 볼멘 얼굴을 해도 주먹으로 베개를 내리쳐도 축구공을 차도 괜찮다. 그러나 남에게 소리를 지르거나 욕을 하면 안 된다.

분노를 평화로 바꾸는 행동 3단계 분노를 다스리려면 긍정적인 마음을 갖고, 분노로 인한 마음의 고통을 건전한 생각으로 바꾸어야 한다. 분노를 다스리는 행동의 단계를 소개해 본다.

1단계 타인을 이끄는 수단으로 분노하지 않는다.
2단계 타인에게 폐를 끼치지 않고 분노를 발산한다.

3단계 평온한 마음으로 분노의 감정이 일지 않도록 한다.

아이작 워츠의 시를 보자.

> 신이 창조하신 대로
> 개는 짖고 물게 두어라
> 곰이나 사자는 으르렁거리며 싸우게 두어라
> 그것이 그들의 천성이니까
>
> 하지만 아이들아
> 너희는 노여워해서는 안 되느니
> 너희의 손은
> 상대의 눈에 상처를 입히기 위한 것이 아니니

부모라면 아이가 세상을 분노가 가득한 곳이 아니라, 아름답고 평온한 곳으로 보며 자라도록 해주어야 한다.

부모의 따뜻한 사랑과

올바른 가르침이

아이의 마음에

'편안함'을 가져온다

아이에게 주의를 줄 때는 해결책을 찾아야지, 계속 문제만 제기해서는 안 된다. 다음의 예를 살펴보자. 문제만 지적할 뿐 문제를 해결하려 하지 않는 부모와 해결책을 찾는 부모의 예이다.

> **문제를 지적하는 부모** 너는 아무것도 도와주지 않고 매번 불평만 쏟아내는구나.
>
> **해결책을 찾는 부모** 네가 부모라면 어떻게 하겠니? 아이가 무례하게 행동하는데 무엇을 해주고 싶을까?

문제를 지적하는 부모 너는 조금도 도움이 되지 않아. 정말 무책임해.
해결책을 찾는 부모 이 일은 네가 하겠다고 했어. 할 일을 두고 놀러 가는 것은 허락할 수 없단다. 노는 것만큼 해야 할 일을 하는 것도 중요한 거야.

문제를 지적하는 부모 네가 게으름뱅이라는 사실은 누구나 다 알고 있어.
해결책을 찾는 부모 미루어놓은 숙제를 저녁에는 시간을 내서 다 하도록 하렴.

문제를 지적하는 부모 그런 차림으로 돌아다니는 건 못 봐주겠다. 창피하지 않니?
해결책을 찾는 부모 시간을 내서 꾸며봐. 넌 어떤 옷도 잘 어울릴 테니까.

문제를 지적하는 부모 왜 그렇게 정리를 못하니? 네 방은 꼭 돼지우리 같구나.
해결책을 찾는 부모 오늘은 지저분한 방을 정리하는 게 좋겠어.

아이의 좋지 않은 행동 쪽에 초점을 맞출수록 분쟁으로 몰고 가게 된다. '가만두지 않겠다'는 식으로 말하지 말고, 어떻게 해야 아이에게 도움이 될까를 생각하는 것이 좋다.

아이가 왜 분노를 품고 있는지 설명해 준다 아이를 상대로 화를 내거나, 싸움을 벌이거나, 입씨름을 하는 부모가 되어서는 안 된다. 분노의 폭발은 부모의 생각이나 반응에 따라 일어난다. 아이가 더는 못 참겠다는 신호를 보내면 그것은 그 시점에서 아이의 선택이다. 그 신호에 대한 부모의 반응은 그 시점에서 부모의 선택이다.

부모가 분노로 반응하면 아이의 도전을 받아들인 것이다. 그러나 거기에 끌려가지 않을 수 있다. 효과적인 방법은 제기된 문제를 아이에게 되돌리는 것이다. 다음과 같이 말이다.

- 너는 수학 시간에 선생님께 혼났다고 지금 장난감 문제로 동생에게 싸움을 걸고 있어.
- 너는 내일 시험 걱정 때문에 긴장해서 엄마에게 대들고 있는 거야.
- 너는 네 일을 미루려는 것을 지적받아 화를 내고 있어. 엄마가 그것을 모른 체하고 너 대신 해주면 좋겠다고 생각하는 거야.

이것이 문제를 아이에게 되돌리는 방법이다. 초점을 흐리지 않도록 '너'를 주어로 이야기해야 한다. 아이가 화를 내도 말려들지 않겠다는 것을 보여준다. 이와 반대로 반응하면 아이의 분노에 말려드는 것밖에 되지 않는다.

- 선생님이 혼내주셨다고 동생을 그렇게 대하면 안 돼.

- 이번에 시험을 본다고 왜 엄마한테 대드는지 모르겠다. 나는 아무 말도 하지 않았는데.
- 샐쭉해 있으면 보기 싫어. 일을 미루고 투덜대지 마.

누군가 화를 내며 싸움을 걸어올 때는 '나'가 아니라 '너'로 시작하는 말을 해야 한다. '너'로 시작되면 화가 난 사람이 누구인지 분명해진다. 그와 함께 아이가 무엇을 원하는지 잘 알고 있다는 것을 알려주는 것이 된다.

'나'로 시작하는 말로 자신의 입장을 지키려 하면 싸움만 일어나므로 '너' 화법으로 분노의 정체를 확실히 드러내야 한다. 누군가 허둥대고 있을 때 함께 허둥댈 필요는 없는 것이다. 대화를 '너'로 시작하면 일어날 싸움도 멈출 수밖에 없다. 분노의 정체를 분명히 드러내면 상대의 분노에 휘말리지 않으면서 자신의 감정을 억제할 수 있고 싸움에 이끌리지 않게 된다.

화가 나면 60초 동안 꾹 참는다

전쟁을 하는 듯한 집안 분위기에 끼어들지 않는 것이 싸움을 없애는 가장 확실한 방법이다. 잠시 분노를 억제해 보자. 부모가 분노를 억제하는 모습을 보이면 아이들이 보고 배운다.

60초 동안 참아보자. 그동안 아이의 행동은 분노할 만한 것이 못 된다고 자신을 설득하라. 60초가 지나도 참을 수 없다면 폭발시켜도 된다. 다만, 사람을 향해 폭발시키면 안 된다. 하지만 분노의 폭발을 지연시키면 대개 폭발시킬 필요가 사라지게 된다.

스스로 감정을 통제할 경우, 누군가 화를 북돋워도 분노를 폭발시킬 필요가 없다. 이 방법은 싸워야 할 가치가 있는지 생각할 여유를 주고 평화의 중요성을 아이에게 가르쳐준다.

때때로 아이에게 양보하는 것도 필요하다 아이가 십대라면 언쟁을 벌이지 말고 아이가 옳다고 인정하는 것도 필요하다. 아이와 말씨름을 벌일수록 부모는 무력감을 느낀다. 언쟁이 심해지면 아이의 마음은 점점 부모에게서 멀어져 간다. 이렇게 말해 보면 어떨까?

"네 말이 맞아. 엄마가 네 마음을 잘 안다고 할 수 없어. 네가 방을 치우기 싫다고도 말할 수 있고. 네 의견을 갖는 것은 지극히 당연하니까. 화나게 해서 미안해."

이런 말을 들으면 아이는 깜짝 놀랄 것이다. 이렇게 말하는 부모에게 언쟁을 할 아이는 없다. 그런 뒤에 이렇게 말해 준다.

"집안 청소에서 네 역할은 어떤 거라고 생각하니?"

대개의 경우 스스로 생각하도록 허용하면 부모가 의도했던 것 이상으로 아이가 치밀한 행동 계획을 제시한다.

아이는 자신이 옳다고 생각하고 싶었던 것뿐이라는 사실을 곧 알게 될 것이다. 아이가 옳다고 인정해 주기만 하면 아이는 가족들을 위해 좀 더 많은 일을 할 것이고 싸움은 사라질 것이다.

부모나 선생님에 대해 불평하는 십대 아이에게 나는 이렇게 말한다.

"네 말이 맞아. 부모님은 너를 올바로 인정해 주고 계시지 않아. 부모님은 답답하고 잔소리쟁이에다 선생님은 네 말대로 나빠."

그러면 십대 아이는 이렇게 말한다.

"잠깐만요. 저희 부모님은 그렇게 나쁜 분은 아니세요. 저를 정말로 걱정해 주세요. 제가 성급해서 그래요. 선생님도 저를 이해해 주려고 하고요."

토론을 하지 않고 올바르다는 것을 인정해 주기만 하면 아이는 스스로 대안을 가져온다.

부모의 따뜻한 한마디에 아기는 울음을 그친다

갓난아이를 화내며 야단쳐서는 안 된다. 갓난아이에게는 항상 사랑을 담아 대해 줄 필요가 있다. 갓난아이에게 큰 소리로 야단치면 분노가 쌓인다. 폭력적인 환경에서 자라난 아이는 폐쇄적이고 겁 많은 사람이 되든가, 그렇지 않으면 스스로 폭력적인 사람이 된다. 이는 많은 연구를 통해 밝혀진 사실이다.

나약한 갓난아이의 마음에는 주위에서 일어나는 싸움이 자신을 향한 사나운 폭력으로 비친다. 갓난아이가 이따금 뚜렷한 이유 없이 울거나 발버둥 치면서 부모를 힘들게 하는 순간에도 갓난아이에게 화를 내서는 안 된다.

갓난아이는 자신의 인격을 형성하는 데 무기력하나. 갓난아이를 안정시키려면 사랑스러운 말로 속삭여야 한다. 아무리 힘이 들고 화가 나도 분노를 갓난아이에게 터뜨리지 말아야 하는 것이다. 이럴 때는 잠시 떨어져서 우는 소리를 듣지 않으면 된다.

아주 어린 아이일지라도 아이 앞에서 분노하는 모습을 보이지 말라 어린아이를 어른과 같은 인격체로 생각하면 그들 앞에서 분노하는 모습을 보이지 않을 것이다. 아이가 이야기하는 것을 잘 들어보면 아이의 눈이 얼마나 날카로운지 깜짝 놀라게 된다. 아이도 어른 못지않은 감수성을 지니고 있다.

거울을 보고 무섭고 추한 얼굴을 하고 그 모습을 향해 크게 소리쳐 보라. 친구에게 바로 앞에서 무서운 얼굴로 소리쳐 보라고 부탁해 보자. 그러면 그것이 얼마나 끔찍한지 알 수 있을 것이다. 더욱이 어른은 어린아이보다 몇 배나 몸이 크다. 어린아이가 느끼는 무서움을 그대로 느끼려면 5, 6미터나 되는 거인에게 같은 행동을 해보도록 해야 한다. 어린아이에게 큰소리를 지르거나 과격한 행동을 하려 할 때 이 무서운 모습을 떠올리기 바란다. 부모가 몸에 밴 분노를 억제할수록 아이 마음속에는 분노와 불안이 자라지 않는다.

텔레비전의 폭력 장면에 주의하라 이미지는 언제까지고 남는다. 긍정적 이미지든 부정적 이미지든 마찬가지다.

텔레비전이나 영화의 폭력 장면은 폭력을 오락으로 받아들이라고 가르친다. 아이가 폭력 장면을 어떻게 보는지는 단언할 수 없다고 해도, 텔레비전에서 폭력이 미화되면 아이도 마음속으로 미화하게 된다. 살인, 폭행, 총격 등이 눈에 익으면 이 이미지는 마음속에 정착된다.

정신이 건전할 때는 허구와 현실을 구분할 수 있다. 화면 속에서 총을 쏘는 것과 현실에서 총을 쏘는 것은 다르다는 것을 아이들이 알고 있다고 우리는 생각한다. 그렇지만 명확히 구분을 못하는 아이들도 있는 것이 현실이다.

미국에서는 대량 살상 영화가 상영될 때마다 실제로 대량 살상이 일어나곤 한다. 이것은 이미지를 이성적으로 처리할 수 없는 사람에 의해 일어나는 일이다. 그러므로 아이에게 미움이 아니라 사랑을 가르쳐야 한다. 폭력을 놀이로 받아들이고 그것을 실제로 재현하도록 할 것이 아니라, 폭력을 미워하도록 해야 한다. 부모가 아이에게 폭력을 싫어한다는 것을 몸소 보여주어야 하는 것이다.

이미지는 매우 강력한 동기의 출발점이 된다. 아이가 어릴수록 더 강력하다. 부모가 폭력적인 것을 제거하려고 노력할수록 아이에게 더 많은 긍정적인 이미지를 심어줄 수 있다.

'매'나 '벌'로 아이의 버릇을 고칠 수 없다   아이에게 매를 들 때는 충분히 주의해야 한다. 나는 아이를 때리는 데 찬성하지 않는다. 나는 어떤 이유로든 아이를 때리지 않지만 예외가 하나 있다. 유일한 예외는 강조하기 위해 엉덩이를 한 번 두드리는 것이다. 고통을 주려는 것이 아니라, 강조하기 위해서다. 이린 딸이 갑자기 도로로 달려가 위험한 행동을 했을 때 주의를 주고 나서 등을 한 번 두드리며 진심으로 말하고 있다는 것을 알게 한다.

벌로 아이를 때리거나 고통을 주는 것은 효과가 없다. 아이를 때리는 부아이들에게 부모가 말다툼 중재만 하고 있을 수 없다는 것을 행동으로 보여줘야 한다. 가장 효과적인 방법은 아이들이 스스로 매듭짓게 하는 것이다. 말다툼은 대부분 부모를 목표로 일어나기 때문에 함정에 빠지면 부모는 희생자가 된다.

모는 항상 때리지 않으면 안 되는 것처럼 보인다. 때리는 것이 효과가 좋다면 왜 계속 때려야 하는가?

**"나도 할 수 있어요."라는
아이의 말을 존중하라** 될 수 있으면 아이 스스로 자기 생활을 관리하게 하라. 아이에게 인생에서 가장 중요한 기술인 '의지의 결정'을 배우게 해야 한다. 아이가 자기 생활을 관리하면 무력감에 빠지지 않는다.

사람들은 누구나 무엇을 어떻게 하라는 말을 듣기 싫어한다. 세 살짜리 아이도 "나도 할 수 있어요." 하고 불평을 터뜨린다. 아이에게 자기 관리를 맡기지 않으면 무력감에 빠져들고, 아무것도 허용하지 않는 부모에게 점점 더 화를 내게 된다.

아이의 일을 부모가 하지 말고 먼저 아이에게 자신의 힘을 보여줄 수 있는 기회를 줘라. 조언을 하기 전에 일하는 방법을 서로 이야기하면 도움이 된다. 자기 관리의 범위가 넓어질수록 자신의 능력을 찾아낼 수 있기 때문에 아이는 부모를 존경하게 된다.

**부모의 간섭을 거둘 때 아이는
자신의 가치를 알게 된다** 아이에게 할 수 없는 일을 요구하면 아이는 무력감을 느낀다. 목표를 강요할 것이 아니라, 부모가 할 일은 단지 돕는 것이어야 한다. 스스로 하겠다는 의욕이 있을 때 아이는 해냈다는 성취감을 느끼고 자신의 가치를 알게 된다. 아이는 나름대로 이유가 있어서 하는 것이지 누군가를 기쁘게 하기 위해서 하는 것이 아니다.

  도로시 캠필드 피셔는 "어머니는 의지할 수 있는 사람이 아니라, 의지할 필요가 없도록 해주는 사람이다."라고 했다. 부모가 인생의 목표를 가지고 있듯이 아이도 인생의 목표를 갖도록 해주어야 한다. 그러나 목표를 세우는 것은 '아이 자신'이라는 것을 잊지 말자.

다른 사람과의 비교는 아이에게 무력감을 안겨준다

타인과의 비교만큼 아이에게 무력감을 안겨주는 일은 없다. 아이마다 고유한 특성이 있다. 고대 로마에서 있었던 일이 우리와 상관없는 것처럼 부모의 어릴 적 일은 아이와는 아무런 상관이 없다. 부모의 어린 시절도 아이에게는 고대 로마의 일과 같은 것이다.

  아이가 살아가는 현재는 부모가 살았던 과거와는 다르다. 아이의 말이 맞다. 아이는 부모가 어린 시절에 처했던 상황과 같은 상황에서 똑같이 키워진다 해도 주어진 문제를 훨씬 더 잘 처리할 게 틀림없다. 현재의 아이는 부모 이상으로 진보해 있다. 그것은 부모가 자신의 부모나 조부모보다 진보해 있었던 것과 같다.

아이가 공부하지 않을 때는 '잔소리'를 거두고 '책임'을 지게 하라

아이에게 자신의 생활 전반을 관리할 수 있도록 해야 한다. 숙제를 하고 있을 때 학습의 진도나 예상 성적 등을 함께 이야기해 본다. 점수가 안 좋아도 아이에게 화를 내거나 싸움의 빌미를 만들지 말아야 한다. 의욕을 가질 것인가 아닌가는 아이가 스스로 결정할 일이다. 다만 자신이 뿌린 씨앗은 자기가 거두어야 한다는 점을 가르쳐주어야 한다.

아이에게 자율적인 행동을 허락하고, 의욕을 갖도록 해주어야 하며, 행동의 결과가 자신에게 어떻게 되돌아오는지 설명해야 한다. 아이가 공부하려고 하지 않으면 선택할 길은 두 가지 중 하나다. 첫째, 화를 내며 언쟁을 벌인다. 둘째, 아이에게 의욕이 없다는 현실을 받아들이고 잔소리하지 않는다.

다른 방법은 없다. 하고 싶지 않다는 것을 억지로 시킬 수는 없다. 시간이 지나면 아이도 변한다.

십대 때 나 역시 그리 좋은 학생은 아니었다. 공부를 게을리 했고 수업도 자주 빠졌으며 겨우 고등학교를 졸업했을 정도다. 그때 우리 집은 가난했고 나는 집안일을 돕기 위해 식료품점에서 일했다. 공부를 잘해야겠다는 생각은 하지 않았다.

어머니는 우리 형제들에게 학교 생활에 대해 달리 말씀하시지 않았다. 어머니는 생활이 중요했기 때문에 그런 문제로 시간을 낭비하고 싶지 않으셨던 것이다. 다만 어머니는 자주 이렇게 말씀하셨다.

"이것은 네가 선택한 길이니까 그 대가는 네가 치러야 해. 누구도 대신할 수 없어."

훗날 군대에서 4년간 하사관 생활을 하고 나서 의욕이 생겨 대학 8년 동안을 우등생으로 보내고 박사학위를 받았다. 하고 싶은 의욕이 생겼을 때 해낸 것이다. 만일 그때 분노나 가정 불화나 적대감이 있었다면 학업에 집중하려는 생각이 들었어도 그 마음은 꺾였을 것이다.

 아이가 의욕을 보이지 않을 때는 묵묵히 지켜보는 것이 좋다. 마침내 아이가 의욕을 갖게 된다면 아무도 막을 수 없다. 실제로 그 무렵 누군가 나한테 공부하라고 잔소리를 했다 해도 내 태도는 바뀌지 않았을 것이다. 그러나 군대에 들어가 세계를 돌아다니는 동안 무지한 것보다는 배우는 것이 낫다는 점을 확실히 깨달았고, 그때부터 나는 공부에 전념했다.

정한 규칙에 예외를 달지 말라

 아이에게 벌을 주겠다고 했으면 지켜야 한다. 하겠다고 한 것을 철회하거나 진심이 아니었다고 말해서는 안 된다. 으름장이 아닌 실제로 벌을 주어야 한다. 동생을 때렸다고 해서 세 시간 동안 자기 방에 앉아 있는다고 아이가 배울 수 있는 것은 없다. 그러나 다소라도 그 벌을 결정하는 데 아이를 참여시키면 그 후에는 동생을 때리지 않게 된다.

 "동생을 때리는 것은 좋지 않은 일이라고 이미 여러 번 말했어. 그것을 네가 깨닫게 하려면 어떻게 해야 되겠니? 너를 때릴 수도 있지만 때리는 것은 쓸데없는 일이라고 생각한다. 네 방에서 생각해 보거라. 그러고 나서 화가 날 때 동생을 때리지 않고 네 기분을 전할 수 있는 방법이 있는지 의논해 보자. 네 기분이 가라앉은 뒤에 말이다. 그때까지 네 방에 가 있거라. 동생과 얼굴이 마주치지 않도록 하고. 이야기할 상태가 되면 이번 주에 자전거를 못 탄다든가 친구를 오지 못하게 한다든가 하는 벌을 결정하자. 동생을 때리는 것을 그냥 둘 수는 없으니까."

잠시 시간을 두고서 받게 될 벌을 생각하게 하는 요령 있는 권고가 "네 방에 들어가서 열여덟 살이 될 때까지 나오지 마라." 하고 이치에 맞지 않는 벌을 주는 것보다 훨씬 효과적이다.

아이들 말다툼에는 부모의 귀를 닫아라

아이들의 말다툼에 부모가 심판 역할을 하지 않도록 주의해야 한다. 때에 따라서는 화장실에 들어가 말다툼이 끝날 때까지 신문이라도 읽는 것이 좋다. 이것을 2주일 정도 계속하면 더 이상 집안의 작은 불화를 중재하느라 힘들지 않아도 된다. 아이들이 사소한 말다툼을 부모로 하여금 해결하게 하는 것은 대개 부모의 관심을 얻기 위해서다.

아이들에게 부모가 말다툼 중재만 하고 있을 수 없다고 행동으로 보여줘야 한다. 가장 효과적인 방법은 아이들이 스스로 매듭짓게 하는 것이다. 말다툼은 대부분 부모를 목표로 일어나기 때문에 함정에 빠지면 부모는 희생자가 된다. 판결을 내리는 것을 거절하고 "관심 없어. 너희들끼리 해결하거라." 하고 자리를 떠나면 된다. 그것만으로도 마무리된다. 보는 사람이 없고 누군가 개입해 주지도 않으면 힘든 것은 자신들뿐이기 때문에 싸우려 하지 않는다. 잠깐이면 말다툼은 끝나버릴 것이다.

어느 날 아홉 살 된 내 딸 트레이시가 친구인 로빈과 함께 머물게 된 호텔 방에서 큰 소리로 말다툼을 벌인 적이 있다. 원인은 누가 어느 침대에서 잘 것인가 하는 것이었다. 트레이시는 "내가 아빠 곁에서 잘 거야. 우리 아빠잖아." 하고 말했다.

이치에 맞는 말이라고 생각했다. 그러자 로빈이 반박했다. "하지만 내가 먼저 여기에 왔으니 옮겨가기 싫어."

이것도 이치에 맞았다. 말다툼이 심해지자 나는 화장실로 들어가서 신문을 읽으며 문제가 해결될 때까지 나오지 않겠다고 했다. 문 밖에서는 두 사람이 논쟁을 벌이는 소리가 들려왔다. 내가 중재에 나서지 않는다는 것과 관심이 없다는 것을 깨닫자 트레이시가 "종이에 숫자를 써서 높은 숫자가 쓰인 종이를 뽑는 사람에게 선택권을 주자." 하고 말했다. 화장실에 앉아서 나는 두 아이가 합의한 것과 그 간단한 해결 방법에 놀랐다.

만일 내가 중재에 나섰더라면 아이들은 쉽게 받아들이지 않았을 것이다. 아이들은 자신들의 문제에 대해서 대부분 해결 방법을 알고 있다. 이 방법이 항상 성공을 가져온다고 단언할 수는 없다. 때로는 시도할 때마다 전혀 효과가 없을 수도 있다. 그러나 부모가 바른 습관과 가치관을 아이에게 심어주어야 한다는 사실을 잊어서는 안 된다.

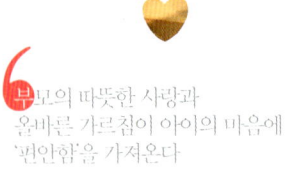

잔소리하지 않고 혼내지 않고 아이를 바르게 키우는 법

흔히 학교에서는 엄격한 예의범절을 가르치는 선생님이 필요하다고들 한다. 그러나 엄격한 선생님이 교실에 있는 동안에는 학생들이 예의바르게 행동하지만 선생님이 떠나면 난장판이 될 것이다. 바람직한 것은 선생님이 있든 없든 아이들이 예의바르게 행동하는 것이다.

학창 시절이 끝나고 나면 스스로 자신을 가르치는 것이 얼마나 중요한 일인지 알게 된다. 누군가 감시인이 붙어 있다면 그 사람은 공포심에서 바른 행동을 하는 것이지 예의바른 사람이어서가 아니다.

'예의'란 아이 마음속에서 우러나와야 하는 것   누군가 가르칠 때만 바르게 행동하도록 배운 사람은 평생 예절을 몸에 익히지 못한다. 부모에게 예절을 강요받은 아이는 부모가 곁에 있는 동안은 바르게 행동하지만 잠시 집을 비우면 자기 하고 싶은 대로 한다.

'부모님이 안 계시니 마음대로 하자. 늦게까지 게임을 해도 뭐라고 하는 사람이 없으니 실컷 할 수 있어.'

이것이 예절을 강요받으며 성장해 온 아이들의 태도다. 아이가 부모 곁을 떠나 독립할 나이가 되어도 성인으로 책임을 질 준비가 안 되어 있기는 일곱 살 때와 마찬가지다. 왜 그럴까? 그것은 가정교육이 징벌과 연계되어 있기 때문이다.

바람직한 가정교육이란 알아듣게 설명하는 것   일생을 통해 지침이 되는 도덕적 기준을 가정교육이라고 생각하자. 무한계 인간에게는 누가 있든 없든 도저히 할 수 없는 행동이 많이 있다.

예를 들어 점원이 실수로 더 준 거스름돈을 반드시 돌려준다. 그렇게 하지 않으면 발각될 수도 있기 때문이 아니다. 정직은 깨뜨릴 수 없는 정신적 규칙이라서다. 규칙을 깨는 것은 자신을 손상시키는 일이다. 그래서 타인 때문이 아니라 자신의 내적 가치관을 기초로 하여 판단하고 행동한다.

아이가 가치관을 형성해 가는 시기에 예절을 몸에 익혀야 하고, 부모는

아이가 가치관을 형성해 가는 시기에
예절을 몸에 익혀야 하고, 부모는 그것을 도와주어야 한다.
아이가 자발적인 예절을 익히면
부모가 곁에 없어도 아이의 행동을 걱정할 필요가 없다.

그것을 도와주어야 한다. 아이가 자발적인 예절을 익히면 부모가 곁에 없어도 아이의 행동을 걱정할 필요가 없다. 아이가 자신의 가치 기준에 따라 행동한다는 것을 알기 때문이다.

효과적인 예절 교육은 아주 어릴 때부터 시작해야 한다. 물론 아주 어린 아이에게는 간단히 "아기의 얼굴을 때리면 안 돼." 하고 말해 주거나 아이가 두려움을 갖지 않도록 설명해 주면 된다.

"아기는 어려서 때리는 것을 막지 못해. 누구든 얼굴을 맞으면 싫을 거야. 얼마나 아픈지 알지? 엄마가 없어도 아기를 때리지 않는 거야." 하고 때려서는 안 된다는 생각을 품게 하는 것이 효과적인 가정교육이다.

"다음에 또 때리면 볼기를 맞을 거야."라고 하면 아이는 '다음에는 아빠, 엄마가 없을 때 때리자. 그러면 안 맞을 테니까.' 하고 생각하게 된다. 위협하거나 힘으로 제재를 가하면 뒤돌아서 몰래 나쁜 짓을 하라고 가르치는 것이 된다.

아이에게 예절을 가르치는 이유를 납득시키고, 그 가르침을 잊지 말라고 당부하며, 그것은 야단맞는 것과는 관계없이 배워야 하는 것이라고 가르치는 게 바람직한 교육 방식이다. 이것은 어느 아이에게나 적용된다. 안전 운전을 하고 안전벨트를 매는 것이 부모를 걱정시키지 않기 위해서라거나 교통법규를 위반하지 않기 위해서가 아니라, 사고를 예방하고 또 사고가 났을 때 몸을 보호하기 위해서라고 가르쳐야 한다.

이런 가르침은 자발적이어야 한다. 속도를 내지 않는 것은 벌금을 내지 않기 위해서가 아니라, 자신의 생명이나 죄 없는 타인의 생명을 보호하기 위해 필요하다. 담배를 피우지 않는 것은 누가 하지 말라고 해서가 아니라, 자기 몸을 소중히 지키고 싶어서이다.

아이의 행동을 바꾸는 것은 '억압'이 아니라 '이해'다 아이에게는 행동 지침이 필요하다. 아주 어릴 때는 못하게 할 필요도 있다. 그러나 반드시 이해가 되도록 설명해야 한다. 특히 중요한 것은 아이가 자신이 하는 모든 일에 몸에 익힌 도덕적 기준을 갖고 대처해야 한다는 생각을 심어주는 것이다.

잠시도 눈을 떼지 않고 아이를 감시할 수는 없다. 유아기를 제외하고는 부모 곁에 있기보다 떨어져 자신의 길을 갈 때가 많기 때문이다. 부모가 곁에 없을 때 어떤 생각을 하고 어떤 행동을 하느냐가 중요하지, 철저히 감시 받을 때 어떻게 하느냐가 중요한 게 아니다.

선생님이 없어도 학생들을 신뢰할 수 있도록 하기 위해서는 자립적인 환경을 만들고 좋은 면학 분위기가 감돌도록 학생들에게 양식을 심어주는 수밖에 없다. 가정에서도 마찬가지다. 아이들에게 왜 공부하지 않으면 안 되는지, 왜 규칙이 필요한지를 가르치지 않으면 안 된다. 그러면 훗날 자기 훈련이 필요할 때 그 지침을 스스로 발견해 낼 것이다.

6 잔소리하지 않고 혼내지 않고 아이를 바르게 키우는 법

여덟 번째 이야기

건강한 몸에서 건강한 정신이 나온다

건강한 사람은 질병 자체에 주의를 기울이지 않는다.
건강한 상태야말로 자연스러운 것이므로
그런 것이 천성이라는 생각을 갖고 있다.
질병은 부자연스러운 것으로, 질병에 대비해
영양제를 먹을 필요가 없다.

'질병'에 주의를

기울이지 말고

'건강'에

관심을 쏟아라

오늘날 아이들 대부분이 건강하지 않게 키워지고 있다. 아이는 질병과는 비교적 무관하게 살 수 있는 본성을 지니고 있는데, 아이의 건강이 좀 더 권위 있는 사람, 예컨대 의사의 손에 달려 있다고 생각하는 부모들이 많다.

의학은 질병을 치료하는 게 아니라 사람이 건강해지도록 돕는 것을 목적으로 삼아야 한다. 이것은 '건강의학' 또는 '행동의학'이라고 불리는 것으로, 의사의 주된 역할은 사람들이 최상의 건강을 얻고 그 상태를 평생 유지하도록 돕는 것이라 보고 있다.

건강한 몸은 자연스러운 것이다

자신의 신체와 건강에 대해 스스로 매우 강한 지배력을 갖고 있다고 믿어야 한다. 건강한 습관을 통해 최고의 건강을 유지할 수 있으며 이 상태가 자연스러운 것이라고 믿어야 하는 것이다.

건강한 사람은 질병 자체에 주의를 기울이지 않는다. 건강한 상태야말로 자연스러운 것이므로 그런 것이 천성이라는 생각을 갖고 있다. 질병은 부자연스러운 것으로, 질병에 대비해 영양제를 먹을 필요가 없다.

다음은 부자연스러운 '질병 지향형'과 자연스러운 '건강 지향형' 삶의 태도를 대비한 것이다.

질병 지향형 머플러를 두르지 않으면 감기에 걸릴지 몰라.
건강 지향형 튼튼해서 괜찮지만 머플러를 하면 밖에서도 따뜻해.

질병 지향형 밤늦도록 안 자면 피로해서 감기에 걸릴지 몰라.
건강 지향형 평소만큼 안 자도 이따금 그러는 것은 상관없어.

질병 지향형 낮잠을 안 자면 피로해서 짜증이 나.
건강 지향형 낮잠을 잔 뒤에는 계속 기분이 좋아.

질병 지향형 숙제가 많으면 머리가 아파.
건강 지향형 공부에 너무 신경 쓰지 않으면 두통은 사라져.

질병 지향형 밖에 나가면 안 돼. 아직 뛰어다니는 건 무리야.
건강 지향형 얼굴빛이 좋아. 함께 산책하자.

무의식중에 질병을 부르는 습관을 버려라

아이에게 건강을 유지할 수 있는 능력이 있다고 믿는 부모는 질병을 부르는 행동을 하지 않는다. 반면 아이를 측은하게 여기고 "너는 약하니까 약을 먹고 얌전히 있지 않으면 안 돼." 하고 말할수록 아이는 자신의 건강은 스스로 어쩔 수 없다고 배운다. 아픈 상태로 있으라고 격려받고 있는 것과 같다. 아이는 다음과 같은 논리로 생각할 것이다.

'아프면 특별한 보살핌을 받을 수 있어. 다들 나한테 신경을 써주니까 기분이 좋아. 병원에도 데려가고 약도 사주고 학교도 쉬게 해. 이렇게 누워서 마음껏 보살핌을 받고 있으니 됐지 뭐. 관심을 받고 있잖아. 보호받는 게 이

렇게 좋으니 이대로 있자.'

부모가 병든 아이에게 주의를 기울일수록 아이는 평생 질병을 부르는 태도를 유지할 가능성이 높다. 따라서 부모는 아이가 질병에 주의를 기울이는 것을 중지시켜야 한다. 그것보다 중요한 것은 아이 스스로 질병을 예상하지 못하도록 하는 것이다. 그러면 아이는 감기, 두통, 독감, 복통, 알레르기, 천식 같은 것에서 관심을 돌려 건강한 태도로 이것들에 맞설 수 있다.

그렇다고 열이 나는 아이에게 열이 없는 것처럼 대하라는 것이 아니다. 아이에게 열이 나는 것에 대해 설명해 주고 "곧 열이 내릴 거다. 주스를 마시고 편히 쉬면서 열이 내린 기분 좋은 상태가 어떤 것일까 생각하면 돼. 그러면 열이 저절로 내려갈 거니까." 하고 말해 준다.

'누구라도 일상에서 질병을 쫓아낼 능력이 있다. 아이에게 함부로 많은 약을 투여하기보다 내적 치유력을 먼저 고려해야 한다.'는 가설에서 건강이 시작한다. 건강 지향형 태도는 '스스로 건강을 지킬 수 있다. 감기나 독감을 피할 수 있다. 질병은 정상적인 것이 아니다.'라고 믿는 것이다.

건강을 유지하는 5가지 방법

윌리엄 휘트머는 《완전한 건강으로 가는 첫걸음》이라는 책에서 건강하기 위한 다섯 가지 다짐을 제시하고 있는데, 그것이 부모의 태도와 어떻게 관련이 있는지 살펴보자.

첫째, 건강은 몸과 마음에 적극적이고 능동적인 태도를 취하는 것이다

<u>부모가 스스로 건강 지향형 태도를 보이고
아이의 모범이 되어야 한다.
그렇다고 해서 힘든 운동이나 식이요법을
하라는 것이 아니다. 인생의 쾌락이나 식도락을
멀리하라는 것도 아니다.
다만 가능하면 마음의 안식처인 신체를
황폐화시키지 않겠다고 다짐하라는 것이다.</u>

아이에게 자신의 건강을 관리할 수 있는 힘이 있다는 것을 믿게 한다.

둘째, 건강은 심신 상태가 자신의 책임이라는 것을 이해하는 것이다
건강이나 심신 상태는 자신에게 달려 있다는 것을 믿게 한다.

셋째, 건강은 부정적인 생활 방식을 버리는 것이다
아이의 부정적인 생활 방식이 건강에 왜 안 좋은지 알려주어야 한다. 예를 들어 단것을 지나치게 먹는 것이 질병을 부르는 행동이라는 점을 설명해 준다.

넷째, 건강은 오래도록 살며 생활이 향상되는 것이다
질병으로 허비되는 기간이 감소하면 아이의 생활은 향상된다. 또한 건강 지향형 습관을 익힌 아이는 기대 수명도 길고 생활 태도도 긍정적이다.

다섯째, 건강은 행복하게 사는 것이다
부모는 아이가 행복하고 즐겁게 살아가기를 원한다. 건강 지향형 태도는 이런 소망을 이루게 해준다.

건강 지향형 부모에게서 건강한 아이가 태어난다
아이의 응석을 받아들여 질병을 부추기거나, 환자처럼 말하고 행동하거나 우울한 모습을 보여주는 부모는 아이에게도 그렇게 하라고 가르치는 것이나 다름없다. 건강 지향형 태도로 생활하는 부모의 모습을 보면서 아이도 자연스럽게 이런 태도를 익혀간다.

단순히 병이 없다고 해서 만족할 수는 없다. 예를 들어 평소에는 몸 상태가 좋다고 느끼지만 계단을 2층만 올라가도 숨이 턱턱 막힌다면 이것은 평소 운동이 부족하든가 비만이든가 건강한 상태가 되기 위해 해야 할 일이 있다는 뜻이다.

부모의 건강한 생활 방식을 아이에게도 보여준다

부모가 건강 지향형 태도를 보이고 아이의 모범이 되어야 한다. 그렇다고 해서 힘든 운동이나 식이요법을 하라는 것이 아니다. 인생의 쾌락이나 식도락을 멀리하라는 것도 아니다. 다만 가능하면 마음의 안식처인 신체를 황폐화시키지 않겠다고 다짐하라는 것이다.

자신의 식습관을 의식하게 되면 여태까지 무의식중에 먹었던 음식들에 놀라게 될 것이다. 건강하기 위한 다섯 가지 다짐을 하고 다이어트나 운동을 시작해 보자. 도서관이나 서점에서 건강에 관한 책을 찾아보는 것도 도움이 된다. 물론 목표를 정해 놓고 규칙적인 운동을 하는 것도 바람직하다.

아이를 건강하게 기르는 것은 부모로서 당연히 해야 할 일이다. 그러려면 부모가 먼저 자기 자신의 건강부터 챙겨야 한다.

'질병에 주의를 기울이지 말고
'건강'에 관심을 쏟아라

건강 지향형으로 생활해야 하는 이유

　연구에 따르면, 십대 청소년은 어른보다 알코올중독자가 되기 쉽고, 처음 마시기 시작해서 6개월 뒤에 알코올중독자가 되는 일도 드물지 않다고 한다. 다른 연구에 의하면, 흡연자를 부모로 둔 아이들의 4분의 1은 어릴 때부터 상습적으로 담배를 피우게 된다고 한다.

　훌륭하게 생활하는 부모일지라도 건강 지향형 양육 방식을 무시한다면 아이에게 피해를 주는 것이다. 아무리 마음이 강하더라도 병든 육체에는 속수무책일 수밖에 없다.

*지금 당장
체질을 바꿔라*   아이는 건강하게 키워야 한다. 존 해리슨 박사는 《질병을 사랑하라》라는 책에서 이렇게 말했다.

> 일반적으로 스스로를 행복하다고 여기거나, 문제가 생길 때마다 만족스럽게 해결하는 아이는 건강하다.

건강 지향형으로 생활해야 하는 이유는 자신을 위해서다. 자신의 건강은 스스로 관리하지 않으면 안 된다. 또한 부모는 아이에게 인생을 건강하게 살라고 가르치지 않으면 안 된다.

존 해리슨 박사는 또 이렇게 말하고 있다.

> 질병에 걸리기 쉬운 체질은 생리적으로 물려받은 것이 아니라, 부모가 주는 메시지나 부모가 전하는 생활 습관과 식생활을 통해 물려받은 경우가 많다.

의사들은 올바른 식생활과 영양, 운동, 해로운 생활습관(흡연, 지나친 음주 등)의 배제와 당사자의 의지를 최고의 건강 수칙으로 꼽고 있다.

자신의 건강한 모습을 그리는 것은 운동이나 균형을 이룬 영양 섭취 못지않게 유익하다. 아니, 오히려 더 중요할 수도 있다. 마음의 눈에 비친 건강한 모습은 어느새 건강 지향형 생활 방식을 취하도록 만들기 때문이다.

마음의 이미지는 잠재의식 속에 축적되는데, 그 원리는 거울에 모습이 비치는 것과 같다. 스스로 바라는 모습을 마음속에 생생하게 그려볼수록 이미지가 현실화되는 행동을 시작하게 된다. 이것은 우주의 법칙이다. 아인슈타인은 "상상력은 지식보다 중요하다. 지식에는 한계가 있지만 상상력은 온 세상도 담아내기 때문이다."라고 말했다.

어떤 난치병도 치유하는 '이미지 치료법'

상상의 시각화 또는 이미지의 사용 같은 이론은 받아들이기 쉽지 않고, 또 스스로 실천하기에 망설이게 될 수도 있다. 나 역시 과거에는 마음속의 이미지를 사용하는 것이 내키지 않았던 적이 있다. 그러나 이미지 연습을 하면 자신이 바라는 어떤 기능도 향상시킬 수 있다고 확신한다. 나는 테니스의 백핸드를 이미지 연습으로 익힌 경험이 있다. 또 청중 앞에서 실수하지 않고 유창하게 연설하는 모습, 다른 사람들과 즐겁게 시간을 보내는 모습을 그려본 적도 있는데, 실제로 마음에 그린 대로 되었다.

암 전문의인 칼 시몬튼 박사가 고안한 멋진 실험을 소개해 보겠다. 이 실험은 인체 내 암 세포의 움직임을 다수의 환자에게 슬라이드로 보여주는 것으로 시작한다. 먼저 암 세포가 우르르 달려들어 건강한 세포를 무력화시키는 모습을 환자에게 보여주고, 이어서 건강한 세포가 암 세포에 대항하는 모습을 보여준다. 그러고는 환자에게 건강한 세포가 암 세포를 이겨내는 이미지를 그려내고 그 반대 상황은 상상하지 말라고 한다.

시몬튼 박사는 실제로 이 상상의 시각화를 실행한 환자들의 놀라운 치유력을 보여주었다. 건강 지향형 사고방식은 연구실뿐 아니라 중환자에게도 실행 가능하다. 질병의 이미지를 건강의 이미지로 바꿀 수 있도록 노력해 보자.

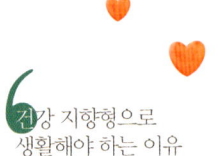
6 건강 지향형으로
생활해야 하는 이유

인생의 어려움을 이겨내는 힘, '웃음'과 '유머'

사람은 웃음이 필요하다. 불쾌한 표정을 지으면 신체도 피로해진다. 친구와 노는 아이를 보라. 장난기와 웃음이 넘친다. 웃음은 신체적·정신적 건강을 위해 꼭 필요하다. 아이들은 유머 감각이 있거나 진심으로 웃어주고 학교 생활을 즐겁게 해주는 선생님을 좋아한다. 따라서 매사에 심각하고 잘 웃지 않으며 아이와 함께 즐거워할 줄 모르는 부모는 아이의 긴장에 나쁜 영향을 주고 있을 가능성이 높다.

웃음이 질병을 치유한다는 것은 현대 의학에서 수없이 증명되었다. 노먼 커슨즈는 《질병의 분석》이라는 책에서 일상적 유머나 쾌활한 웃음이 실제로 중병을 치료하는 방법이 될 수 있다며 이렇게 말했다.

웃음이 질병에 효과가 있다. 나는 10분 동안 쾌활하게 웃는 것이 마취제 같은 효과가 있고, 그 결과 2시간 이상 통증을 느끼지 않고 잘 수 있다는 기쁜 사실을 발견했다. ……예전부터 전해 오던 '웃음은 만병통치약이다.'라는 이론에 생리학적 근거가 있다는 발견에 나는 무척 고무되었다.

아이가 웃을 때 그 아이는 질병의 예방과 치료에 필요한 약물을 혈관 속에 투여하고 있는 것이나 다름없다. 매사에 진지하기만 하고 공부만 하는 아이는 인생의 즐거움을 모를 뿐 아니라 육체의 허약도 함께 짙어지고 가는 것이다.

때로는 바보스럽고 우스꽝스러워도 가능하면 웃어야 하고, 아이에게도 그런 모습을 보여주어야 한다. 아이의 유쾌한 웃음소리가 들릴 때마다 아이는 자연스럽게 더 건강해진다.

**때때로 아이와
마음껏 놀아라**   부모는 아이가 웃거나 장난치고 싶어 하는 감정을 계속 유지할 수 있도록 도와주어야 한다. 아이를 놀려도 좋고, 아이가 농담으로 부모를 즐겁게 해주려 하면 허락하는 것이 좋다. 술래잡기를 할 때 일부러 잡히면 아이가 얼마나 좋아하는지, 부모가 수수께끼의 답을 모르면 얼마나 웃어대는지 알고 있을 것이다.

또한 아이가 부모를 놀라게 해주기 위해 갑자기 뛰쳐나올 때 놀란 척하면 얼마나 기뻐하는지, 부모에게 장난으로 물을 뿌리는 것이 얼마나 즐거운 일이며, 부모와 씨름하는 것이 얼마나 재미있는지도 알고 있을 것이다.

이런 웃음이나 장난은 아이가 건강을 부르는 상태를 지속하는 데 꼭 필요하다. 유머 있고 잘 웃는 아이, 항상 웃는 가정에서 자란 아이, 자신에 대해서도 웃을 수 있는 아이가 건강할 가능성이 훨씬 높다. 웃음이 넘치도록 의식적으로 노력하고 그런 환경을 만들어야 한다.

심리학자 루퍼스 브라우닝은 이렇게 말했다.

> 유머는 인생의 어려움을 이겨내는 힘이 된다. 그래서 유머는 자진해서 사귀어야 할 친구다. 일상의 유쾌함을 의도적으로 찾아서 말이다.

때로는 바보스럽고 우스꽝스러워도 가능하면 웃어야 하고, 아이에게도 그런 모습을 보여주어야 한다. 아이의 유쾌한 웃음소리가 들릴 때마다 아이는 자연스럽게 더 건강해진다.

웃으면서 아플 수는 없다 유머 감각이나 웃는 법을 익히지 못한 아이는 유머나 농담, 장난에 불쾌감을 느끼고는 한다. 그런 아이는 타인을 웃게 할 능력도 없고 때로는 타인의 농담도 이해하지 못한다. 또한 사람을 낮추는 말에는 공격적이 되고 농담을 들을 때면 분노를 드러낸다.

유머를 모르는 아이, 유머에 무감각한 아이는 대부분 필요 이상 질병을 자초하고 있다. 웃으면서 건강이 무너지는 일은 없다. 웃음이나 농담은 인간의 자연스러운 행동이고, 놀이나 장난은 상호 작용이나 신체 기능을 배우는 수단이다. 비유나 익살, 반전을 자아내는 농담은 아이에게 즐거운 놀이가 되고 어려운 말을 이해하는 데도 도움을 준다.

놀이를 통해 웃음으로 키우는 것이 엄격하게 키우는 것보다 부모와 자식을 사랑으로 강하게 연결한다. 아이는 놀리는 것이 허용되면 자신을 놀려도 기분 나빠하지 않는다. 놀이는 삶을 즐겁게 살아가는 힘을 주고, 아이가 건강한 행동을 하는 데도 도움을 준다.

6 인생의 어려움을 이겨내는 힘, '웃음'과 '유머'

Be Happy

밝고 씩씩한 아이로 키우기 위한 조언

감기, 발열, 통증, 상처 등 아이의 몸에 어딘가 안 좋은 징후가 있더라도 이렇게 말해야 한다.

"곧 나을 거야."

"병든 게 아니라 잠시 그런 증상이 있는 거야."

"이런 사소한 증세를 자꾸 생각하시 않도록 노력하면 눈 깜짝할 사이에 좋아질 거야."

아이에게 질병을 물리칠 힘이 있다는 부모의 믿음이 전해지도록 말을 선택해야 한다. 건강하다는 것과 자신의 몸을 관리할 힘이 있다는 것을 아이에게 상기시키면, 아이도 질병에 주눅들지 않는 상태가 지속된다.

병원은 '치료'가 아니라 '예방'이 목적이다 질병의 진행을 막는 항생제를 복용하는 것은 좋다. 그러나 약을 과신하거나 병원에 다니는 것이 습관화되어서는 안 된다. 질병이라고 할 수 없는 정도의 통증이라면 약을 먹지 말아야 한다. 경미한 통증 때문에 병원을 찾는 일도 피해야 한다. 아이가 의사에게 자주 갈수록 부모는 아이에게 '의사 선생님이 치료해 주실 거다.' 하고 가르치는 것이다. 실제로 이렇게 말하는 부모도 있다. 아이가 병원에 가는 것을 치료의 일부로 생각하지 말고 스스로 건강에 좀 더 책임을 지도록 가르쳐야 한다.

오늘날 치과 의학은 예방에 중점을 두고 있다. 아이에게는 항상 이를 깨끗이 닦아 충치를 예방하도록 가르쳐야 한다. 치석 생성과 제거, 치실 사용법을 가르쳐야 하는 것이다. 치과는 주로 구강 질환을 예방하기 위해 가는 곳일 뿐 치료는 부차적인 것이어야 한다. 병원의 가장 큰 역할은 치료를 위한 투약이 아니라 예방이다.

건강을 부르는 올바른 식생활 상식 영양학적으로 무익한 식품은 사지 않는 것이 마땅하다. 그것은 아이에 대한 책임이다. 아이가 원하더라도 그런 식품은 집안에 두지 말아야 한다. 그러면 언젠가 아이도 사탕보다 사과 쪽에 손을 내밀게 될 것이다.

그리고 음료수 대신 아이에게 물을 마시도록 가르쳐야 한다. 물은 훌륭한 정화제이다. 과자나 음료수를 즐겨 먹는 아이일지라도 부모가 깨끗한 물과 건강식품을 주고, 냉장고에서 가공식품이나 음료수를 치워버리면 천천히 변해 갈 것이다.

공부도 좋지만 '노는 것'은 더 중요하다 아이에게 공부를 강요하기보다는 놀이를 하고 함께 있어주고 인생을 즐기는 데 중점을 두어야 한다. 건강 지향형으로 크는 아이는 즐거운 일을 부모와 함께 한다. 이런 아이는 부모를 두려워하지 않고 존경한다. 부모가 아이의 말을 이해해 주고 하는 일을 격려해 주며, 실수를 웃어넘겨 주고 엄격하게 받아들이지 않는다면 아이는 건강 지향형으로 성장한다.

인생은 대부분 적절한 태도를 갖출 때 즐거워진다. 그러나 불만이 있어도 침묵하거나 부모가 계획해 놓은 미래를 향해 열심히 노력하는 것만이 중요하다고 믿는 아이는 부모가 기대하고 있는 것만 한다. 그런 아이는 부모가 기뻐하는 것밖에 말하지 않는다.

두려워해서는 안 된다는 말을 듣고 자란 남자 아이는 마음에 드는 여자 아이에게 데이트 신청을 못해 망설인다 해도 부모 앞에서는 용감한 체할 것이다. 새로운 남자 친구와 어느 정도 친밀해져야 할지 불안감을 느끼는 여자 아이는 부모가 반대하는 것을 알면 부모 앞에서는 시치미를 뗄 것이다.

부모는 이런 문제에 대해서도 아이와 자유롭게 대화를 나누어야 한다. 아

아이에게 공부를
강요하기보다는
놀이를 하고
함께 있어주고
인생을 즐기는 데
중점을 두어야 한다.

이의 기분을 잘 알고 있다는 것을 알려주고, 아이가 정직하게 이야기한다고 하여 벌을 주거나 비난하지 않는다는 것을 아이에게 가르쳐주어야 한다.

　건강한 태도는 무엇이든 이야기할 수 있고 아이를 비난하지 않는 것이다. 아이가 솔직히 말해도 좋다고 생각할 만큼 부모를 믿을 수 있는 환경을 만들어주자.

아이 스스로
텔레비전을 끄게 하라

텔레비전만 보고 있으면 가족 사이의 교류가 단절된다. 텔레비전을 끄고 새로운 일에 도전하거나 새 친구를 사귀거나 건강 지향형으로 심신을 단련할 기회를 가져야 한다. 가만히 앉아 수동적으로 즐기기만 하는 시간이 줄어들수록 아이는 건강과 행복에 대해 생각하는 시간이 늘어난다.

부모의 불평이 아이를 불쾌하게 만든다

불쾌감을 입 밖에 내지 않으면 그 원인도 사라져버린다. 따라서 아이 앞에서 기분 나쁜 이야기를 하는 것은 가급적 피해야 한다.

기분이 좋지 않을 때조차 "상쾌해, 아주 즐거워." 하고 말하라. 혹 진실이 아니더라도 남에게 괴롭다고 말하지 말아야 한다. 그러다 보면 불평 대신 즐거움이 몸에 배게 된다.

아이가 습관적으로 몸이 아프다며 불평을 하면 그것은 부모가 똑같이 행동하고 있거나, 아이의 불평을 들어주고 동정을 하고 있는 것이다. 이런 불평은 자제해야 한다.

몸이 원하는 음식은 아이가 알고 있다

아이가 먹고 싶어 하지 않는데 먹으라고 강요해서는 안 된다. 사람의 몸은 건강을 유지하는 법을 알고 있는 매우 훌륭한 창조물이다. 어린아이는 본능적으로 싫은 것은 먹지 않고 지나치게 먹지도 않는다. 또 정해진 식사 시간이 있어도 배가 고프지 않으면 먹으려 하지 않는다. 집에서 먹는 음식은 아이 스스로 자기 분량을 정하게 해야 한다.

질병을 뜻하는 단어 'disease'는 'dis-ease' 즉 편안하지 않다는 말이다.

사랑은 정직하고 순수해서 자신의 이익을 위해 타인을 이용하지 않는다.
자신의 아이, 나아가서 인류에게 무엇이 유익한지 생각해 보자.
나부터 변해야 세계가 변한다.
한 단계씩 올라가면 된다.
사랑은 산소처럼 꼭 필요하다.
아이에게 사랑을 주고 미움을 심지 않는 연습을 매일 반복하라.

아홉 번째 이야기

아이는 꿈을 찾아가는 일등 항해사다

부모의 사랑이 충분할 때 아이는 '미래'를 생각한다

연구에 따르면, 사랑을 거부당한 아이는 이런 종류의 고통스러운 경험에서 다시 일어설 수 없게 된다고 한다. 사랑은 인간의 기본적인 권리다. 부모는 아이가 충분한 사랑을 받고 있다는 것을 느끼게 해주어야 한다.

모든 문제를 해결하는 열쇠는 '사랑'이다 스킨십은 아이가 어릴 때만 필요한 것이 아니다. 아이의 성장에 맞춰 그 형태가 바뀌어갈 뿐이다. 아이는 언제나 사랑받고 있다는 것을 확인하고 싶어 하므로 평생 순수한 사랑을 듬뿍 받아야 한다.

어린아이는 애정 어린 말을 들으면 마음이 편안해진다. 꼭 안아주거나 손을 잡거나 다정하게 말을 걸면 아이는 자는 동안에도 부모의 사랑을 느끼고, 자신을 소중히 여긴다.

부모가 아이에게 사랑을 쏟을수록 아이는 사랑에 감싸인다. 마음속에 사랑이 넘치면 타인에게도 사랑을 줄 수 있다. 사랑을 갖고 있기에 줄 수 있다는 말이다. 오늘날 인간이 직면한 중요 문제의 원인을 살펴보면 해결책이 지극히 단순해서 깜짝 놀랄 정도다. 인간이 직면한 사회 문제를 해결하려면 태아 때부터 서로를 사랑하면 된다.

분명히 사랑은 모든 것을 해결해 준다. 이상주의자의 감상적인 말이 아니다. 올바른 의미에서의 해답이다. 문제를 일으켜 교도소에 들어가거나 심지어 사형수까지 되는 사람들을 조사해 보면 애정 결핍이라는 원인을 발견하게 된다.

많은 청소년들이 물건을 훔치고 다시 폭력범이 된다. 그들도 어릴 때는 사랑스러운 아이였고 유능한 인물이 될 수 있는 가능성이 있었다. 길을 벗어난 것은 애정 결핍 때문이다. 적절한 사랑이나 자신감이나 타인에 대한 사랑을 익히면 교도소는 필요없어진다.

동생을 때리거나 욕을 하거나 자전거를 훔치면 그것이 잘못된 행위라는 점을 깨우쳐주어야 한다. 아이에게 이렇게 말하면 된다. "너를 사랑하기 때문에 그런 것을 하면 안 돼."

마음에 사랑이 부족하면 행동은 적대적이 된다. 아이의 마음에 사랑이 자라도록 부모가 도와주지 않으면 안 된다.

아이가 좋아하는 음식은
'세 끼의 사랑'이다   사랑 속에 자란 사람은 범죄를 저지르지 않는다. 세상을 더 살기 좋은 곳으로 만들려고 한다. 사랑 속에 자란 사람은 굶주린 사람이나 가난한 사람을 외면하지 않는다. 곤경에 빠진 사람을 구하려 애쓴다.

사랑은 정직하고 순수해서 자신의 이익을 위해 타인을 이용하지 않는다. 자신의 아이, 나아가서 인류에게 무엇이 유익한지 생각해 보자. 나부터 변해야 세계가 변한다. 한 단계씩 올라가면 된다. 사랑은 산소처럼 꼭 필요하다. 아이에게 사랑을 주고 미움을 심지 않는 연습을 매일 반복하라.

"우리 애는 좋은 점이라곤 찾아볼 수 없어.", "우리 애는 아주 고집불통이야."라고 말하지 말고 다른 관점에서 아이를 바라보자.

아이를 나쁘게 말하는 것은 부모의 문제이지 아이의 문제는 아니다. 부모의 마음에 숨은 판단이나 감정을 반영하는 것이다. 혹시 진실을 담고 있고 근거가 있다 해도 그것은 마음의 문제다. 그 마음이 부모로서의 출발점이다. 항상 사랑으로 대하면 아이들의 마음에도 사랑이 더욱 커져갈 것이다.

타인과 늘 충돌하고 분노와 증오를 느끼는 사람은 어디에도 속하지 못하고 자괴감을 드러내 타인에게 상처를 입힌다. 사랑이 미움을 대신하면 친밀감이 생기고 더 이상 상처를 입히지 않게 된다. 사랑과 존경으로 타인을 대하고 충분히 베풀면 희망이 없던 사람도 회복되어 간다. 사랑은 아이의 기본 권리이다. 항상 아이에게 사랑으로 대해야 한다. 사랑이 우리 자신뿐만 아니라 인류를 치유해 준다.

**사랑이 흘러 넘쳐야
타인에게도 나눠줄 수 있다** 아이가 부모의 사랑을 받으면 스스로 사랑받을 가치가 있다고 생각하고, 부모의 사랑을 자신에 대한 사랑으로 바꾼다. 자신에 대한 사랑을 느끼기 위해서는 먼저 타인으로부터 충분한 사랑을 받아야 한다는 것은 인생의 아이러니다. 사랑이 넘치면 그것이 자신에 대한 사랑이 되고 타인에게도 사랑을 쏟아부을 수 있다.

부모가 아이에게 넘치도록 사랑을 주고 존재감과 친밀감을 갖게 하면 아이는 자아상을 부풀리게 된다. 자아상이 적극적인 의미를 지니고 자신을 가치 있는 사람으로 생각하게 될 때, 타인에게도 똑같은 의미를 발견하고 가치 있다고 느낀다. 자신을 경멸하면 경멸감이 들어앉고 타인에 대해서도 같은 느낌을 갖게 된다.

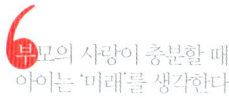

'목적의식'과 '만족감'이 아이에게 꿈을 품게 한다

부모는 아이가 목적의식을 갖고 만족감을 느끼며 살 수 있도록 도와주어야 한다. 삶의 의미를 제대로 모르면 인간은 우왕좌왕하고 자신이 왜 살고 있는지 회의를 느끼게 된다.

목적의식과 만족감을 갖춘 삶을 살기 위해서는 이기적인 욕구를 벗어나 타인과 함께하려는 자세가 필요하다. 그러다 보면 아이는 자신의 행위가 타인에게 어떤 영향을 주는지 한 번 더 생각하게 되고, 자신의 행동에 주목하며, 어떻게 하면 타인과 함께 성장할지 고민하게 된다.

**타인과 함께한다는 생각이
목적의식을 만든다**　　　목적의식을 지닌 삶이란 만족감과 성취감을 맛보기 위해 자신이 중요하다고 생각하는 것을 실행하는 것이다. 드러난 대가나 타인의 의견에는 관심을 두지 않고, 진실한 마음으로 생활하고, 기쁨으로 행동하며, 자신의 행위가 세상에 작은 도움이 되기를 바란다.

　아이가 처음에는 이기주의적인 성향을 보일 수도 있다. 그러나 어느 사이 자기 자신과 평온한 기분으로 마주 보게 되고 타인을 기쁘게 할 것이다. 친구가 선물을 받았을 때도 마치 자신이 받은 것처럼 기뻐할 수 있는 정도가 되면 타인이 좋은 결과를 얻을 때 진심으로 기뻐한다.

　목적의식은 태어난 지 얼마 안 되는 어린아이에게도 움트게 할 수 있다. 목적의식을 기르기 위해서는 자신의 껍질을 깨는 마음으로 자기 일에 완전히 몰입할 수 있는 사람으로 자라도록 도와주어야 한다.

**에이브러햄 매슬로의
'무한계 인간교육론'**　　심리학자 에이브러햄 매슬로는 낙관적 인간론을 최초로 주장한 학자다. 인간의 약점을 기반으로 발달해 온 이론들과 달리 그의 이론은 인간의 잠재력에 주목하고 자녀 교육에 훌륭한 기준을 제시하고 있다.

　매슬로는 이 기준을 인간의 욕구 단계로 부른다. 사람은 각기 기본적인 욕구에서 출발해 매슬로가 말하는 '자기 실현'이라는 정상에까지 오른다고 한다. 여기에 도달하기 위해서는 욕구의 계단을 먼저 올라가야 한다. 이 계단에 높이 오를수록 목적의식을 지닌 높은 차원에서 행동할 수 있게 된다.

인간은 어떤 순간에도 활발하게 기능하고 있다. 그것이 행동의 동기가 된다. 현재가 완벽하다 해도 성장할 가능성이 있다. 목표에 도달하기 위해 자신의 결점을 주목할 필요는 없다. 능력을 최대한 이끌어낸 사람들을 연구한 결과 매슬로는 다음과 같은 생각에 바탕을 둔 이론을 발전시켰다.

차원이 높은 생활을 하면서 충분히 힘을 발휘하고 있는 사람들을 연구하고, 배울 수 있는 점을 끌어낼 수 있는 한 끌어내자. 이런 종류의 사람들이 어떻게 생각하고, 무엇을 하고, 어떤 성격을 지니고 있는지 관찰하자. 사람은 목표가 주어지면 최고의 수준에 도달할 수 있지 않은가.

바꾸어 말하면, 가장 훌륭한 사람으로부터 자극을 받아야 한다는 것이다. 가장 위에 있는 단계에서 아이는 소중한 가치관을 갖는다. 따라서 침울해하거나 불안해지는 일이 없다. 반대로 가장 아래 단계에 있는 아이는 노이로제에 시달릴 우려가 있다.

매슬로는 '노력'의 심리학에 반대하고 '도달'의 심리학을 주장한다. 도달할 때까지는 여러 단계를 통과해야 한다. 부모는 가장 위에 있는 단계까지 아이가 도달하도록 하겠다는 목표를 두고 있는지 잘 생각해 보아야 한다. 차례로 단계를 밟아야 하는 것은 야구와 마찬가지다. 1루와 2루를 밟지 않고 곧장 3루를 향해 뛸 수는 없다.

목적의식은 태어난 지 얼마 안 되는
어린아이에게도 움트게 할 수 있다.
목적의식을 기르기 위해서는
자신의 껍질을 깨는 마음으로 자기 일에
완전히 몰입할 수 있는 사람으로
자라도록 도와주어야 한다.

훌륭한

세계관을

갖춘

아이로 키워라

일이나 여가를 통해 인생의 목적을 발견할 수 있는지는 단언하기 힘들지만, 목적의식이 있으면 의미 있는 인생을 보낼 수 있다는 점은 의심의 여지가 없다.

부모가 '통제'를 거둘 때 아이는 한 계단 더 성장한다

아이들 중에는 두려움이 있어 사람들과 잘 어울리려고 하지 않는 아이도 있다. 그런가 하면 호기심을 갖고 가슴 설레는 일이 일어나는 것을 보고 좋아하는 아이도 있다. 즐거움 가운데 배운 것은 쉽게 익힌다.

부모들은 '귀찮은 두 살', '미운 세 살'이 되면 소란을 피우는 꼬마 독재자로부터 "싫어."라는 말을 종종 듣는다. 이럴 때 부모의 권위로 "안 돼." 하고 제지하면 두세 살짜리 아이와 부모 사이에 말다툼이 생긴다. 뿐만 아니라 아이의 욕구와 호기심을 꺾어버린다.

어린아이의 기본적인 욕구를 채워주기 위해서는 안전한 범위에서 스스로 판단하게 해야 한다. 음식을 먹을 때는 아이 마음대로 먹게 하라. 아이는 본능에 대해서는 타고난 천재다. 언제 먹고 싶은지 먹고 싶지 않은지 잘 안다. 물을 마시고 싶은지 아니면 밀어내고 싶은지 스스로 알고 있다.

그리고 본능적으로 언제 자고 언제 일어날지도 알고 있다. 이처럼 아이는 완전한 기능을 지니고 있다. 언제든지 부모가 귀를 기울이면 그들이 생존본능을 충분히 갖고 있음을 알 수 있다.

아이가 성장하면 신체의 기본 기능에 대해서는 스스로 관리하게 해야 한다. 먹을 것을 강요하거나 부모의 사정에 따라 재우려 하지 말고 스스로 더위, 추위, 배고픔, 목마름, 졸음 등을 느끼도록 해주어야 한다. 부모가 아이의 변덕을 따를 필요는 없다. 신체의 욕구는 아이가 책임지게 하고 독립성을 몸에 익히게 하는 것이 좋다. 십대가 되면 스스로 식사도 준비할 수 있게 하고, 상식적인 범위 안에서 취침 시간을 결정하게 하고, 영양의 균형도 검토하도록 유도하자.

아이를 통제하며 참견하지 말고, 상식을 벗어나지 않고 건강을 잃지 않는 범위에서라면 자신의 생활을 관리하게 하라. 그러다 보면 균형 잡힌 식사나 수면 시간, 건강한 운동 계획 등을 스스로 선택하게 된다.

아이가 자신의 생활을 관리할 수 없다면 곰곰이 생각해 보자. 부모가 통제하거나 행동을 유도하기 위해 신체의 욕구를 이용하다 보니 스스로 관리할 수 없게 된 것은 아닐까?

어릴 때부터 자기 일을 책임지고 관리하도록 부모가 주의를 기울이면 아이는 욕구의 계단을 더 쉽게 올라갈 수 있게 된다.

생활 속에서 찾는 즐거움

아이에게 자연을 체험하게 하자. 그리고 아이가 스스로 즐기려는 노력을 칭찬하되, 타인을 물리쳐 이긴다거나 물건에 집착하는 행동에는 칭찬을 거둬야 한다. 그러기 위해서는 부모가 생활의 질이 높은 사람이 되어야 한다. 그리고 주위 사람이 아이를 높이 평가하지 않아도 당황하지 말라고 가르치고, 모든 사물을 높이 평가하는 태도를 몸에 익히게 하는 것이 좋다. 그러면 생활 속에서 좋은 것을 찾아낼 수 있는 능력이 있다는 것을 자각하게 한다.

불쾌함 속에서 유쾌함을 찾는 지혜

사물의 어두운 면을 볼 때도 낙관적으로 생각하게 해야 한다. 잔의 빈 부분이 아닌, 남아 있는 부분을 보는 아이로 키워야 하는 것이다. 세상은 불행한 곳이라고 생각하는 사람은 흔히 자신의 처지를 불행하게 느끼도록 배워 왔다.

인생을 행복하게 여기고, 세상이 좋은 쪽으로 향하고 있다고 믿으며, 수수방관하지 말고 자기 운명에 책임을 져야 한다고 믿는 아이로 키우자. 내가 지금까지 만난 목적의식을 지닌 사람들 중에는 비관론자가 한 사람도 없었다. 목적의식이 있는 사람은 발전을 믿고 그럼으로써 더욱 발전한다. 나빠질지도 모른다고 상상하면 도리어 그 방향으로 나아간다. 목적의식과 낙관주의와 적극적인 기대는 상호작용을 한다.

'지금 이 순간' 칭찬받은 아이는 아름답게 진화한다

일상 속에서 아이를 칭찬하라. 사람에게 현재가 중요하고 지금도 목적을 갖고 있다는 것을 잊어서는 안 된다. 아이에게 이런 식으로 말해 보자.

"덧셈이나 곱셈은 중요한 공부지. 벌써 익혔다니 기쁘구나."

"어려운 이웃에게 먹을 것을 나눠주는 것은 좋은 일이야. 모두들 다른 사람을 생각한다면 세상이 지금보다 더 살기 좋아질 거야."

아이에게는 현재가 중요하다. 아이의 일이나 노력이 얼마나 뛰어난지, 또 타인에게 도움이 되는 일을 하면 그 사람이 얼마나 기뻐하는지 가르쳐주기만 해도 아이의 의지를 북돋워주게 된다.

어려운 이웃에게 과자나 우유를 나눠주는 아이는 훗날에도 고통받는 사람들을 도와준다. 이런 행동을 할 수 있게 하려면 아이가 칭찬받을 만한 말이나 행동을 할 때 적극적으로 칭찬해 주어야 한다.

아이 스스로 폭력을 다스리도록 가르쳐라 아이가 다른 아이를 때리거나 욕설을 내뱉을 때는 단호한 행동을 취해야 한다.

"화가 나면 화를 낼 수 있지만 때려서는 안 돼. 네 방에 가서 왜 다른 사람을 때려서는 안 되는지 생각해 보거라."

아이가 폭력을 휘두를 때마다 납득할 때까지 이런 말을 되풀이해 준다. 물론 이때도 부모가 아이를 사랑한다는 것을 보여주어야 한다. 평화를 사랑하는 것이 가족이나 세상을 좋게 만들어가는 유일한 방법이라고 아이의 마음속에 각인시킨다.

아이가 이것을 명령으로 받아들이면 아무런 의미가 없다. 부모가 아이보다 나이가 많다는 이유로 때리거나 하지 않는 것처럼, 나이 많은 사람이 어린 사람을 때려서는 안 된다는 점도 잘 알려주어야 한다.

분노나 증오가 아닌 온화한 마음으로 서로를 대하는 것이 중요하다. 아이들끼리, 특히 형제들끼리는 항상 언쟁을 벌이고 때리거나 소란을 피우게 마련이라는 말은 맞지 않다. 아이에게 온화함과 사랑과 화합을 배우게 할 수 있기 때문이다.

사람들이 함께 생활하다 보면 갈등이 발생할 수는 있지만, 함부로 자신의 기분을 타인에게 풀어서는 안 된다. 이것은 세상에 통용되는 법칙이고 평화롭게 살아가기 위해 지켜야 하는 가치이다. 폭력의 기미가 보이면 바로 경계하고, 드러나면 멈출 준비를 해야 한다.

아이가 사소한 언쟁을 벌일 때마다 일일이 감시하고 판정을 내려야 한다는 것이 아니다. 가족이 있는 데서 화를 내거나 때리거나 증오심에 찬 말을 입에 담을 때처럼, 폭력이 분명한 형태를 취할 때에만 적용되는 법칙이다. 이런 행위를 절대로 용납해서는 안 된다. 어릴 때부터 허용될 수 없는 행위라는 것을 알게 되면 아이는 충분히 억제할 수 있다.

서로의 기분이 좋아지는 취미생활을 함께 하라 아이에게 아름다움이나 사랑, 용기 등 건전한 가치를 발견할 수 있는 책들을 읽어주자. 《어린 왕자》, 《갈매기의 꿈》, 《이상한 나라의 앨리스》, 《걸리버 여행기》 등 교훈을 전해 주는 책을 골라 읽어주어야 한다. 그런 다음에는 부모와 아이가 힘께 책에 대한 이야기를 나눠 본다.

아이와 함께 시낭송을 하거나 음악을 듣거나, 연극이나 영화를 보는 것도 좋다. 각각의 경험에서 많은 것을 배울 것이다. 특히 아이는 부모와 대화하면서 더욱 많은 것을 배울 수 있다.

아이와 하나가 되어 함께 배우는 것을 주저해서는 안 된다. 아이의 나이에 맞춰 차원 높은 욕구를 충족시킬 정보를 모으는 것도 좋은 방법이다. 십대에 접어들면 유익한 영화를 함께 보고 감상을 이야기하는 것도 좋다.

긍정적인 생각이 면역력을 높인다 긍정적으로 생각하면 신체의 면역력이 강해지고, 부정적인 생각을 하면 반대의 결과가 나온다. 건강을 위해서도 즐겁게 생활해야 한다. 생각이 신체에 영향을 주고, 화를 내면 스트레스가 쌓여 건강을 해친다는 점을 아이도 이해해야 한다.

흉내 낸 성공보다 자기만의 실패가 더 낫다 아이의 개성을 존중하라. 차원 높은 가치관을 갖고 있고 차원 높은 욕구를 존중하는 사람은 타인에게 맞추어 살지 않는다. 아이에게 독창성이 중요하다는 것을 가르치는 것이 중요하다. 차원 높은 가치를 아는 사람은 모험적이고 자기만의 방법을 찾아내기 위해 노력한다. 결과에 상관없이 아이가 독창적이 되도록 격려하면 아이는 차원 높은 가치를 알게 된다.

부모도 휴식시간이 필요하다 아이를 키우다 보면, 짜증을 부리거나 제멋대로 버릇없는 행동을 할 때가 있다. 그럴 때는 부모도 아이에게 벗어나 잠시 쉴 권리가 있다. 부모가 아이의 희생물이 될 필요도 없고, 아이의 욕설을 참아낼 필요도 없다.

아이에게서 잠시 떨어져 쉬는 것은 부모에게 중요하고, 부모와 자식 사이에 거리를 두는 것이 아이에게도 중요하다. 부모가 아이에게 떠나 있는 것은 부끄러운 일이 아니므로 죄책감을 느낄 필요도 없다. 부모와 아이가 떨어져 보내는 것이 생활의 일부가 되면 서로의 가치를 잘 알게 되고, 부모가 자기만의 일을 하거나 차원 높은 욕구에 몰입할 곳을 일부러 찾지 않아도 된다.

아이보다 더 소중한 것은 없다 사람이 물건보다 중요하다는 것을 염두에 두자. 사람에 대한 태도가 물건을 사는 것보다 중요하다. 마음의 평화에는 가격을 매길 수 없다.

미국의 유명한 강타자 허먼 킬브르는 야구의 전당에 들어서며 이렇게 말했다.

> 어느 날 뒷마당에서 아버지와 동생과 함께 축구를 하고 있었는데 잔디기 망가져 어머니에게 야단을 맞았습니다. 그때 아버지가 하신 말씀이 있는데 그것을 내 아이를 기를 때 지침으로 삼고 있습니다. "우리는 아이를 기르고 있는 것이지 잔디를 기르고 있는 게 아니오."

이런 원칙을 갖고 아이를 대하면 활기차고 즐겁게 생활할 수 있다. 아이의 기쁨이나 행복, 성공, 성취가 육아의 참된 목적이다.

아이는 스스로 결정하고 싶어 한다

아이가 부모의 간섭 없이 자신만의 질서를 만들게 하라. 그렇다고 질서의 필요성을 아이에게 강요하면 안 된다. 평생에 걸쳐 자신을 통제하기 위한 질서 의식을 지니게 해야 한다.

아이의 방은 아이의 방다워야 한다. 건강에 해로운 일이 발생하지 않는 한 부모가 방을 정리해 줄 필요가 없다. 아이는 자기 식으로 물건을 정리하는 법을 찾기 위해 혼란스러운 절차를 거치게 마련이다. 더러운 옷을 마구 내던져 방 안을 어지럽혀 자기 세계가 자신의 통제 아래 있다고 느끼는 것도 중요하다.

나이와 상관없이 누구나 자기 세계에 대한 결정권을 갖고 싶어 한다. 위험한 경우가 아닌 한 부모가 아이의 결정권을 인정해 주고 간섭하지 않으면, 아이는 가장 영향력이 큰 사람, 즉 부모에게 자발적인 결정권을 인정받고 격려받은 것이 된다.

부모와 자녀 관계의 뿌리는 '진실'이다

아이가 뭔가를 망가뜨리고 나서 벌 받을 것이 두려워 부모에게 이야기하고 싶어 하지 않는다면, 진실을 이야기하지 않아도 된다는 불문율을 부모가 만든 것이다. 거짓 없는 환경은 아이를 기르는 데 가장

나이와 상관없이 누구나 자기 세계에 대한
결정권을 갖고 싶어 한다.
위험한 경우가 아닌 한 부모가
아이의 결정권을 인정해 주고 간섭하지 않으면,
아이는 가장 영향력이 큰 사람, 즉 부모에게
자발적인 결정권을 인정받고 격려받은 것이 된다.

건전하고 안전한 곳이다.

　어떤 이유든 거짓말을 하지 않으면 안 되었을 때를 돌이켜 보라. 그런 상태에서는 불안감이 따라다닌다. "진리가 너희를 자유롭게 하리라."는 격언을 기억하자. 이것이야말로 바로 진리다. 아이가 정직하게 이야기하면 칭찬하라. 거짓을 알게 되면 곧 아이에게 주의를 기울여야 한다. 거짓을 못 본 체하는 것은 아이를 위하는 일이 아니다.

　아이가 도움을 필요로 할 때 어떻게 하는지 살피고, 아이와의 관계에 벽을 만들지 말라. 상의하고 싶은 일이 생기면 부모에게 무엇이든 이야기해도 괜찮다고 아이가 생각하게 될 것이다. 아이가 거짓말을 하면 아이에게 문제가 있다고 생각하지 말고 이렇게 자문해 본다. '아이가 진실을 말하기 힘들게 만든 것은 아닌가?' 그리고 나서 좋은 관계를 만들기 위해서는 진실이 필요하다는 것을 아이에게 말해 준다.

　실패나 실수에 정면으로 맞서서 잘못을 솔직하게 인정하는 것이 자신을 속이고 타인을 납득시키려고 하는 것보다 훨씬 훌륭하고 차원 높은 행동이라고 설명해 줘라.

　마음의 발달 단계에서 가장 높은 욕구는 진실에 대한 욕구이다. 어떠한 진실에도 망설이지 말고 다음과 같이 솔직히 말할 수 있는 부모가 되어라.

　"진실을 말해도 혼나지 않을 거야. 어려운 문제는 무엇이든지 상의해도 좋아. 네가 한 행동에는 찬성할 수 없을지 모르지만 정직하게 말하는 것은 훌륭한 일이야."

모든 생명은 존중받을 권리가 있다   모든 생명을 아끼고 존중해야 한다는 것을 아이에게 가르쳐라. 아이가 놀다가 개미를 죽이는 것을 보면 "개미에게도 살 권리가 있어." 하고 말해 준다. 신이 창조한 모든 것에 경외감을 가져야 한다. 생명체를 존중하는 습관을 기르고, 자신을 존중하는 태도로 타인도 존중하도록 아이에게 가르치는 것이 바람직하다.

생명의 존엄성은 모든 동식물에게 확대된다. 지상에서 인류는 모두 함께 살고 있다. 서로 돕고 건강하며 활기찬 존재가 될 때 인간은 삶의 목적을 수행한다고 할 수 있다. 아이가 모든 생명체에 경외감을 갖는다면 목적의식도 분명해질 뿐더러 더욱 행복해진다.

의미 없는 살상은 생명에 대한 모독이다. 아이가 세상에서 아름다움을 느끼고, 인간에게 이어지는 선량함을 발견하며, 생명에 대한 경외심을 갖추는 것을 지켜보라.

이러한 견해의 기초는 세계는 본질적으로 선하고, 인간은 훌륭한 존재이며, 생명은 모두 경이로움으로 가득하다는 것이다. 부모가 이런 목적의식을 갖고 있고 아이의 차원 높은 욕구가 충족되면 궁극적으로 목적의식이 아이를 지배하게 된다.

훌륭한 세계관을 갖춘 아이로 키워라

열 번째 이야기

부모와 아이는
함께 걸어가야 할
'인생의 동반자'이다

아이가 무엇인가를 배우는 것은

아이 스스로 배우려고 결심했기 때문이다.

공부할 마음이 없으면 부모가 아무리 강요한다 해도

공부를 하겠다는 결심이 서지 않을 것이다.

그러므로 부모가 할 일은 아이가 가장 필요한

결심을 할 수 있도록 도와주는 것이다.

현재를

열심히 사는

아이가

미래도 밝다

부모가 고민해야 하는 가장 중요한 문제는 '아이가 매일 어떻게 최선을 다하며 살아가도록 가르칠 수 있을까?'이다. 사람은 항상 '현재'에서만 살아가고 있다. 세상에서 우리 손으로 할 수 있는 것은 지금 이 순간뿐이다. 누구도 과거로 가서 살 수 없다. 미래에서 사는 것도 불가능하다. 다만, 과거의 사실에 혹은 미래에 예상되는 일에 마음이 사로잡혀 '현재'라는 시간을 써버릴 수는 있다.

그러나 무엇을 하든 시간은 현재밖에 없다. 과거를 꺼림칙하게 생각해도 그렇게 생각하는 것은 '현재'다. 미래를 걱정해도 걱정하는 것은 '현재'다. 기뻐하든 희망을 품든 뿌듯하든 불안하든 초조하든 공포를 느끼든 인간적인 감정을 품는 것은 항상 '현재'밖에 없다.

아이가 무한계 인간이 되는 열쇠는 매순간을 지극히 만족스러운 형태로 쓰는 법을 배우는 데 있다. 현재에 몰입하는 법을 배우는 것이다. 자신에게 주어진 순간을 경외심과 깊은 감사함으로 살아가는 것이다. 부모는 아이에게 현재를 만족스럽게 사는 방법을 가르칠 수도 있고, 과거나 미래에 매여 살도록 가르칠 수도 있다. 어느 쪽을 선택하든 아이는 현재를 살아간다.

현재에 충실하면 피로나 질병도 멀리 달아난다 만일 어떤 사람이 우울해한다면 그 사람은 이미 일어나버린 무엇인가에, 혹은 아직 일어나지 않은 무엇인가에 사로잡혀 현재라는 시간을 낭비하고 있는 것이다. 그것이 무엇이든 그 사람은 좋지 않은 감정을 위해 현재 갖고 있는 내면의 에너지를 쓰고 있다.

어떤 일에 몰입해 현재를 열심히 보내고 있다면 그 시점에서 우울해하는 일은 있을 수 없다. 완전히 몰입해 있을 때는 아플 수도 없다. 몹시 바쁘거나 어떤 생각으로 흥분해 있을 때는 감기 따위가 저만치 날아간다든지, 한 가지 일에 열중할 때 피로도 잊고 며칠씩 고양된 기분이 지속된다는 것을 누구나 경험했을 것이다.

바쁘게 보내거나 열심히 살아가면 아플 수도 없고 피로도 느낄 수도 없다. 사람은 어떤 일에든 몰입할 때 자신을 잊을 수 있는 능력이 있다. 아이에게도 그런 능력이 똑같이 있다.

현재는 불행이나 심신을 쇠약하게 하는 생각이 파고들 여지가 없는 마법의 무대다. 아이는 이런 능력을 태어나면서부터 갖추고 있다. 갓 태어난 새에게도 날 수 있는 능력이 있듯이 아이에게는 순간을 만족스럽게 살 수 있는 능력이 있다. 중요한 것은 아이에게 숨어 있는 능력이 자연스럽게 발휘되기 전에 부모가 그것을 망가뜨리지 않도록 하는 것이다.

아이는 현재 이 순간에도 완벽한 존재다   사람은 내면에서 현재의 자신을 격려할 수 있다. 어른들은 과거의 불행에 대해 마음 아파하거나 미래의 일에 대해 괴로워하고는 하는데, 아이도 재촉을 받으면 이같이 된다.

현재를 만족스럽게 살아가는 아이는 건전하다. 순간을 중요시하고 어떤 환경에서도 흡족하게 살아가며 어떤 일에도 경외심을 느낀다. 이것으로 인해 아이는 고통스럽게 인생과 맞설 필요도 없고 자괴감에 빠지는 일 없이 만족스럽게 살아갈 수 있다.

부모가 아이의 빛을 가리면 안 된다. 아이 나름대로 가치 있는 인생에 이르는 길에 부모가 걸림돌이 되지 않도록 해야 한다. 아이는 현재로도 완벽하므로 아이를 있는 그대로 받아들여라. 가끔 부모가 이 사실을 잊기 때문에 아이를 다그치고 부모가 원하는 틀 속에 아이를 맞추는 잘못을 범한다.

부모가 서야

할 곳은

아이의

등뒤다

아동심리학자 데이비드 엘카인드는 《재촉받는 아이들》이라는 책에서 이렇게 말했다.

"너는 나중에 뭐가 되고 싶니?"

아이는 이런 귀찮은 질문을 받게 된다. 용기 있는 아이라면 이렇게 말할 것이다.

"다른 것은 되지 않을래요. 저는 그냥 저니까요."

어른들은 이런 건방진 말투에 놀란다. 왜냐하면 아이는 태어날 때부터 사회의 구성원이며 사회에 공헌하고 있다는 것을 많은 어른들이 잊고 있기 때문이다. 아이는 어린 시절을 거치고 나서 인간이 되어 인생을 시작하는 것이 아니다. 아이도 인생을 살고 있는 인간이다. 어른들이 어린 시절을 준비 기간이라 믿고 아이에게 살아가는 기쁨이나 열정을 인정하지 않는 행동을 멈추면 기쁨이나 열정을 잃는 아이는 없어질 것이다.

이것은 어른에게 파격적인 출발점일지 모른다. 아이는 작고 어른은 크다. 아이는 지식이 부족하고 어른은 풍부하다. 따라서 '아이를 어른과 똑같이 만들려면 교육이 필요하다. 그 교육은 작고 힘없는 아이를 제대로 한몫을 하는 어른이라는 존재로 조금씩 키워가는 것이다.'라고 생각할 수도 있을 것이다. 그러면 언젠가 아이도 어른의 교육에 고마워할 날이 올 것이라고 믿는 사람도 있을 것이다. 그러나 이와 다른 견해가 있다. 아이는 완전한 존재라는 견해다.

> 아이는 부모 인생에서
> 좋은 동반자이다

아이는 미흡한 존재가 아니다. 아이도 빈틈없이 완전하다는 점에서는 어른과 전혀 다를 바가 없다. 어른에게 심리적·신체적으로 일어나고 있는 변화와 아이에게 일어나고 있는 변화는 역동적인 면에서 다르지 않다. 아이를 무한계 인간으로 기르고 싶다면 아이를 불완전한 존재로 보는 시각을 바꿔야 한다. 엘카인드는 계속해서 이렇게 지적했다.

> 아이를 견습생이 아닌 삶의 동반자로 인정한다면 정신적인 피로가 얼마나 줄어들겠는가. 경험을 쌓은 어른과 발랄한 아이, 서로 깨우쳐 줄 수 있는 면이 얼마나 많은가. 어른의 인생도 아이의 인생도 얼마나 풍요로워질까. 어린 아이가 우리를 이끌어주지 못할지는 모르지만, 우리는 적어도 함께 걷는 것은 검토해 보아야 한다. 무엇보다 인생은 아이에게도 여행이니까.

아이가 세상에 대해 아이다운 호기심을 갖고 모든 것을 긍정적으로 보고 즐거움을 발견하며 기쁨을 찾아내는 능력을 잃지 않는다면 더 이상 바람직한 일은 없다.

아이는 눈앞에서 아무리 나쁜 일이 일어나도 내면의 심지가 흔들려서는 안 된다. 그러려면 어른이 아이를 완전한 존재로 생각해야 한다. 아이에게 살아갈 방법을 준비해 주기보다 인생을 항상 최고로 평가할 수 있도록 시간을 함께해 주어야 한다. 그런 다음 아이에게 자신의 삶을 의미 있게 관리하는 방법을 가르쳐야 한다.

**아이 스스로 배울 결심을
하라고 가르쳐라** 어른은 아이를 있는 그대로 잘 받아들이지 못한다. 특히 부모는 자신들의 할 일은 아이에게 인생의 준비를 시키는 것이라고 생각한다. 부모가 아이에게 필요한 것을 잘 알고 있으므로 자기가 배운 것을 나누어주어야 한다는 것이다. 그러나 그것이 불가능하다는 것을 빨리 깨우칠수록 부모의 고통도 줄어든다.

부모의 생활을 되돌아보자. 자신이 배우고 싶지 않은 것은 누가 가르치려 해도 소용없다는 것을 잘 알고 있을 것이다. 의욕이 없으면 아무런 소용이 없다. 생물학을 싫어하는 아이에게 생물학을 가르칠 수 있겠는가? 불가능하다. 어떤 지식이 언젠가 아이에게 꼭 필요할 것이라고 부모가 굳게 믿고 있더라도, 우리의 지식은 모두 자신이 알고자 했기 때문에 얻게 된 것이다. 이것은 아이에게도 마찬가지다.

아이가 무엇인가를 배우는 것은 아이 스스로 배우려고 결심했기 때문이다. 공부할 마음이 없으면 부모가 아무리 강요한다 해도 공부하겠다는 결심이 서지 않을 것이다. 그러므로 부모가 할 일은 아이가 가장 필요한 결심을 할 수 있도록 도와주는 것이다.

**'인생의 문'은
아이 스스로 열게 하라** 가르치는 과정에서 중요한 것은 아이가 어느 정도 배울 준비가 되어 있는지를 아는 일이다. 아이가 해보려고 결심한 순간은 아이 자신의 것이다.

부모가 아이에게 도움을 주려면 부모가 시키는 것을 싫어할 때도 인정해 주어야 한다. 아이의 거절도 완전한 인간성의 일부로 받아들여야 한다. 부모는 어느 때든 아이를 완전한 존재로 받아들여야 하며 다른 존재가 되기를 기대해서는 안 된다.

아이는 부모의 뒷받침과 사랑을 필요로 한다. 부모가 아이에게 열쇠를 건넬 수는 있지만 문을 여는 것은 아이 자신이다. 부모가 아이를 바꾸려고 아무리 애를 써도 아이 스스로 하고 싶어 하지 않는 한 아이는 변하지 않는다.

부모는 아이를 완전한 존재로 인정하고, 너는 이미 훌륭하게 세상을 살아가고 있다는 메시지를 보내주어야 한다. 아이의 태도가 마음에 들지 않는다고 해서 아이를 비난하거나 부정해서는 안 된다. 부모의 인정으로 인해 아이는 자신의 생활을 관리하고 언제든 자신을 긍정적으로 생각하게 될 것이다.

현재를 살아가는 것에 대해서는 부모가 아이에게 가르치기보다는 배우는 것이 훨씬 더 많다. 아이를 인간이 되는 발달 과정에 있는 초보자로 여기지 말고, 있는 그대로 대해 주면 다른 문제들은 저절로 바람직하게 해결될 것이다. 아이는 현재를 살아가는 것에 대해 잘 알고 있기 때문에 간섭을 멈추고 부모가 먼저 배워야 한다. 지금은 그것만으로도 충분하다.

중요한 건 현재다,

과거나 미래에

연연해하면

인생이 재미없다

다음과 같은 부모의 말이 아이의 현재를 부정한다.

"즐거운 건 나중에 커서 하면 돼."

"만일의 경우를 대비해 잘 준비해 둬."

"지금 공부를 열심히 해야 나중에 잘살 수 있어."

"학창 시절은 힘들지만 나중에 되돌아보면 좋았다는 걸 알게 될 거야."

"즐거운 일이 지나면 괴로운 일이 오게 마련이야."

"어른이 될 때까지 꾹 참아."

당신의 아이는 과연 심각하게 살아가고 있는가, 웃는 얼굴로 살아가고 있는가?

기쁨은 좋은 것이기 때문에 인간이 자신의 인생을 기쁨으로 채우려 하는 것은 당연한 일이다. 아이가 기쁨을 추구하는 것은 나쁜 일이라는 생각을 잠시 버리기 바란다. 생활은 아이에게 즐거운 것이어야 하고, 그것은 부모에게도 마찬가지다. 학교 공부는 학생에게 유쾌하고 즐거운 것이어야 하지, 지루하고 벅찬 수업을 계속 이수해야 하는 고통스러운 과정이 되어서는 안 된다.

인생을 불행이나 고통, 인내, 슬픔의 연속으로 생각해야 할 이유는 없다. 의미 있는 인생은 심각하고 진지한 것이어야 한다는 공식도 없다. 아이는 가능한 한 즐거운 경험으로 가득한 생활을 할 권리가 있고, 그런 경험을 위해 부모는 협력해야 한다. 즐기는 것이 건전하다는 깃을 아이가 배워야 한다. 자신이 경험하는 것에서 기쁨을 찾는 태도를 몸에 익히면 특별히 좋아하지 않는 작업도 즐거운 놀이가 될 수 있다.

아이에게는 즐거운 활동이 한층 더 많아야 한다. 그렇지 않으면 아이는 우울하고 어두운 성격이 되거나, 심지어는 비관주의에 빠지게 될지도 모른다. 예를 들어 음식물 쓰레기를 버리는 과정에서도 좋은 면을 찾을 수 있다. 음식물 쓰레기가 없다면 먹을 것이 없는 것이고, 먹을 것이 없으면 배가 고프다. 그러므로 음식물 쓰레기에도 고마워해야 한다.

현재를 열심히 살 때 인생이 풍요로워진다 　현재를 사는 것은 부정적인 생각을 버리고 현재라는 시간에 몰입하는 것이다. 훗날의 즐거움을 위해 좋은 것을 미뤄두는 것이 아니라 현재의 즐거움에서 기쁨을 찾는 것이다.

　영원히 잊지 못할 글귀 하나가 있다. 나이 든 사람이 썼으리라 짐작되는 이 글귀는 아이가 만족스럽게 살아가도록 돕고 싶은 사람에게 좋은 교훈을 주고 있다.

> 처음에는 일찍 고등학교를 마치고 대학에 가고 싶어 견딜 수 없었다.
> 다음에는 일찍 대학을 마치고 일하고 싶어 견딜 수 없었다.
> 다음에는 일찍 결혼해 아이를 갖고 싶어 견딜 수 없었다.
> 다음에는 일찍 아이를 학교 보내 다시 일하고 싶어 견딜 수 없었다.
> 다음에는 일찍 일을 그만두고 싶어 견딜 수 없었다.
> 그리고 지금 임종에 이르러 갑자기 깨달았다. 나는 사는 것을 잊고 있었다는 것을.

이 글귀에는 많은 진리가 담겨 있다. 많은 아이가 현재를 살지 않고 더 나은 미래를 준비하도록 길러지고 있다. 문제는 그런 미래가 결코 오지 않는다는 점이다. 우리 것으로 삼을 수 있는 것은 현재뿐이다. 항상 앞만 보고 가라고 틀을 지우면 앞의 것 때문에 본래 준비된 즐거움을 받아들일 수 없게 된다. 이런 아이가 크면 전채요리를 먹으면서 마음은 디저트로 가 있거나, 첫 번째 커피를 음미하지 못하고 두 번째 커피만 생각한다.

너무 먼 미래를 내다보면 현재가 괴롭다

부모 중에는 아이가 어린 시절을 즐기는 것을 허락하지 않는 사람이 있다. 그런 부모는 어린 시절을 준비 기간으로밖에 보고 있지 않다. 학교는 아이가 감내해야 할 필요악이고, 어리다면 커가는 대가를 치러야 하며, 기쁨은 고생을 하고 뒤에 받게 된다고 믿는다. 그러나 이런 사고방식을 지닌 사람에게 현재는 영원히 오지 않는다.

이런 사고방식은 인생을 고통의 장소로 파악하는 비관적인 아이를 기를 뿐이다. 아이가 인생을 즐기고 항상 행복을 느끼도록 해주고 싶다면 이런 태도는 아이에게 아무런 도움이 되지 않는다는 점을 이해해야 한다.

학교에서는 지금 고생해야 좋은 결실을 맺는다고 가르친다. 또 어른들은 건강을 위해 먹는 것을 즐겨서는 안 된다든가, 해초나 알로에즙을 참고 먹지 않으면 안 된다든가, 운동은 고통스러울 만큼 하지 않으면 효과가 없다고 말한다. 과연 이것이 행복한 삶인가?

**어떤 일이든 '기쁨'을
발견할 때 아이는 행복해진다** 부모는 아이가 축복받은 순간을 충분히 즐기도록 해주어야 한다. 어떤 일이든 비관적으로 생각하는 대신 현재라는 순간을 만족스럽게 살아가도록 도와주어야 한다. 이런 태도는 자신의 미래나 타인의 미래에 무관심한 아이를 만드는 것이 아니다. 오히려 현실은 반대가 될 것이다. 어떤 일에서든 기쁨을 찾아내는 아이는 남들이 어두운 면을 볼 때 가능성을 찾아낸다. 절망을 퍼뜨리지 않고 타인에게 희망을 전한다.

아이는 폭설 속에서도 즐거움을 찾는다. 그러나 어른은 눈을 보고 이렇게 말할 것이다.

"눈을 치우고 타이어에 체인을 감아야겠네. 차는 또 얼마나 막힐까."

어른의 말은 확실히 옳다. 그러나 잠깐 생각해 보라. 눈을 이처럼 지겹게 생각한다 해도 아무것도 달라질 것이 없다. 화를 낸다고 눈이 저절로 녹지는 않는다. 어두운 기분으로 눈을 바라보면 자신만 우울해질 뿐이다. 그보다는 재미있게 눈을 치우는 방법을 생각하는 편이 낫다.

언제나 현재에 집중해야 한다. 비관주의자는 눈과 관련된 괴로운 기억을 떠올리지만, 중요한 것은 그렇다고 해서 현재 눈이 있다는 현실이 바뀌지는 않는다는 것이다.

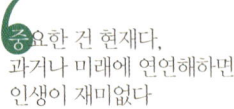
**6 중요한 건 현재다.
과거나 미래에 연연해하면
인생이 재미없다**

오늘은 '선물'이다, 마음껏 누리고 행복해져라

'지고 체험(至高體驗, peak experience)'이라는 용어는 에이브러햄 매슬로가 《존재의 심리학을 향하여》라는 저서에서 처음으로 사용했다. '변화의 심리학'이 아닌 '존재의 심리학'이라는 점에 주목해야 한다. 그는 있는 그대로의 존재를 강조했다.

'존재'의 개념은 인류의 역사만큼이나 오래되었다. 우리가 자신의 힘을 인식하고 생활 속에서 현재로 마음을 돌리면 언제든지 마음 내킬 때 지고 체험을 할 수 있다. 지고 체험이란 완전히 그 순간의 활동에 깊이 몰입하는 것이다. 다른 것에는 일절 마음을 쏟지 않고, 아무것도 생각하거나 판단하지 않으며, 마음을 온화하게 하고 오로지 하나의 존재가 되는 것이다. 자신에게 중요한 것을 자유롭게 할수록 지금 자신이 하고 있는 것에 완전히 몰입할 수 있는 시간은 길어진다.

좋아하는 일에 몰입할 때
세상의 시간은 멈춘다 하루에 몇 킬로미터씩 달리기에 몰입하면 피로나 가쁜 호흡, 더위나 추위도 잊은 채 육체에 모든 것을 맡기고 마음을 집중할 수 있다. 마음이 평온해지고 판단도 존재하지 않게 된다. 언제 멈출 것인가, 어디까지 달렸는가 하는 것을 생각할 여지가 없다. 오로지 달리는 대로 자신을 맡길 뿐이다. 이런 것이 지고 체험이다.

많은 사람들이 지고 체험을 경험했을 것이다. 하나의 일에 몰입할 때는 시간도 배고픔도 피로도 잊는다. 다른 생각이나 판단이 끼어들 여지가 없다. 운동 경기를 하다 보면 시간 감각이 사라지고 무의식중에 몸을 움직일 때가 있다고 말하는 사람들도 많다.

어떤 사람이 감기 때문에 코를 훌쩍거리며 낙하산 착륙 연습을 하고 있었다. 그 사람은 교관의 설명을 듣고 공중을 날고 착륙하는 데 마음을 집중하며 연습에 몰입했다. 그런데 차를 타고 집으로 돌아오는 도중 갑자기 감기를 앓고 있던 사실을 떠올렸다. 그러자 또다시 콧물이 나오기 시작했다. 낙하산을 메고, 설명을 듣고, 뛰어내리고, 착륙할 때까지 그 사람은 감기 따윈 생각지도 못했었다. 몇 시간 동안 무아지경이 됨으로써 지고 체험을 한 것이다.

나도 아이들과 놀거나 해변을 산책하거나 소설을 읽을 때 가벼운 질병이나 피로 따윈 잊어버리고 몰입하곤 한다.

**어른도 때로는
아이답게 즐겨라** 아이는 지고 체험을 하는 데 있어서는 천부적이다. 매순간 몰입하고 현재를 즐기는 방법을 잘 알고 있다. 온종일 물가에서 놀 수도 있고, 인형을 상대로 상상의 세계를 그려내며 시간 가는 줄 모르고 몰입하기도 한다. 현재라는 시간을 완전히 살기 위해 생각을 떨치고 판단을 유보할 수 있다.

이처럼 마음을 편안히 하고 지금 하고 있는 것을 즐기는 것이 중요하다. 아이에게 자신이 하고 있는 것을 판단하고 분류하게 하거나 시험하는 방식을 취하면 안 된다. 현재 순간에 몰입하도록 해야 한다. 예를 들어 바이올린을 배우러 갔으면 바이올린을 즐기면 되는 것이다. 집에 돌아가서 해야 할 일만 생각하고 있으면 수업에 완전히 몰입할 수 없고 바이올린을 연주하는 기쁨도 줄어든다.

아이는 부모가 억지로 중단시킬 때까지는 무아지경이 될 수 있는 방법을 알고 있다. 인생의 모든 것을 지고 체험으로 연결시키려고 하는 게 아이다. 그런데 그것이 부모에 의해 변질되어 자기 밖으로 눈을 돌리게 되고, 완전을 목표로 연습하고, 스스로 등급을 내기고, 싱직을 타인과 비교하고, 더 높은 목표를 향하게 되면 행동할 능력을 잃어버린다. 실패하면 쓸모없어졌다고 생각해 실패를 증오하게 되고, 그 결과 예상했던 수준까지 도달할 수 없는 활동은 하고 싶어 하지 않게 되는 것이다. 아무것도 생각하지 않고 오로지 활동에 몰입하기보다 활동을 한정하게 된다.

 일상 속에서 아이를 살펴보자. 아이가 자신의 일을 얼마만큼 즐겁게 하고 얼마만큼 평가를 얻기 위해 하고 있는지……. 아이는 연령이 낮을수록 현재에 몰입하는 지고 체험을 하고 있다. 그런데 커가면서 인생에 싫증을 내게 된다. 자신이 타인의 눈에 어떻게 비칠까, 어떤 평가를 받을까, 친구들은 어떻게 생각할까, 엄마 아빠나 선생님은 뭐라고 말할까 등을 걱정한다.

 위대한 사상가들 대부분은 아이다운 무아의 경지로 돌아가라고 말한다. 타인에게 가르쳐 달라고 부탁할 것이 아니라, 스스로 경험을 얻고 배우는 존재가 되라는 것이다. 그리고 아이가 성장하면서 지고 체험이 줄어들지 않도록 이끌어주라고 당부한다.

오늘을 즐겁게, 어쨌든 즐겁게 살라

 인생의 모든 사건은 지고 체험을 얻을 기회라고 해도 과언이 아니다. 지금까지 무시해 온 것들에 눈을 돌리면 눈앞에서 우주 전체가 열릴 것이다. 연못의 물 한 방울도 초정밀 현미경으로 보면 다양한 생명체를 포함한 하나의 우주다. 물 한 방울에도 그 안에 몰입하면 자신을 잊을 수 있다. 인생이란 그런 것이다. 대상을 향해 마음을 열고 진실로 경험할 때 보이지 않았던 커다란 세계 전체가 보인다.

 아이가 개미굴을 관찰하는 모습을 지켜보라. 시간 가는 줄 모르고 바라보며 관찰 대상에 동화된다. 그것이 바로 지고 체험이다. 부모라면 아이에게 "할 일을 차분히 해라."라고 말하기 전에, 세계에 대한 아이다운 호기심이 무한계 인간으로 머물 수 있는 열쇠라는 것을 기억해야 한다.

부모와 자식이 한층 더 현재를 지향하고 지고 체험을 할 수 있게 하는 산스크리트의 아름다운 시를 소개한다.

> 오늘 충실하라.
> 오늘이 참 삶이니.
> 짧은 이 여정에
> 온갖 진리와 진실 담겼다네.
> 생활의 즐거움과
> 성장의 기쁨,
> 빛나는 아름다움이.
> 어제는 꿈
> 내일은 환상
> 오늘 충실하면
> 어제는 다 행복한 꿈
> 내일은 다 희망 깃든 환상
> 그러니 오늘 충실하라.

이 시 속에 커다란 진실이 담겨 있다. 사람에게 주어지는 것은 오늘뿐이니 무엇보다 오늘을 풍요로운 지고 체험으로 삼을 일이다. 아이는 이런 생활방식을 이미 실천하고 있으므로 어른보다 인생을 잘 알고 있다.

인생의 주인공은 '나'라고 믿게 하라

부모라면 자신에게 이렇게 말하라.

"저 아이는 지금 세 살이다. 아이가 세 살이라는 것에 감사하자. 아이와 하나가 되어 세 살의 세상에 살아 보자!"

이것은 아이의 나이가 몇 살이든 부모에게 중요한 연습이다. 아이는 이미 완전한 존재이며 부모나 다른 어른들과 동등하게 존엄하다.

부모는 아이가 세상에 매혹되는 호기심을 깨뜨릴 것이 아니라 오히려 기뻐해 주어야 한다. 아이가 이야기하는 것을 고치려 하기보다는 오히려 귀를 기울여주어야 한다. 아이를 좀 더 진지하고 침착하게 만들려 하기보다는 오히려 활기찬 능력을 사랑해 주어야 한다.

아이와 멋진 하루를 보내는 법   해변에서의 하루는 아이와 함께 현재에 몰입하여 해변의 일부가 되는 멋진 하루도 될 수 있고, 그저 해변에서 보낸 하루도 될 수 있다. 예를 들어 부모와 아이가 해변의 일부가 되는 하루는 다음과 같다.

조개껍질을 몇 시간씩 살펴보자. 형태나 크기, 감촉, 그리고 어디에서 흘러왔는가 하는 것들이 대화의 소재가 될 것이다. 부모와 아이는 여러 가지 형태로 바뀌는 모래를 보면서, 발이 모래에 묻히면 모래가 어떻게 되는지도 살펴볼 수 있다. 모래 한 줌을 손에 들고 우주에는 지구상의 모든 해변의 모래를 모은 것보다 더 많은 별이 있다는 것을 아이에게 이야기해 주는 것도 좋다.

해변에 사는 많은 생물은 기적이다. 물고기, 게, 해초, 날벌레, 갈매기 등 모두 부모와 아이가 볼 수 있는 신비로운 세상이다. 함께 모래성을 쌓으며 지고 체험을 할 수 있고, 해변에 둘러앉아 도시락을 먹는 것 또한 즐거운 일이다. 해변에서 즐겁게 돌아다니는 하루는 아이에게 매순간이 새로울 것이다. 그것을 어떻게 이용하느냐는 어떻게 자발적으로 현재에 몰입하느냐에 딜러 있다.

아이와 시간을 보내는 이 방법을 부모가 계획하는 모든 일에 응용할 수 있다. 느긋한 마음으로 눈을 크게 뜨고 마음을 열고서 매순간의 신비를 응시하는 것이다. 집에 돌아가야 한다든가, 회사에 가야 한다든가, 낮잠을 자야 한다든가 하는 생각은 모두 떨쳐버리자. 매순간을 완성시킬 기회는 어떤 공간 속에도 존재하고 있다. 무엇을 할 것인가 결정하는 것은 자신이다.

완전히 몰입하겠다는 마음이 있다면 부모도 아이처럼 열심히 현재의 풍요로움을 경험할 수 있다. 그렇지 않으면 그런 기쁨을 멀리하고 인생의 참가자가 아닌 방관자로서 허둥지둥 살아가게 될 것이다. 참된 의미에서 인생에 열중할 기회는 부모보다 아이가 더 많다. 부모도 아이와 함께하다 보면 자신의 내면에, 특히 아이와의 관계에서 어떤 변화가 생기는지 알게 될 것이다.

워킹맘과 아이의 원만한 관계를 위한 조언

오랜 시간 집을 비우지 않으면 안 되는, 직장을 다니는 엄마도 있을 것이다. 그럴 때는, 엄마와 함께 있으면 왜 안 되는지 가능한 한 성실하게 아이에게 설명해야 한다.

"엄마는 집에서 필요한 것을 사기 위해 일을 해야 해. 그리고 네가 친구와 놀듯이 엄마도 친구들과 일을 하는 것이 좋아. 낮에도 너를 생각하고 있고 저녁 먹을 시간에는 돌아올 거야."

아이는 부모가 자신을 남겨두고 가는 이유를 알 권리가 있다. 아이를 남겨두고 가는 이유를 정직하게 설명해 주어야 한다. 설명도 없이 아이를 방치하는 것은 아이를 한 사람의 인간으로 간주하지 않는 것이나 다름없다.

불필요한 고정관념은 아이의 의욕을 꺾는다

여자라서 축구를 할 수 없다고 생각하는 아이는 그런

아이가 성실한 사람이 되기를
바란다면 부모가 '성실'을
몸으로 보여주어야 한다.
부모에게 계속 실망하며 자란 아이는
세상을 '믿을 수 없는 곳',
'약속을 잘 지키지 않는 곳'이라고
생각하게 된다.

제한된 생각 때문에 현재를 즐기는 많은 기회를 잃어버릴 수 있다. 여자 아이에게도 축구를 시키고 공을 다루는 법을 가르치고 공을 차게 하고, 축구 경기를 보러 가는 것이 좋다. 흔히 '남성적인' 활동에 '여자답지 못하다'는 고정관념으로 평생 아이를 억눌러서는 안 된다.

어떤 활동도 고정관념 때문에 아이의 활동에서 배제할 수는 없다. 주어진 순간에 무엇을 할 수 있는가 하는 선택의 여지가 많을수록 인생에서 얻을 수 있는 것도 많다.

"너는 아직 너무 어려서 할 수 없어.", "좀 더 큰 다음에 하자.", "네겐 그런 소질이 없어.", "우리 집안엔 그런 걸 한 사람이 없어.", "너는 몸이 약해서 그걸 못할 거야."라고 말해서는 안 된다.

이런 고정관념을 모두 버리고 아이가 자신의 인생을 시험해 보도록 격려해 주어야 한다.

부모의 격려로 아이는 세상의 주인공이 된다

항상 최선을 다할 수 있는 사람은 어디에도 없다. 항상 최선을 다해야 한다면 아이는 자신이 잘할 수 있는 것밖에 하지 않을 것이다. 아이가 인생을 즐기고 현재를 만족스럽게 살아가길 바란다면 단지 아이의 행동만 격려해야 한다.

일단 해보는 것이 중요하다. 어떤 일이든 해봐야지 옆에서 보기에 어떨까 하는 걱정을 해서는 안 된다. 머지않아 아이는 어떤 분야에서든 노력할 것이고, 비록 달성하지 못하더라도 적어도 그 아이는 아무것도 하지 않은 채

앉아 있지만은 않을 것이다.

항상 최선을 다해야 하는 아이는, 혹은 어떤 일이든 성공하지 못하면 처음부터 해서는 안 된다고 배운 아이는 실제 자신이 뛰어나게 잘할 수 있는 분야에서밖에 노력하지 않는다. 그런 아이는 실패를 피하고, 타인의 반대를 두려워하며, 인생의 방관자가 되는 법을 배우고 있는 것이다.

공원을 산책하거나 자전거를 타는 것은 조금도 나쁜 일이 아니다. 걷거나 자전거를 타는 사람들을 지켜보기만 하는 것보다 훨씬 낫다. 언젠가 올림픽 사이클 경기에 나가고 싶은 생각이 든다면 적어도 그때 자신이 어떻게 해야 할지 알게 될 것이다. 지금은 행동하는 것이 결과를 평가받는 것보다 중요하다.

약속 변경은 가능하지만 취소란 없다

처음부터 지킬 수 없는 약속은 아이에게 하지 말아야 한다. 변명은 금세 닳아버린다. 너무 변명만 늘어놓으면 아이는 부모를 믿을 수 없는 거짓말쟁이로 보게 된다. 지킬 수 없는 약속을 끊임없이 하기보다 잠자코 있는 쪽이 훨씬 낫다.

아이가 성실한 사람이 되기를 바란다면 부모가 '성실'을 몸으로 보여주어야 한다. 부모에게 계속 실망하며 자란 아이는 세상을 '믿을 수 없는 곳', '약속을 잘 지키지 않는 곳'이라고 생각하게 된다. 변명은 불쾌감의 원인이 되기도 한다. 물론 계획을 변경하지 않으면 안 될 때도 있다. 그럴 때는 솔직하게 설명하는 것이 최선의 방법이다.

가정 경제와 생활 사이에서 균형을 유지하라

어느 가정이든 집안의 경제력에 알맞게 생활하도록 유의해야 하는 것은 당연한 일이다. 하지만 돈이 생활의 중심일 필요는 없다. 돈에 대해서는 아이에게 될수록 적게 언급하고 대신 돈 들이지 않고 현재 할 수 있는 일에 집중해야 한다. 아이와 산책하거나, 좋은 책에 관해서 이야기하거나, 박물관에 가는 것은 별로 돈이 들지 않는다.

가정의 경제 사정이 어떻든 아이에게 항상 돈을 떠올리게 해서는 안 된다. 돈을 중요하게 생각해도 돈의 노예가 되지 않도록 아이를 길러야 한다. 아이에게 돈에 대해서만 계속 말하면 아이가 평생 돈 걱정만 하며 현재를 만족스럽게 살아가지 못하게 될 수 있다.

아이도 스스로 버는 법을 깨닫게 하라

아이는 신문 배달이나 식료품 포장을 하며 현재를 의미 있게 보낼 수 있을 뿐 아니라, 그로 인해 귀중한 교훈을 배울 수도 있다. 아이는 독립하고 싶어 하는데, 그것은 경제적인 면에서도 마찬가지다. 스스로 돈을 벌게 되면 아이는 자신을 중요한 존재로 느끼게 된다.

적당한 나이가 되면 아이는 스스로 필요한 만큼 돈을 버는 방법을 찾아낼 수 있다. 그것을 통해 경제관념이 분명해지고 인생의 중요한 교훈도 얻을 것이다. 아이를 은행에 보내 계좌를 개설시키고 이율을 배우게 하는 것도 좋다.

부모는 사소한 일이라도 아이가 자신을 책임 있는 인간으로 느끼도록 도와주어야 한다. 아이는 일과 놀이의 대립을 없애는 능력을 가지고 있다.

**오늘을 '최고의 날'이 되게 하라,
그러면 평생이 즐거울 것이다**   계획을 세우지 말고 그냥 아이와 함께 행동해 보라. 휴가 여행을 떠난다면 이동 수단 외에는 일절 계획을 세우지 않는 것이다. 뭔가 보고 싶을 때 발걸음을 멈추고, 묵고 싶은 곳에 묵고, 만족할 때까지 경치를 구경하고, 그곳 사람에게 맛있는 식당이 어딘지 묻고 예약 없이 식사를 즐기는 것이다.

"하지만 그런 것은 못해요. 잘 모르니까요."라고 말하기보다는 "해보죠. 지금까지 해본 적이 없으니까요."라고 말하기 바란다. 모르기 때문에 깜짝 상자는 재미있다. 깜짝 인생이 재미있는 것도 그 때문이다.

지금 아이가 제대로 크고 있다는 것은, 아이가 커서 무엇인가를 했더라면 하고 후회하는 일이 없게 된다는 걸 의미한다. 아이는 지금 하는 일들로 인생의 모든 순간을 즐기게 될 것이다.

케이 라이언즈는 이렇게 말했다.

> 어제는 수표이고 내일은 약속어음이다. 오늘만이 손에 넣은 유일한 현금이다. 그러니 현명하게 써라.

이 귀중한 가르침을 아이에게도 알려주자. 인생의 모든 것은 오늘 현재에 있다.

아버지께 드리는 편지

　상상해 보기 바란다. 아이가 훌륭한 어른이 되어 인생의 참된 길잡이가 되어 준 사람에게 한 통의 편지를 쓰는 순간을……. 그 편지를 받는 사람이 부모나 조부모라도 좋고, 교사, 친구, 그 밖의 누구라도 상관없다.

　나는 미래를 엿보는 글 쓰는 사람의 특권을 이용해 이 편지를 썼다. 아직은 아이가 자신의 생각을 잘 정리할 수 없다 해도 언젠가 이런 편지를 실제로 쓸 수 있기 때문이다.

　아이에게 이런 편지를 받는다면 얼마나 좋겠는가. 이 가공의 편지는 부모들이 자신의 사명을 인식할 수 있게 되기를 바라는 마음에서 썼다.

존경하는 아버지

감사의 마음을 전해 드리고 싶었습니다. 오늘의 제가 있는 것은 오로지 아버지가 이끌어준 덕분입니다. 저도 자식을 낳아 부모가 되어서야 겨우 아버지가 저에게 얼마나 소중한 분이었는지 깨닫게 되었습니다. 아이를 무한계 인간으로 키우고 훌륭한 잠재력을 발휘할 수 있도록 키우는 데 아버지는 완벽한 모범을 보여주셨습니다.

아버지는 저를 응석받이로 키우지 않으셨고, 원하는 것을 모두 사주지도 않으셨습니다. 바라는 것은 언제든 손에 넣을 수 있다고 편하게 생각하지 않고 스스로의 힘으로 그것을 갖게 된 것은 그 덕분입니다.

제가 잘못을 저질렀을 때 아버지는 그것을 회피해서는 안 된다고 말씀하셨지만, 저를 함정에 빠뜨려 죄를 고백하게 하신 적은 결코 없었습니다.

저는 어릴 때부터 거짓말을 할 필요가 없었습니다. 아버지는 있는 그대로 저를 받아들여 주셨고, 또 실수를 빌미로 저를 추궁하거나 위압적인 태도로 대하시지도 않았으며, 결점을 스스로 고쳐나갈 수 있도록 도와주셨습니다.

저는 제 자신을 정직한 사람이라고 자부하는데, 그것도 일찍이 아버지가 저를 정직한 사람으로 믿어주셨기 때문입니다.

제가 할 수 있는 것을 아버지가 대신해 주시는 일도 결코 없었습니다. 아버지는 "목표를 향해 나아가는 거야.", "실패를 두려워해서는 안 돼. 해보는 것이 중요해."라고 늘 격려해 주셨습니다. 또한 아버지는 자신을 믿는 것이 중요하다는 것을 가르쳐 주셨습니다.

저의 좋지 않은 행동에 아버지는 일부러 주의를 기울이지 않으셨습니다. 주의를 기울이면 도리어 그런 행동을 부추길 뿐이기 때문입니다. 거칠게 굴거나 귀찮아하거나 버릇없는 짓을 해도 대개 아버지는 말씀하지 않고 지나치셨고, 뭔가 사소한 일이라도 좋은 일을 하기를 기다리셨습니다.

그리고 좋은 일을 하면 아버지는 즉시 칭찬해 주셨습니다. 마침내 저는 어리석은 행동을 멈추고 아버지의 주목을 받을 수 있는 행동을 하는 편이 낫다는 것을 깨달았습니다. 나쁜 습관을 멈출 수 있었던 것이지요.

아버지는 저를 강하게 키우기 위해서라면 단호하게 행동하셨습니다. 저를 억지로 다스리려 하신 적은 없지만, 제가 핑계를 댔을 때는 절대로 받아들이지 않으셨습니다.

아버지는 저를 아주 어릴 때부터 완전한 한 사람으로서 대우해 주셨습니다. 제가 몇 살 때든 저를 어른 대하듯 하셨고 늘 제 말에 귀를 기울여주셨습니다. 저뿐 아니라 다른 아이를 대할 때도 그렇게 하셨습니다. 아이가 몇 살이든 한 사람의 완전한 인간이라고 아버지는 믿고 계셨습니다.

저와 함께 시간을 보내는 것을 아버지는 정말로 즐거워하셨습니다. 저는 아버지의 사랑을 구할 필요가 없었습니다. 덕분에 오늘날까지 저는 자신을 하찮게 느낀 적도, 남들과 저를 비교하려 한 적도 없습니다.

아버지는 저에게 억지로 가르치지 않으셨습니다. 아버지는 제가 선악을 구분할 수 있다고 믿고 계셨던 것 같습니다. 그 대신 "자기 자신에게 정직해야 해. 자신에게 거짓말을 하면 안 돼."라고만 말씀하셨습니다.

아버지는 저를 한 번도 때리지 않으셨습니다. 아버지는 변함없이 온화하셨지만 신념이 분명하시고 타협하기 위해 신념을 굽히지도 않으셨습니다. 아버지는 항상 "네가 화를 낼 수는 있지만, 나까지 짜증을 내고 싶지는 않다."고 말씀하셨습니다.

저는 아버지의 감정에 호소하려 하지 않았는데, 그것은 아주 어릴 때 아버지로부터 받은 가르침 때문이었습니다. 조금 큰 뒤부터는 "자신을 존중하는 마음이 중요해. 자신을 존중하지 않는 사람을 타인이 존중할 리 없어." 하고 배웠습니다. 그리고 아버지는 분명히 제게 그런 가치가 없을 때조차 저를 존중하셨습니다. 인간은 존재하는 것만으로도 당연히 존중할 만한 가치가 있고, 저도 타인에 대해 그렇게 해주었으면 하고 생각하셨던 것 같습니다.

요즘 화를 내며 아이에게 체벌하는 부모를 자주 보는데, 이야기를 들어보면 어쩐지 그들도 어렸을 때 끊임없이 부모에게서 그와 같은 취급을 받고 있었던 것 같습니다.

감사의 뜻을 전해 드리고 싶은 것은 제가 자신을 존중하고 주위 사람들에게도 자신을 존중하라고 가르치고 있다는 것입니다.

아버지가 약속을 항상 정확하게 지키셨던 점에 대해서도 감사의 말씀을 드리고 싶습니다. 함께 계획한 것을 못 지키게 되었을 때 아버지는 먼저 저와 의논하고 그 이유를 설명해 주셨기 때문에 저는 실망하는 일이 없었습니다.

어느 해 여름에 여행을 떠나는 친구 대신 3주일간 신문 배달을 하기로 약속한 적이 있습니다. 제가 도중에 그만두려고 하자 아버지는 절대로 그만두어서는 안 된다고 하셨습니다.

"약속은 약속이다. 만일 약속을 못 지킨다면 앞으로 네 말은 믿을 수 없게 된다. 자신이 말한 것을 지키지 못하는 사람은 아무 쓸모가 없는 거야."

저는 이른 아침에 신문 배달을 하는 것이 싫어 견딜 수 없었지만, 그것은 저 자신을 위한 것이라는 아버지의 설득을 받아들였습니다. 저는 약속을 하는 것은 계약을 하는 것이라고 생각하는데, 그 모범은 아버지십니다.

집안에서의 화제에 금기가 없었던 점과 아버지가 마음을 열고 자신과 다른 의견에도 귀를 기울여주신 데 대해서도 감사를 드립니다. 덕분에 집안에서의 대화는 정말 즐거웠습니다. 어떤 의견에도 귀를 기울이시는 아버지의 태도를 보며 자랐기 때문에 어른이 된 지금도 아무런 편견을 갖고 있지 않습니다.

아버지는 제가 아무리 화가 났다 해도 아버지께 불손한 태도를 취하면 가만 있지 않으셨습니다. "아무리 화가 나 있고 자기 생각이 옳다고 해도 타인에게 불손한 태도를 취할 권리는 없어." 하고 여러 번 말씀하셨습니다.

아버지는 남들 앞에서 저를 꾸짖은 일이 한 번도 없으셨습니다. 지금도 깊이 감사하고 있습니다만, 아버지는 친구나 다른 가족이 있는 곳에서 저를 야단치지 않으시고 아무도 없는 곳으로 데리고 가 몰래 주의를 주셨습니다. 현재 저도 아이들에게 같은 방법을 쓰고 있습니다. 아버지는 타인 앞에서 야단치는 것이 아이에게 얼마나 수치스러운 생각을 들게 하는지 잘 알고 계셨습니다.

제가 어릴 적에 레스토랑의 만찬 파티에서 넘어지고 나서 불평을 하자 아버지는 용무를 이유로 저를 차로 데리고 가서서 이렇게 말씀하셨습니다.

"너를 친구들 앞에서 야단친 적은 없어. 너도 그렇게 하기 바란다. 마음에 새겨두거라."

그러고는 아버지는 말씀 끝에 늘 그러듯이 제 몸을 팔로 껴안으시고 "너를 사랑한다."고 말씀하시고는 "누구나 가끔 넘어지는 거야." 하고 소곤거리셨습니다. 일곱 살 때의 일이었는데 마치 어제 일처럼 또렷합니다. 이때 얻은 큰 교훈에 깊이 감사하고 있습니다.

아버지는 실패에서 배우는 것이 중요하지, 실패 자체를 나쁘게 느낄 필요는 없다고 말씀하셨습니다. 혹시 실패를 하더라도 아버지가 따뜻하게 저를 지켜봐주시리라는 것을 저는 알고 있었습니다.

제 친구들은 아버지가 다정하고 호의적이며 공평하고 즐거운 분이라는 것을 알았습니다. 자기 집에서는 쓰레기를 안 치웠다고 야단맞던 친구가 우리 집에 와서는 아버지께 부탁받으면 무슨 일이든 하던 기억이 납니다.

아버지는 항상 저희에게 무엇이든 실험하고 해보라고 권하셨습니다. 그래서 우리 집 지하실은 항상 갖가지 과학 실험이 진행되었고, 집 안에는 동물이 드나들었으며, 뜰에는 낡은 양동이로 만든 농구대가 있었지요. 우리가 뭔가 새로운 것을 시도하는 모습을 지켜보는 것만으로도 아버지는 행복하신 것 같았습니다. 아이는 경험 속에서 배운다는 것을 아버지는 잘 알고 계셨고, 아이에게는 새로운 것을 시도하고 미지의 세계를 떠나는 것이 중요하다고 생각하셨습니다.

그래서 휴가 계획에 저희들을 참여시켰고, 새로운 모험을 시도하도록 적극 격려해 주셨습니다. 규칙을 배우고 명령받은 대로 행동하는 것보다 인생을 즐기는 것이 아이에게 중요하다고 생각하셨던 것 같습니다. 이런 아버지의 방침

이제 인생에 얼마나 도움이 되었는지 모릅니다.

　아버지는 물론 제가 아파도 괜찮다고 생각하지 않으셨겠지만, 건강은 스스로 만들어가는 것이라고 말씀하셨습니다. 항상 건강에 의욕과 관심을 갖도록 하셨고, 몸이 약간 아픈 듯해도 크게 신경 쓰지 않으셨습니다. 아예 무시하신 것은 아니지만 "건강해지려고 마음먹으면 병을 얼마든지 이겨낼 수 있다."고 자주 말씀하셨습니다.

　성적에 대해서도 아버지는 특별한 입장을 보이셨습니다. 아이들은 흔히 부모님의 잔소리가 두려워 집에 성적표를 갖고 가기 싫어했습니다. 그렇지만 제가 성적표를 보여드리면 으레 아버지는 "어떠니, 이 성적에 만족하고 있니?"라고만 말씀하셨습니다. 성적표는 제가 학습 목표를 세우고 어떤 점에 힘을 쏟아야 할지 의논하기 위한 자료였습니다.

　성적이 내려갔을 때도 "그 부분은 더 노력해야겠구나."라고만 말씀하셨습니다. 아버지는 다른 아이보다 공부를 더 잘할 수 있느냐 없느냐 하는 데에도 거의 관심을 두지 않으셨습니다.

　분명히 말씀하셨듯이 그것은 제 문제였고, 제 일에 참견하며 스트레스나 불안을 주는 일은 하고 싶어 하지 않으셨습니다.

　아버지는 엄격한 규칙이나 전해 오는 방침에 설사 어긋나더라도 자기 신념을 관철하라고 가르치셨습니다. 등하굣길에 친구들끼리 팔짱을 끼어서는 안 된다는 교칙에 항의해 제가 사흘간 교장실에 버티고 앉아 농성하던 일을 생생히 기억하고 있습니다. 아버지는 제게 참으라고 하지 않으셨습니다.

"교칙이 잘못되어 있다고 생각하면 버티거라. 그러나 나든 다른 누구든 거기에 가담하리라고 기대해서는 안 돼. 결과를 스스로 책임지고 떠맡아야 한다. 하지만 너는 아마도 교칙을 바꾸게 할 수 있을 거다."

그 이후 아버지가 말씀하시던 대로 되었습니다. 제가 사흘간 농성을 하자 교장 선생님께서 저를 교실로 보내려고 아버지를 학교로 부르셨지요. 그때 아버지는 저를 변호하셨습니다.

등교 도중에 학생이 무엇을 하면 되고 안 되는지 명령할 권리는 교장 선생님께 없고, 친구들끼리 팔짱을 끼는 것은 조금도 나쁜 일이라고 생각하지 않으며, 나아가 이 아이는 강하게 믿는 바에 따라 행동한 것이기 때문에 사죄할 필요가 있다고 생각하지 않는다고 단호하게 교장 선생님께 말씀하셨습니다.

아버지는 항상 제게 가르치려는 것이 아니라 배우고 계시는 듯했습니다. 열심히 이야기를 들어주시는 것을 보면 진심으로 제게 마음을 써주시고 있다고 느껴져 말할 수 없이 기뻤습니다.

아버지는 이야기 도중에 말을 가로막거나 반론을 펴지 않으셨습니다. 이것이 얼마나 훌륭한 자질인지 깨달은 것은 오래 뒤의 일입니다. 아버지가 늘 제게 보여주신 다정함과 인내는 감탄스럽기까지 합니다.

아버지는 제가 아이임을 잊지 않으시고 제가 할 수 있는 것 이상을 요구하지 않으셨습니다. 세댓 나섯 살 때는 레스토랑에서 다섯 살짜리답게 행동하는 것을 당연하게 생각하셨고, 십대인 제가 어른과 같은 판단력을 지니고 있지 않은 것이 당연하다고 생각하셨습니다. 훌륭한 판단을 할 수 있도록 계속 이끌어주셨지만, 아이가 아이답게 행동한 것을 이유로 벌 받은 적은 없었습니다.

아버지는 아이답게 행동하는 것을 부끄럽게 여기지 않게 하셨으며, 성장으로 이끄는 놀라운 능력을 보여주셨습니다. 아이다운 실수를 했을 때도 다른 부모님들과 달리 저를 꾸짖지 않으셨기 때문에 저는 안심할 수 있었습니다.

이웃집 유리창을 깨뜨렸을 때도 아버지는 화를 내거나 벌 주지 않고 간단하게 말씀하셨습니다.

"네가 부주의해서 유리창을 깨뜨렸으니 스스로 책임을 져야 한다. 유리창을 갈아드릴 준비를 네 스스로 하면 돼. 그리고 공놀이할 장소를 찾을 때는 좀 더 신경을 쓰거라."

아버지는 실패에 대해서는 해결책을 찾고 책임을 지라고 가르치실 뿐이었습니다. 이러한 인생의 귀중한 가르침을 저는 날마다 활용하고 있습니다. 아버지가 몸소 보여주신 수많은 가르침을 저는 하루도 떠올리지 않는 날이 없습니다. 아버지는 주위의 아름다운 사물에 싫증내지 않고 눈길을 주시고 제게도 아름다움에 눈길을 돌리도록 해주셨습니다.

아버지가 어느 누구에게도 퉁명스럽게 말씀하지 않으셨듯이 저 또한 그렇게 하고 있습니다. 아버지가 누구에게도 나쁜 감정을 품지 않으셨듯이 저 또한 그렇게 하고 있습니다. 아버지가 매일 즐거워하셨듯이 저 또한 그렇게 하고 있습니다.

아무리 써도 다 쓸 수 없습니다. 하지만 이제는 제 마음을 아시겠지요. 아버지가 빛을 발하셨듯이 저도 이제 그렇게 되었습니다. 아버지는 말없이 스스로 모범이 되셨습니다. 진실로 필요한 것을 찾아주셨고, 일상에서 실천하시던 그 모습을 낱낱이 저는 날마다 보았습니다.

아버지께 진 빚이 너무 많지만 그럼에도 아무것도 빚지지 않은 것 같습니다. 보답을 바라신 것이 아니고, 저에게 진실로 필요한 것이 무엇인지 아셨기 때문이지요.

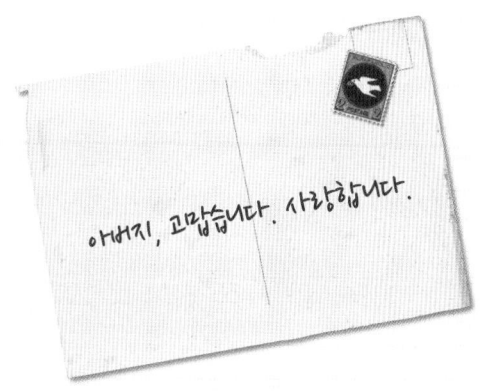